F. Schrader,
H. Lemonnier, M. Dubois,
A. Bernard

Cours Élémentaire

de

Géographie

à l'usage

des Écoles Égyptiennes

COURS ÉLÉMENTAIRE

DE

GÉOGRAPHIE

A L'USAGE DES ÉCOLES ÉGYPTIENNES

S. A. LE KHÉDIVE (Abbas-Pacha-Hilmi).

COURS ÉLÉMENTAIRE

DE

GÉOGRAPHIE

A L'USAGE DES ÉCOLES ÉGYPTIENNES

PAR

<table>
<tr><td>H. LEMONNIER
PROFESSEUR
A L'ÉCOLE DES BEAUX-ARTS DE PARIS</td><td>F. SCHRADER
DIRECTEUR DES TRAVAUX CARTOGRAPHIQUES
DE LA LIBRAIRIE HACHETTE ET Cie</td></tr>
</table>

ET

MARCEL DUBOIS

PROFESSEUR DE GÉOGRAPHIE A LA FACULTÉ DES LETTRES DE PARIS

AVEC LA COLLABORATION

Pour la partie spéciale à l'Égypte et l'adaptation aux programmes du gouvernement égyptien

DE

A. BERNARD

OFFICIER DE L'INSTRUCTION PUBLIQUE
PROFESSEUR DE GÉOGRAPHIE A L'ÉCOLE NORMALE ET LYCÉE TEWFIK DU CAIRE

OUVRAGE CONTENANT EN UN SEUL VOLUME

**Les matières indiquées par les programmes du Gouvernement égyptien
pour l'obtention du Certificat d'études primaires**

PARIS

LIBRAIRIE HACHETTE ET Cie

79, BOULEVARD SAINT-GERMAIN, 79

LE CAIRE

R. KUSTER ET C^o

1894

PREMIÈRE PARTIE

PROGRAMMES DE 2ᵉ ET 3ᵉ ANNÉES PRIMAIRES

CHAPITRE I

NOTIONS PRÉLIMINAIRES. - PRÉPARATION A L'ÉTUDE DE LA GÉOGRAPHIE.

PREMIÈRE LEÇON. — Horizon.

1. La géographie est la science qui nous fait connaître la **Terre**.

2. La **Terre**, sur laquelle nous vivons, est très vaste, et nos yeux ne peuvent en apercevoir qu'une très petite partie à la fois.

3. L'Horizon est une sorte de cercle qui borne notre vue de tous côtés, et où le ciel semble reposer sur la Terre.

4. L'horizon n'est pas la limite de la Terre, ce n'est qu'une apparence.

5. Ce qui prouve que l'horizon n'est qu'une apparence, c'est que, si nous nous déplaçons sur la surface de la Terre, l'horizon se déplace en même temps que nous. Nous paraissons toujours en occuper le centre.

6. Au delà de notre horizon, il existe d'autres campagnes, d'autres villages. Il y a des mers, et après ces mers d'autres pays encore.

7. La Terre est trop grande pour qu'un homme puisse la parcourir tout entière; mais, grâce à la géographie, nous pouvons connaître toute sa surface.

Questionnaire.

1. Qu'est-ce que la géographie? — 2. Pouvons-nous voir toute la surface de la Terre? — 3. Qu'est-ce que l'horizon? — 4. L'horizon est-il la limite de la Terre? — 5. Comment prouve-t-on que l'horizon n'est qu'une apparence? — 6. Qu'y a-t-il au delà de l'horizon? — 7. Peut-on parcourir toute la Terre?

CONSEILS AUX MAITRES. — Expliquez à vos élèves que l'horizon est borné dans les villes et dans les pays montagneux; qu'il est plus étendu dans les pays de plaines et sur la mer; et que, si on monte sur un point élevé, on peut voir beaucoup plus de pays; ainsi, du pied de la grande pyramide de Guizeh, on ne peut voir que jusqu'au Barrage, tandis que du sommet on aperçoit Benha.

DEUXIÈME LEÇON. — Points cardinaux et Points collatéraux.

8. Pour pouvoir se diriger sûrement sur la surface de la Terre, on a déterminé sur l'horizon quatre points, qu'on nomme les **quatre points cardinaux**.

9. Les quatre points cardinaux sont : l'**Est**, l'**Ouest**, le **Nord** et le **Sud**.

10. L'**Est** est le point où nous voyons apparaître le soleil le matin. On le nomme aussi **Levant** ou **Orient**.

11. L'**Ouest** est le point où nous voyons le soleil disparaître chaque soir. Il porte aussi les noms de **Couchant** ou **Occident**.

12. Le **Nord** ou **Septentrion** est le point qu'on a devant soi lorsqu'on a l'est à sa droite et l'ouest à sa gauche.

EXERCICES : Dessinez un horizon proche borné par des arbres et un horizon éloigné avec des montagnes. — Placez votre ardoise ou votre cahier suivant les quatre points cardinaux, en vous rappelant de quel côté le soleil se lève le matin, passe à midi, puis se couche le soir.

13. Le **Sud** ou **Midi** est le point qu'on a derrière soi quand on a le Levant à sa droite et le Couchant à sa gauche.

14. Entre les points cardinaux, on distingue quatre autres points, nommés *collatéraux*.

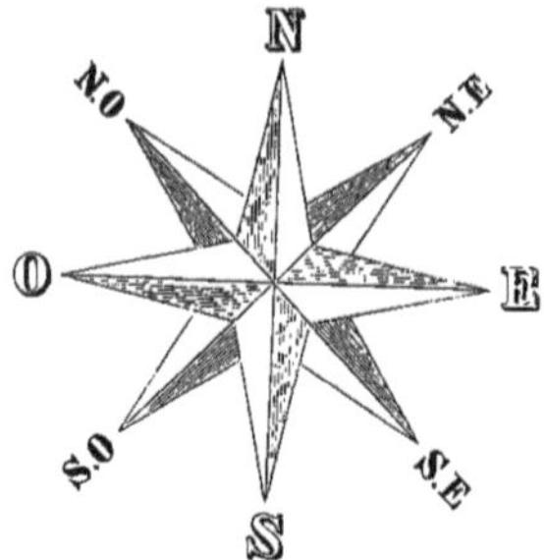

Rose des vents.

15. Les points collatéraux sont :
Le *Nord-Est* entre le Nord et l'Est;
Le *Nord-Ouest* entre le Nord et l'Ouest;
Le *Sud-Est* entre le Sud et l'Est;
Le *Sud-Ouest* entre le Sud et l'Ouest.

16. L'ensemble des points cardinaux et des points collatéraux compose la **Rose des vents**.

Questionnaire.

8. Comment peut-on se diriger sur la surface de la Terre? — 9. Quels sont les points cardinaux? — 10. Qu'est-ce que l'Est? — 11. Qu'est-ce que l'Ouest? — 12. Qu'est-ce que le Nord? — 13. Qu'est-ce que le Sud? — 14. Qu'appelle-t-on points collatéraux? — 15. Quels sont les points collatéraux? — 16. Qu'appelle-t-on Rose des vents?

TROISIÈME LEÇON. — **Orientation**.

17. **S'orienter**, c'est se diriger sur la terre ou sur la mer en se servant des points cardinaux.

Lever du soleil, orientation.

18. Nous trouvons les points cardinaux pendant le jour par la position du **soleil**.

19. Pendant la nuit, la **lune** peut servir pour s'orienter, car elle se lève à l'Est et se couche à l'Ouest, comme le soleil.

20. On peut aussi trouver les points cardinaux au moyen de l'**Étoile polaire**.

21. L'**Étoile polaire** est une étoile qui occupe une

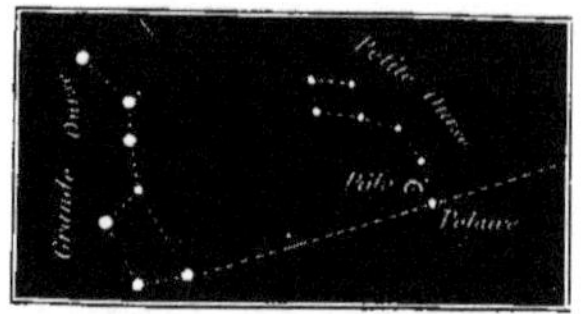

Étoile polaire.

position fixe dans le ciel, exactement au Nord. Elle est très facile à reconnaître.

22. Quand les astres sont cachés à nos regards, on s'oriente au moyen de la **Boussole**.

23. La *Boussole* est un instrument composé d'une

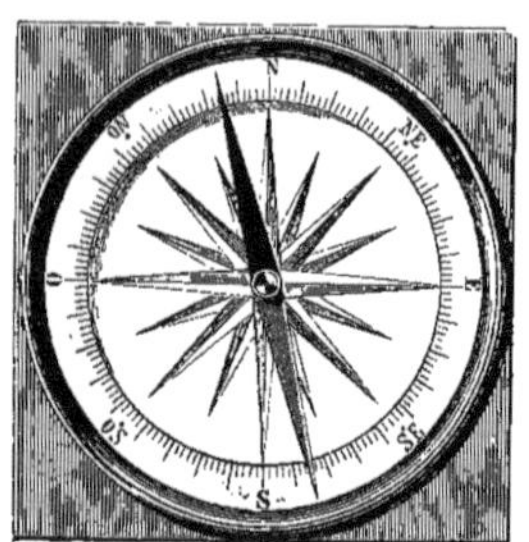

Boussole.

aiguille d'acier aimantée, montée sur un pivot où elle tourne librement. Cette aiguille se dirige d'elle-même vers le Nord.

Questionnaire.

17. Qu'est-ce que s'orienter? — 18. Comment s'oriente-t-on pendant le jour? — 19. Comment s'oriente-t-on pendant la nuit? — 20. Comment s'oriente-t-on la nuit s'il n'y a pas de lune? — 21. Qu'est-ce que l'étoile polaire? — 22. Comment s'oriente-t-on quand les astres sont cachés à nos regards? — 23. Qu'est-ce que la boussole?

AUTRES QUESTIONS. — Comment les astres peuvent-ils être cachés à nos regards? A quels voyageurs la boussole est-elle absolument nécessaire? Comment est orientée votre maison?

CONSEILS AUX MAITRES. — Essayez de faire comprendre aux élèves comment on reconnaît l'étoile polaire. — Montrez-leur une boussole. (On trouve facilement de petites boussoles dans le commerce pour le prix d'une piastre.)

EXERCICES : Dessiner au tableau, et faire dessiner aux élèves une Rose des vents. — Faire trouver aux élèves l'orientation de la salle de classe, de l'école, de la rue par où on arrive à l'école.

QUATRIÈME LEÇON. — **Plans et cartes**.

24. On peut se faire une idée exacte de la surface de la Terre en la représentant au moyen de dessins nommés **plans** ou **cartes**.

25. Dans les plans et dans les cartes, on dessine les

Fig. 1.

objets les uns à côté des autres, comme on les verrait si on les regardait d'en haut (fig. 1 et 2).

Fig. 2.

26. Un **plan** est un dessin représentant ce qui se trouve sur une petite étendue, par exemple une école avec ses

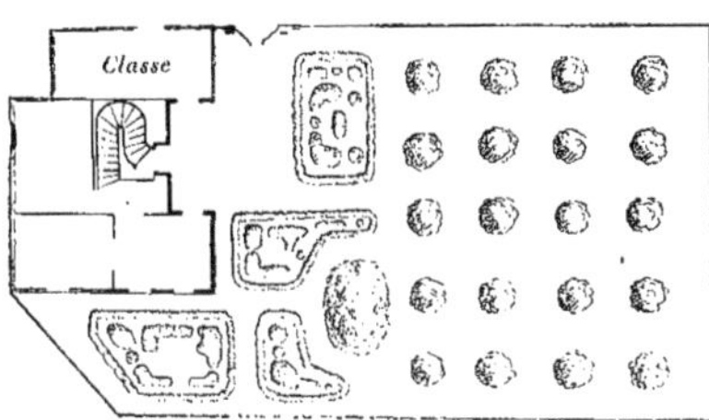

Fig. 3.

cours et ses jardins, un quartier d'une ville, et même une ville tout entière (fig. 3 et 4).

27. Une **carte** est la représentation d'une partie plus ou moins grande de la surface de la Terre.

28. Les cartes qui représentent toute la surface de la Terre sont appelées **mappemondes**.

29. Sur les cartes, l'usage est de placer le Nord en

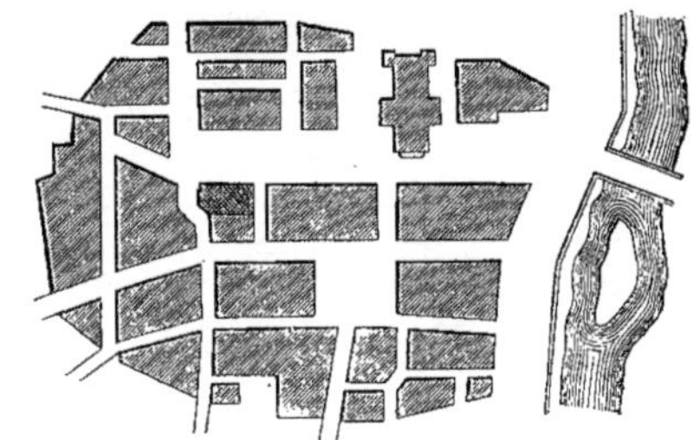

Fig. 4.

haut de la feuille, le Sud en bas, l'Est à droite et l'Ouest à gauche.

30. Sur les plans, on ne place pas toujours le Nord en haut de la feuille; on indique l'orientation du dessin au moyen d'une flèche dirigée du Sud au Nord.

Questionnaire.

24. Comment peut-on se faire une idée de la surface de la Terre? — 25. Comment dessine-t-on les plans et les cartes? — 26. Qu'est-ce qu'un plan? — 27. Qu'est-ce qu'une carte? — 28. Qu'est-ce qu'une mappemonde? — 29. Comment les points cardinaux sont-ils placés sur les cartes? — 30. Comment indique-t-on l'orientation des plans?

Conseils aux maîtres. — Faire remarquer aux élèves que la figure 2 est un plan représentant les mêmes objets que la figure 1.

Bien faire comprendre aux élèves que le Nord n'est pas plus élevé sur la terre que le Sud, et que, si on le met en haut de la carte, c'est un usage des géographes, mais qu'on aurait pu tout aussi bien mettre le Nord en bas et le Sud en haut.

CINQUIÈME LEÇON. — **Échelle d'un plan ou d'une carte**.

31. On peut faire des photographies d'une même personne de différentes grandeurs; de même les cartes d'un même pays peuvent être plus ou moins grandes.

32. Le rapport entre la grandeur de la carte et la grandeur du pays représenté est ce qu'on appelle l'**échelle** de la carte.

33. Par exemple, si la longueur de *un centimètre* sur la carte représente un *million de centimètres* du pays, on dit que l'échelle est de *un millionième* ($\frac{1}{1\,000\,000}$). De même, si *un centimètre* sur la carte représente *cent mille centimètres* du pays, l'échelle est de *un cent-millième* ($\frac{1}{100\,000}$), etc.

34. Plus la carte représente d'espace sur une feuille de même grandeur, plus l'échelle devient petite et plus chaque objet se rapetisse et se simplifie. On ne peut plus figurer que les objets très importants.

35. Si nous faisons le plan de la maison d'école, nous pourrons représenter une longueur de *un mètre* du terrain, par une longueur de *un centimètre* sur le dessin; l'échelle sera de *un centième* ($\frac{1}{100}$). Sur ce plan nous pourrons figurer les arbres, l'épaisseur des murs, tous les détails.

Exercices : Dessiner le plan de la salle de classe, puis de l'école; indiquer l'orientation par une flèche. — Interrogations sur la position des bâtiments de l'école par rapport à la salle de classe où l'on se trouve. — Position des différents quartiers de la ville par rapport à l'école. — Position des villages de la banlieue par rapport à la ville.

36. Si nous dessinons le plan de la rue où se trouve l'école, il faudra représenter, par exemple, 10 mètres ou 1000 centimètres par un centimètre sur le dessin : l'échelle sera alors de *un millième* ($\frac{1}{1000}$). Sur ce plan les petits détails ne pourront plus être figurés.

37. Pour faire le plan de toute la ville, un centimètre du dessin représentera 100 mètres ou 10 000 centimètres : l'échelle sera de *un dix-millième* ($\frac{1}{10\,000}$). Dans cette carte,

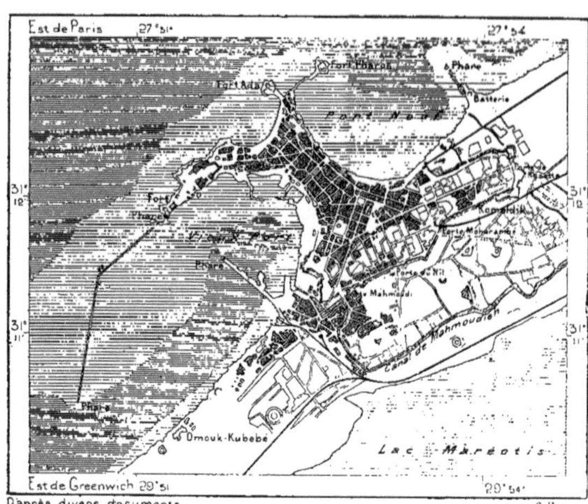

Plan d'Alexandrie.

Échelle $\frac{1}{75\,000}$.

une rue large de 10 mètres n'aura que un millimètre de largeur. Il sera impossible de figurer aucun détail.

38. Si nous voulons faire la carte d'un grand pays, l'échelle devient si petite qu'une ville n'est plus figurée que par un point, et même peut ne pas être figurée si elle n'est pas très importante.

39. Sur chaque plan ou carte, l'échelle doit être indiquée, autrement la carte ne nous ferait pas connaître la grandeur du pays représenté.

Questionnaire.

31. Peut-on faire des cartes d'un même pays de différentes grandeurs? — **32.** Qu'est-ce que l'échelle d'un plan ou d'une carte? — **33.** Faites comprendre par des exemples ce que c'est que l'échelle. — **34.** Quand l'échelle d'une carte est très petite, qu'arrive-t-il? — **35.** Quelle échelle pouvons-nous employer pour faire le plan de la maison d'école? — **36.** Pour faire le plan de la rue où se trouve l'école? — **37.** Pour faire le plan de la ville? — **38.** Pour faire la carte d'une grande étendue de pays? — **39.** Doit-on indiquer l'échelle sur les plans ou cartes?

CONSEILS AUX MAITRES. — Variez les exercices ci-dessus. Montrez aux élèves comment les géographes indiquent l'échelle sur les cartes, et les signes conventionnels qu'ils emploient pour représenter les villes, les fleuves, les montagnes, les chemins de fer, etc.

EXERCICES : L'échelle de plusieurs cartes est indiquée par les fractions $\frac{1}{10\,000}$, $\frac{1}{100\,000}$, $\frac{1}{500\,000}$, $\frac{1}{1\,000\,000}$: lisez ces nombres et dites ce qu'ils signifient. — Quelle est l'échelle d'une carte : 1° Si un centimètre représente 10 m., 50 m., 100 m., 150 m., etc.? 2° Si un millimètre représente 10 m., 20 m., 100 m., 200 m., etc.? — L'échelle d'une carte étant $\frac{1}{100\,000}$, une ligne de un mètre sur la carte

40. Les plans et les cartes sont très utiles : en effet, nous ne pouvons voir à la fois qu'une partie de la surface d'un pays; sans la carte, nous ne saurions jamais la forme du pays tout entier, de ses cours d'eau, de ses rivages.

41. C'est par les cartes que nous pouvons connaître la position des villes par rapport les unes aux autres et les distances qui les séparent.

42. Nous pouvons aussi, au moyen des cartes, fixer à l'avance l'itinéraire qu'il convient de suivre dans nos voyages, et nous rendre compte des distances que nous aurons à parcourir.

43. Les cartes nous font connaître s'il existe des routes et des chemins de fer; si nous aurons à traverser des fleuves et des canaux; si le pays est en plaine ou montagneux, habité ou désert, sec ou marécageux, etc.

44. Les mappemondes nous montrent l'étendue des terres et des eaux qui couvrent la surface de toute la Terre.

45. C'est par les cartes que nous connaissons les régions habitées par les différentes nations qui peuplent la terre.

46. Grâce aux cartes, nous nous rendons compte de la situation de notre pays, de son importance, de la place qu'il occupe sur la surface de la Terre, ainsi que de la position des autres pays avec lesquels il est en relation.

Questionnaire.

40. Sans les cartes, pourrions-nous connaître la forme des pays? — **41.** Connaîtrions-nous la position des villes par rapport les unes aux autres? — **42-43.** Les cartes servent-elles aux voyageurs? — **44.** A quoi servent les mappemondes? — **45.** Comment savons-nous où habitent les différents peuples de la Terre? — **46.** Comment nous rendons-nous compte de la situation et de l'importance de notre pays?

CHAPITRE II

FORME. — DIMENSIONS. — MOUVEMENTS DE LA TERRE.

47. La Terre nous paraît plate, parce que nous ne voyons qu'une petite portion de sa surface; mais en réalité elle est ronde : elle a la forme d'un **globe**, d'une **sphère**.

LA SPHÈRE TERRESTRE
PÔLE NORD
PÔLE SUD
EUROPE-ASIE
AFRIQUE
AUSTRALIE
AMÉRIQUE

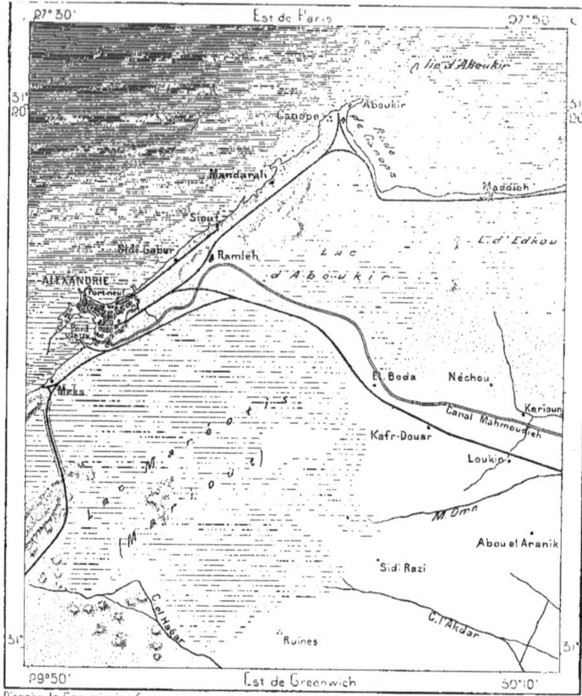

D'après la Commission française   C. Perron

Plan des environs d'Alexandrie.

Echelle $\frac{1}{350\,000}$.

48. Une preuve que la Terre est ronde, c'est qu'on en peut faire le tour. En allant toujours dans la même direction, à l'Est par exemple, on finit par se retrouver à l'endroit d'où l'on était parti.

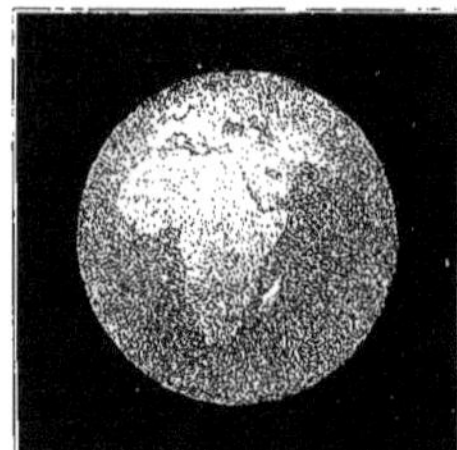

La Terre.

49. Si la Terre était plate, plus on avancerait dans une même direction, plus on s'éloignerait de son point de départ, sans jamais y revenir.

50. A mesure qu'on avance sur la surface de la Terre, on voit apparaître devant soi de nouveaux pays, de nouvelles montagnes, de nouvelles mers, et l'on cesse de voir les pays que l'on a laissés derrière soi.

51. Beaucoup de voyageurs ont fait le tour de la Terre. Il y a des navires qui le font sans cesse.

52. Aujourd'hui, grâce aux bateaux à vapeur et aux chemins de fer, on

peut faire le tour de la Terre en moins de trois mois, tandis qu'autrefois il fallait plus de trois ans.

53. La Terre est un globe immense, elle a 10 000 lieues de tour.

54. La distance qui sépare Le Caire d'Alexandrie étant de 50 lieues environ, n'est que la deux-centième partie du tour de la Terre.

Un navire sur la rondeur des mers.

47. Quelle est la forme de la Terre? — 48. Donnez une preuve que la Terre est ronde. — 49. Qu'arriverait-il, si la Terre était plate, lorsqu'on avance toujours dans la même direction? — 50. Que voit-on à mesure que l'on avance sur la surface de la Terre? — 51. Peut-on faire le tour de la Terre? — 52. Faut-il longtemps pour le faire? — 53. Combien la Terre a-t-elle de tour? — 54. Combien le tour de la Terre contient-il de fois la distance du Caire à Alexandrie?

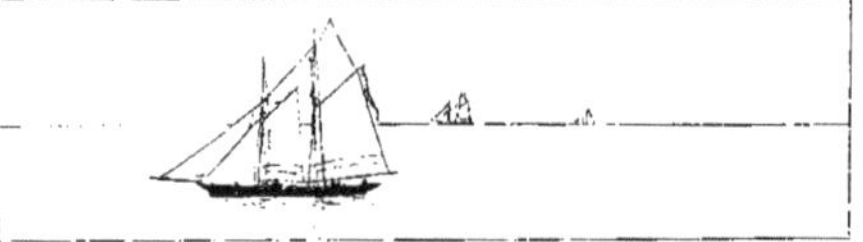

Convexité de la surface des mers. Vue perspective d'un navire plus ou moins éloigné du rivage.

CONSEILS AUX MAITRES. — Montrez sur une orange que, puisque la terre est ronde, la ligne qui limite nos regards autour de nous, c'est-à-dire l'horizon, doit être un cercle, et comment ce cercle se déplace si nous nous déplaçons. — Montrez que la surface des mers est convexe (vaisseau s'éloignant du rivage). — Expliquez ce qu'est l'éclipse de Lune, et faites comprendre que, l'ombre de la Terre sur la Lune étant toujours ronde, cela prouve la sphéricité de la Terre.

représente quelle longueur de pays? — Si une carte est à l'échelle de $\frac{1}{1\,000\,000}$, par quelle longueur sera figurée une distance de 100 kilomètres ou 100 000 mètres? — Sur une carte de l'Égypte à l'échelle de $\frac{1}{210\,000}$, le chemin de fer qui va du Caire à Alexandrie a un mètre de longueur : quelle distance sépare les deux villes? — Faire le plan de la salle de classe à l'échelle de $\frac{1}{100}$.

HUITIÈME LEÇON. — **La Terre dans l'espace.**
Mouvements de la Terre.

55. La Terre ne repose sur rien. C'est un globe flottant dans l'espace sans bornes.

56. La Terre est maintenue dans l'espace par des forces qui agissent constamment sur elle. Un boulet, lancé par un canon, nous donne une idée de sa position dans l'espace.

57. La Terre n'est pas immobile, elle est animée de deux mouvements.

58. La Terre tourne et pivote continuellement sur elle-même comme autour d'une grande aiguille qui la traverserait. C'est le mouvement de **rotation**. Il s'accomplit en *24 heures* et mesure ainsi les **jours**.

59. En même temps qu'elle tourne sur elle-même, la Terre parcourt un grand cercle autour du soleil. Ce mouvement, qu'on appelle **révolution**, s'accomplit en une année, dont la durée est de 365 jours et un quart.

60. Nous ne voyons pas la Terre tourner, parce que tout ce qui est à sa surface tourne avec elle.

61. Il nous semble que c'est le soleil et les autres astres qui tournent autour de la Terre; mais ce n'est là qu'une apparence.

62. Lorsque nous sommes emportés par un bateau ou par un train de chemin de fer, le paysage paraît se déplacer, tandis que c'est nous qui nous déplaçons. Cela nous explique l'erreur que nous commettons en admettant que le soleil tourne autour de la Terre.

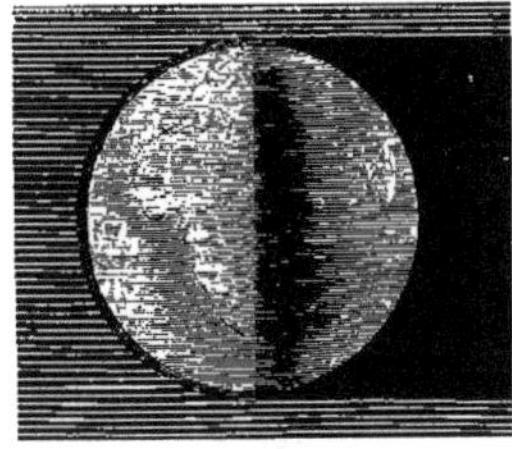

Jour et nuit.

63. C'est le soleil qui nous éclaire. La moitié de la Terre tournée vers le soleil est éclairée : c'est le jour. L'autre moitié est dans l'obscurité : c'est la nuit.

64. La Terre, dans son mouvement de rotation, présente successivement au soleil les différentes parties de sa surface; les diverses régions du globe ont donc, chacune à leur tour, le *jour* quand elles sont en face du soleil, et la *nuit* quand elles sont de l'autre côté.

Questionnaire.

55. Par quoi est supportée la Terre? — 56. Comment la Terre se maintient-elle dans l'espace? — 57. La Terre reste-t-elle immobile? — 58. Qu'appelle-t-on *rotation* de la Terre? En combien de temps s'accomplit cette rotation? — 59. Qu'appelle-t-on *révolution* de la Terre et en combien de temps s'accomplit cette révolution? — 60. Voyons-nous la Terre tourner? — 61. Quelles apparences produit la rotation de la Terre? — 62. Par quelles comparaisons pouvez-vous expliquer l'illusion qui nous fait croire que le soleil tourne autour de la Terre? — 63. Quelle est la cause du jour et de la nuit? — 64. Pourquoi avons-nous tantôt le jour, tantôt la nuit?

AUTRES QUESTIONS. — Qu'est-ce que le jour? — Qu'est-ce que l'année? — Combien l'année a-t-elle de semaines? — Combien de mois? — Quels sont les 12 mois de l'année?

CONSEILS AUX MAÎTRES. — Faites remarquer aux élèves que le mot *jour* a deux sens en français. — Expliquez, à l'aide de boules quelconques, le mécanisme des mouvements de la Terre autour du soleil. — Marquez sur une des boules un point qui représentera l'Égypte et expliquez, en la faisant tourner autour d'une lumière, et sur elle-même, la succession des jours et des nuits.

NEUVIÈME LEÇON. — **Axe de la Terre. Pôles.**
Équateur. Zones.

65. **L'axe de la Terre** est une ligne imaginaire autour de laquelle la Terre tourne sur elle-même. L'axe

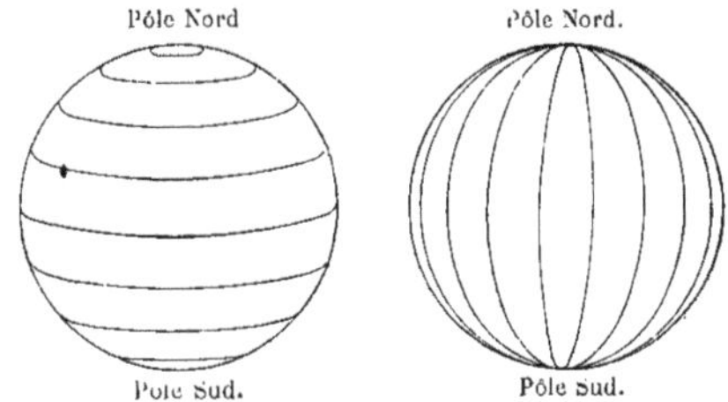

est dirigé du Sud au Nord, et la Terre tourne de l'Ouest à l'Est.

66. Les **pôles** sont les extrémités de l'axe de la Terre;

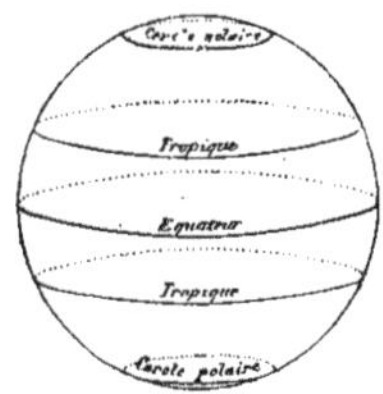

celui qui est du côté du Nord se nomme le pôle nord ou **arctique**; celui qui est du côté du Sud est le pôle sud ou **antarctique**.

67. **L'équateur** est une ligne circulaire idéale qui

Pays chauds.

entoure la Terre en passant à égale distance des deux pôles.

L'équateur partage la Terre en deux demi-sphères

ASIE
OCÉAN GLACIAL
GROENLAND
Islande
Pôle Nord
Parry
Mer de Baffin
MER DE BÉRING
BÉRING
Iles Aléoutiennes
Baie d'Hudson
LABRADOR
Terre-Neuve
AMÉRIQUE DU NORD
CANADA
Iles Açores
OCÉAN
Iles Hawaï ou Sandwich
Tropique du Cancer
Plateau du Mexique
Golfe du Mexique
Cuba
Haïti
Grandes Antilles
MER DES ANTILLES
Petites Antilles
Iles du Cap
Iles Marshall
OCÉAN
AMÉRIQUE CENTRALE
Équateur
Isthme de Panama
Iles Galapagos
Iles Marquises
POLYNÉSIE
Iles Samoa
OCÉANIE
Iles Pomotou
Iles Société
AMÉRIQUE DU SUD
Cordillère des Andes
Plateau du Brésil
Iles Tonga
Archipel Cook
Tropique du Capricorne
Nelle Calédonie
PACIFIQUE
Rio de la Plata
Nouvelle Zélande
Patagonie
Dt de Magellan
Terre de Feu
C. Horn
Cercle Polaire Antarctique
Terre Louis Philippe
OCÉAN GLACIAL ANTARCTIQUE
Pôle Sud
OCÉAN ATLANTIQUE
AMÉRIQUE DU SUD

DEUX HÉMISPHÈRES.

ou *hémisphères*. L'hémisphère nord ou boréal est celui qui contient le pôle nord. L'hémisphère sud ou austral est celui où se trouve le pôle sud.

68. Toutes les parties de la Terre ne reçoivent pas du soleil la même quantité de chaleur. Les unes sont très froides, d'autres brûlantes, enfin d'autres tempérées. C'est ce qu'on appelle les différents **climats**.

69. Les régions les plus chaudes de la Terre sont celles

Pays froids.

qui sont situées dans le voisinage de l'équateur. Elles forment la **zone torride** ou brûlée.

70. Les régions les plus froides sont celles qui entourent les deux pôles. La mer y est constamment couverte de glace. Ce sont les **zones glaciales du Nord et du Sud.**

71. Les régions situées entre les zones glaciales et la zone torride sont les **zones tempérées** du Nord et du Sud. La chaleur et le froid y sont modérés.

72. L'Égypte, notre pays, est située dans la zone tempérée du Nord.

Questionnaire.

65. Qu'est-ce que l'axe de la Terre? — 66. Qu'est-ce que les pôles? le pôle nord? le pôle sud? — 67. Qu'est-ce que l'équateur? Qu'est-ce que l'hémisphère boréal? l'hémisphère austral? — 68. Toutes les parties de la Terre reçoivent-elles du soleil la même quantité de chaleur? — 69. Quelles sont les régions de la Terre les plus chaudes? Où est située la zone torride? — 70. Où sont situées les zones glaciales? — 71. Les zones tempérées? — 72. Dans quelle zone est située l'Égypte?

CONSEILS AUX MAITRES. — Pour bien faire comprendre la leçon à vos élèves, prenez une orange, traversez-la par une aiguille qui figurera l'axe. Tracez l'équateur à l'encre sur l'écorce. Faites montrer et nommer les pôles, les hémisphères et les zones.

DIXIÈME LEÇON. — **Saisons. Équinoxes. Solstices.**

73. La Terre, dans sa révolution autour du Soleil, incline pendant six mois son hémisphère nord vers cet astre, et pendant les six autres mois son hémisphère sud.

74. Dans un même pays, il fait tantôt plus chaud, tantôt plus froid : cela provient de ce que chaque pays ne reçoit pas toujours de la même manière les rayons du soleil.

75. On a divisé l'année en quatre parties de chacune trois mois : ce sont les **saisons**.

76. Les quatre saisons sont : le **printemps**, l'**été**, l'**automne** et l'**hiver**.

Le printemps commence le 20 mars et finit le 20 juin; l'été commence le 20 juin et finit le 22 septembre; l'automne commence le 22 septembre et finit le 22 décembre; enfin l'hiver commence le 22 décembre et finit le 20 mars.

77. Deux fois chaque année, le jour est égal à la nuit sur toute la Terre. Ces deux époques se nomment les **équinoxes**. L'une a lieu le 20 mars, jour où commence le printemps, et se nomme **équinoxe du printemps**. L'autre a lieu le 22 septembre, jour où commence l'automne, et se nomme **équinoxe d'automne**.

78. En dehors des équinoxes, les jours et les nuits ne sont pas égaux. En Égypte et dans tous les pays situés dans l'hémisphère nord, les jours sont plus longs que les nuits pendant le printemps et l'été, tandis que pendant l'automne et l'hiver ce sont les nuits qui sont plus longues que les jours.

79. Les deux époques de l'année où le jour atteint sa plus longue et sa plus petite durée se nomment les **solstices**. Dans l'hémisphère nord, le jour le plus long de l'année est le 20 juin, jour où commence l'été : c'est le **solstice d'été**. Le jour le plus court est le 22 décembre, jour où commence l'hiver : c'est le **solstice d'hiver**.

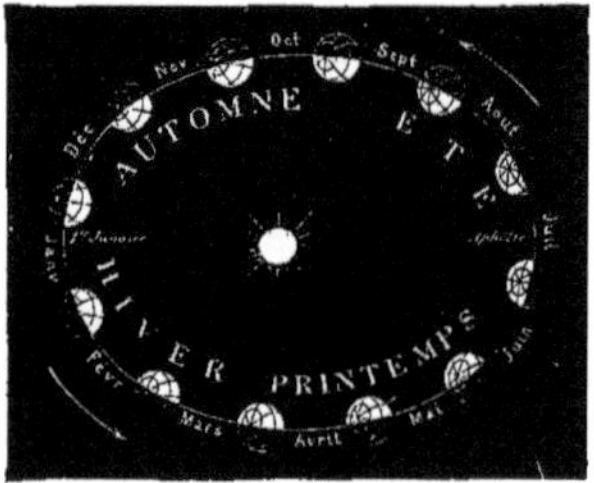

Les Saisons.

80. Dans les pays traversés par l'équateur, le jour est toujours égal à la nuit.

81. Les saisons les plus chaudes pour l'Égypte et pour tout l'hémisphère nord sont le printemps et l'été, et les plus froides sont l'automne et l'hiver. Dans l'hémisphère sud, c'est le contraire qui a lieu.

Questionnaire.

73. La Terre a-t-elle toujours la même position par rapport au Soleil? — 74. Fait-il toujours la même température dans notre pays? — 75. Comment a-t-on divisé l'année? — 76. Quelles sont les saisons? Dites le commencement et la fin de chaque saison? — 77. Qu'est-ce que les équinoxes? A quelles époques ont lieu les équinoxes? — 78. Les jours sont-ils égaux aux nuits pendant toute l'année? — 79. Qu'est-ce que les solstices? A quelles époques ont lieu les solstices? — 80. Dites ce qui se passe dans les pays traversés par l'équateur. — 81. Quelles sont les saisons les plus chaudes dans notre pays? Quelles sont les saisons les plus chaudes pour un pays situé dans l'hémisphère sud? Nommez les mois de l'année en indiquant à quelle saison ils appartiennent.

CONSEILS AUX MAITRES. — Montrez aux élèves, en vous servant d'une orange, comment l'inclinaison de l'axe de la Terre sur son orbite produit les saisons.

EXERCICES : Dessinez la sphère terrestre avec les pôles, l'équateur, et en marquant les différentes zones sur le globe. — Dessinez un Soleil et une Terre avec son axe incliné, et dites quel hémisphère est en été ou en hiver.

Côtes de la Méditerranée à Collioure (France).

CHAPITRE III

CONTINENTS ET OCÉANS. — LES CINQ PARTIES DU MONDE. — GLOBES GÉOGRAPHIQUES.

ONZIÈME LEÇON. — Terres. Mers. Atmosphère.

82. La surface du globe est partagée en deux parties bien différentes l'une de l'autre : la *terre ferme* et la *mer*.

83. La Terre proprement dite forme une masse solide qui couvre environ un quart de la surface du globe.

84. La Mer est un grand amas d'eau salée qui recouvre les trois quarts de la surface de la Terre.

85. La Terre est enveloppée d'une couche d'air d'une centaine de kilomètres d'épaisseur. C'est l'atmosphère.

86. Sans l'air nous ne pourrions vivre. C'est l'air qui entre dans nos poumons quand nous respirons.

87. L'air est transparent et très léger. Lorsqu'il est tranquille, nous ne le sentons pas; mais quand il est en mouvement, il forme le **vent**, qui parfois est assez fort pour déraciner les arbres.

88. L'air est incolore quand il ne forme qu'une faible épaisseur; mais la masse de l'atmosphère forme au-dessus de nos têtes cette voûte bleue où flottent les **nuages**, que nous appelons le **ciel**.

89. Sur quelque point de la Terre que l'on se trouve, on a toujours le **ciel** au-dessus de soi. Cela se comprend facilement, puisque l'air entoure la Terre, et que le ciel n'est autre chose que l'air.

90. Le **Soleil**, la **Lune** et les autres **astres** que nous voyons briller la nuit sont situés bien au delà de l'atmosphère, à des distances immenses de nous. Ce sont des globes qui flottent dans l'espace comme la Terre.

Questionnaire.

82. De quoi se compose la surface de la Terre? — 83. Quelle partie de la surface du globe occupe la terre ferme? — 84. Dans quelle proportion les eaux de la mer couvrent-elles la surface du globe? — 85. Qu'est-ce que l'atmosphère? — 86. Pourrions-nous vivre sans l'air? — 87. Qu'est-ce que le vent? — 88. Qu'est-ce que le *ciel*? — 89. Le ciel n'existe-t-il que pour notre pays? — 90. Où sont situés les astres?

Conseils aux maîtres. — Tâchez de faire comprendre aux élèves que le ciel n'est qu'une apparence, et pourquoi il semble reposer sur la Terre à l'horizon. — En 4ᵉ année, lorsque vous ferez la revision du cours, vous pourrez dire quelques mots sur la profondeur des mers, sur les courants maritimes, les marées, les courants atmosphériques, les pluies, etc. — Faites dessiner le plan de la salle de classe à l'échelle de 0 m. 01 par mètre ou de $\frac{1}{100}$. — Faites indiquer les objets qu'elle renferme.

DOUZIÈME LEÇON. — Continents et Océans. Les cinq parties du monde.

91. Un **continent** est une immense étendue de terre entourée par la mer.

92. On donne le nom d'**océan** à une immense étendue d'eau. C'est une partie de la masse des eaux qui couvre la Terre.

93. Il y a sur la Terre trois continents : l'*Ancien Continent*, le *Nouveau Continent* et le *Continent Australien*.

94. Il y a cinq océans : 1° le *Grand Océan Pacifique*; 2° l'*océan Indien*; 3° l'*océan Atlantique*; 4° l'*océan Glacial du Nord* ou *Arctique*, et 5° l'*océan Glacial du Sud* ou *Antarctique*.

95. L'Ancien Continent se divise en trois parties; ce sont : l'*Europe*, l'*Asie* et l'*Afrique*.

96. Le Nouveau Continent comprend l'*Amérique*.

97. Le Continent australien, auquel on joint d'autres terres disséminées dans le grand océan Pacifique, forme l'*Océanie*.

Exercices : Dessinez sommairement d'après les cartes de la p. 13 les continents ancien et nouveau. Nommez l'Afrique, l'Asie, l'Europe, l'Amérique. Nommez l'océan Atlantique et l'océan Pacifique.

MAPPEMONDE SUR LA PROJECTION DE MERCATOR

98. L'*Europe*, l'*Asie*, l'*Afrique*, l'*Amérique* et l'*Océanie* sont les cinq parties du monde.

L'Asie et l'Amérique sont quatre fois plus vastes que l'Europe; l'Afrique trois fois; l'Océanie a la même superficie.

99. L'eau salée des océans recouvre à peu près sur le globe un espace triple de celui des terres. Les continents les plus considérables sont rassemblés sur un même hémisphère (voir les six sphères de la page 9); de même l'hémisphère opposé est recouvert d'eau presque en entier (Grand Océan). C'est dans l'hémisphère arctique qu'il y a le plus de terre, et dans l'hémisphère antarctique le plus d'eau.

100. Les régions situées autour des pôles ou *régions polaires* sont encore inconnues. Les hommes ne peuvent y pénétrer, à cause des glaces qui les recouvrent.

Questionnaire.

91. Qu'est-ce qu'un continent? — 92. Qu'est-ce qu'un océan? — 93. Combien y a-t-il de continents? — 94. Quels sont les océans? — 95. Comment divise-t-on l'Ancien Continent? — 96. Quel nom donne-t-on au Nouveau Continent? — 97. De quoi est composée l'Océanie? — 98. Quelles sont les cinq parties du monde? — 99. Quelles sont les plus vastes des terres ou des eaux? — 100. Connaissons-nous les régions polaires?

CONSEILS AUX MAITRES. — Expliquez à vos élèves les termes *Ancien* et *Nouveau* Continent. Dites-leur quelques mots sur la découverte de l'Amérique par Christophe Colomb. — Faites-leur reconnaitre sur les cartes les cinq parties du monde et les océans. — Faites dessiner le plan de l'école. Pour cela, levez vous-même à l'avance le plan de votre école. Faites un croquis au tableau noir et indiquez les principales dimensions. Les élèves rapporteront ce croquis sur leur cahier en se servant de la règle graduée. Vous adopterez l'échelle de 0,001 ou 0,002 par mètre. Dans ce dessin vous négligerez les détails.

REMARQUES ET EXERCICES SUR LES GLOBES ET CARTES

Remarquer les lignes circulaires qui entourent le globe, soit d'un pôle à l'autre (9ᵉ leçon), soit transversalement à la direction de l'axe. Se familiariser avec les noms de ces lignes (méridiens et parallèles); chercher à quoi on peut les comparer, dans une orange par exemple. Se rendre compte de la raison qui fait que la température varie suivant les parallèles, et que l'heure du jour varie suivant le méridien. Faire tourner devant une lumière une boule sur laquelle on aura marqué des méridiens et des parallèles; on remarquera que la lumière, représentant le soleil, donne midi (*meridies* en latin) à chaque méridien successivement; on verra en même temps que les zones disposées suivant les parallèles ne reçoivent pas toutes la même quantité de lumière et de chaleur. S'exercer à faire tourner ce petit globe autour de son soleil avec l'inclinaison de la terre dans l'espace ; on se rendra ainsi compte de la succession des saisons.

TREIZIÈME LEÇON. — **Globes géographiques.
Mappemondes.**

101. Pour représenter exactement la Terre, on se sert de *globes géographiques*.

102. Un globe géographique est une boule sur laquelle on a dessiné les océans et les continents.

105. Une mappemonde est une *carte* qui représente la Terre tout entière.

106. Pour représenter la Terre au moyen d'une *mappemonde*, on suppose qu'elle est partagée en deux hémisphères par un cercle passant par les deux pôles. Chaque hémisphère est représenté par une carte. L'ensemble des deux cartes constitue la *mappemonde*.

Gravé par Mᵗᵉˢ Perrin.

103. Le globe géographique peut tourner autour d'un axe qui représente l'axe de la Terre. Les extrémités de cet axe sont les pôles. La ligne qui entoure le globe à égale distance des deux pôles, est l'équateur.

104. Les cinq parties du monde et les cinq océans sont placés sur le globe exactement comme ils le sont sur la surface de la Terre.

107. Les géographes représentent encore la Terre d'une autre manière, en une seule carte : c'est la *mappemonde de Mercator*, où les méridiens et les parallèles sont en lignes droites.

108. Les mappemondes peuvent servir aux mêmes usages que les globes géographiques. Les continents et les océans y sont figurés sur une surface plane. Aussi est-on obligé de déformer les méridiens et les parallèles, de les aplatir en quelque sorte, pour les faire tenir ensemble sur cette surface, de même qu'on serait obligé de déformer la peau d'une demi-orange si on voulait la presser en l'aplatissant sur une table.

Suivant l'usage auquel on destine une carte, on peut faire subir des courbures variées aux méridiens et aux parallèles : c'est ce qu'on appelle les différentes *projections*.

Questionnaire.

101. De quoi se sert-on pour représenter exactement la Terre ? — 102. Qu'est-ce qu'un globe géographique ? — 103. Montrez sur le globe l'axe, les deux pôles, l'équateur. — 104. Montrez sur le globe, les océans et les continents. — 105. Qu'est-ce qu'une mappemonde ? — 106. Comment représente-t-on la terre au moyen d'une mappemonde ? — 108. A quoi servent les mappemondes ? — Montrez sur la mappemonde les continents et les océans. — Montrez sur le globe et sur la mappemonde les cinq parties du monde. — Montrez les zones.

CONSEILS AUX MAITRES. — Reprenez les explications de la 9ᵉ et de la 10ᵉ leçon (zones, saisons, etc.) en vous servant du globe géographique et de la mappemonde.

QUATORZIÈME LEÇON. — **Usage du globe et de la mappemonde.**

109. Les globes géographiques et les mappemondes nous permettent de nous rendre facilement compte de la position, de l'étendue et de la figure des cinq parties du monde et des cinq océans.

110. Nous voyons que l'Europe et l'Afrique sont séparées de l'Amérique par l'océan Atlantique; que le grand océan Pacifique est situé entre l'Amérique à l'Est, l'Asie et l'Australie à l'Ouest ; que l'océan Indien occupe le Sud de l'Asie, entre l'Australie à l'Est et l'Afrique à l'Ouest; enfin que les océans Glacials entourent les pôles.

Globe géographique.

111. Nous remarquons aussi que l'Afrique est au Sud de l'Europe, et l'Asie à l'Est; que l'Amérique est isolée et formée de deux parties, l'*Amérique du Nord* et l'*Amérique du Sud*, réunies par une étroite bande de terre, et que l'Australie est une grande île située au Sud de l'Asie.

112. Quant à la forme des continents, nous constatons que l'Asie, l'Afrique, l'Amérique et l'Australie ont une forme massive, tandis que l'Europe a ses rivages profondément découpés.

113. Nous nous rendons facilement compte, sur le globe, de la possibilité de faire le tour de la Terre et nous déterminons le chemin à parcourir. Nous pouvons ainsi nous faire une idée des grands voyages dont nous entendons parler tous les jours.

Questionnaire.

109. A quoi servent les globes géographiques ? — 110. Comment sont situés les océans par rapport aux cinq parties du monde ? — 111. Comment sont situées les cinq parties du monde par rapport les unes aux autres ? — 112. Que remarquez-vous sur la forme des cinq parties du monde ? — 113. Pouvez-vous vous rendre compte au moyen du globe de la possibilité de faire le tour de la Terre ?

CONSEILS AUX MAITRES. — Exercez avec soin vos élèves à reconnaître rapidement sur le globe et la mappemonde les cinq parties du monde et les océans. — Faites au tableau noir le croquis de la mappemonde et faites-le dessiner aux élèves. Les continents ne doivent être figurés que par leurs contours. Faites indiquer la position des océans. Il est probable que la plupart des élèves ne parviendront pas à donner aux continents leur forme véritable; ne vous en préoccupez pas trop, mais attachez-vous à faire bien indiquer leur position.

QUINZIÈME LEÇON. — **Position des cinq parties du monde et de l'Égypte sur le globe et la mappemonde.**

114. Les continents ne sont pas répartis d'une manière régulière sur la surface de la Terre ; ils sont surtout groupés au Nord de l'équateur.

115. L'Europe, l'Asie, les trois quarts de l'Afrique et les deux tiers de l'Amérique sont situés dans l'hémisphère nord, tandis que l'hémisphère sud ne renferme que le quart de l'Afrique, le tiers de l'Amérique et l'Australie.

116. L'Égypte, notre pays, est située en Afrique dans l'hémisphère nord, à peu près au tiers de la distance comprise entre l'équateur et le pôle.

117. L'Égypte occupe le coin Nord-Est de l'Afrique, dans la région où l'Afrique touche à l'Asie.

118. Par suite de sa position dans la zone tempérée du Nord, mais dans le voisinage de la zone torride, l'Égypte jouit d'un climat tempéré, quoique bien plus chaud que celui de l'Europe.

119. L'Égypte n'est pas très vaste. En y comprenant les déserts qui en dépendent, elle n'est que la deux-centième partie environ des continents connus.

120. La partie cultivée et habitée du sol de l'Égypte n'est que la vingtième partie de sa surface totale; le reste est formé par des déserts.

121. Malgré sa faible étendue, l'Égypte est un des pays les plus célèbres et les plus importants du monde. Elle doit sa célébrité à son antique civilisation, et son importance actuelle à son admirable fécondité et à sa situation géographique sur la route qui va d'Europe en Asie et en Océanie.

Questionnaire.

114. Comment sont répartis les continents sur la surface de la Terre ? — 115. Comment sont situées les cinq parties du monde par rapport à l'équateur ? — 116. Dans quelle partie du monde et dans quel hémisphère est située l'Égypte ? — 117. Quelle partie de l'Afrique occupe l'Égypte ? — 118. Quel est le climat de l'Égypte ? — 119. L'Égypte est-elle bien vaste ? — 120. Quelle est l'étendue de la partie cultivable de l'Égypte ? — 121. A quoi l'Égypte doit-elle sa célébrité et son importance ?

CONSEILS AUX MAITRES. — Faites dessiner de nouveau la mappemonde et indiquer la position de l'Égypte. — Faites aussi dessiner le croquis de l'Afrique et marquer sur cette carte la situation de l'Égypte et son étendue relative.

EXERCICES : Tracez d'après cette carte la forme de l'Afrique; marquez-y les quatre grands fleuves, le Nil, le Congo, le Zambèze et le Niger, avec les affluents qui viennent des grands lacs au Congo et au Zambèze.

Paysage africain.

CHAPITRE IV

TERMES GÉOGRAPHIQUES.

SEIZIÈME LEÇON. — **Termes relatifs aux mers et aux côtes.**

122. La masse des eaux salées qui couvrent les trois quarts de la surface de la Terre forme les cinq océans.

123. Les **mers** sont des parties des océans, plus ou moins bien délimitées, qui pénètrent dans les terres sur

Côtes de Bretagne, en France.

les rivages des continents. Ex. : Mer Méditerranée, formée par l'océan Atlantique, qui pénètre entre l'Europe, l'Asie et l'Afrique (voir la carte de l'Afrique).

124. On appelle **côte** ou **littoral** toute partie de terre baignée par une mer. Ex. : Littoral de la Méditerranée.

125. Un **golfe** est une partie de mer qui pénètre plus ou moins profondément dans les terres du rivage. Un petit golfe prend le nom de **baie**. Ex. : Le golfe de Suez ; la baie d'Alger. Une baie très peu étendue prend le nom d'anse.

126. Un **cap** est une partie du rivage qui se prolonge au milieu des eaux. Ex. : Le cap de Bonne-Espérance au Sud de l'Afrique et le cap Gardafui à l'Est.

127. Une **lagune** est un lac peu profond, communiquant avec la mer.

Lagunes de la Méditerranée.

128. Une **île** est une terre entourée d'eau de tous côtés. Ex. : Candie, appartenant à la Turquie.

Marais salants.

Un **archipel** est un groupe d'îles. Ex. : Iles Baléares.

129. Une **presqu'île** ou **péninsule** est une étendue de terre que la mer entoure presque entièrement. C'est

presque une île, mais elle est reliée à la terre par un côté. Ex. : Presqu'île de Sinaï dans la mer Rouge, appartenant à l'Égypte.

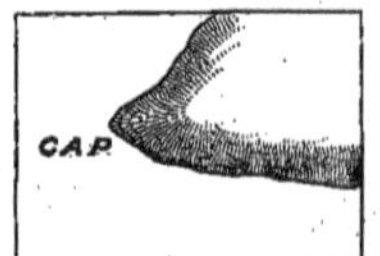

130. Un **isthme** est une partie de terre resserrée entre deux parties de mer et rattachant deux terres l'une à l'autre. Ex. : L'isthme de Suez.

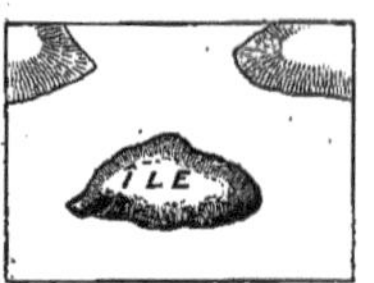

131. On appelle **détroit** une partie de mer resserrée entre deux terres et faisant communiquer l'une avec

l'autre deux étendues de mer. Ex. : Le détroit de Gi-

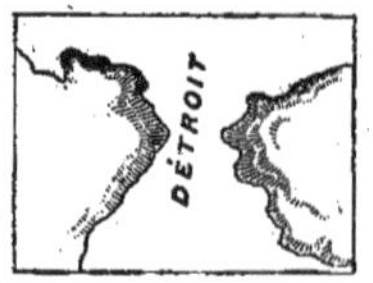

braltar, qui fait communiquer la mer Méditerranée avec l'océan Atlantique.

Questionnaire.

123. Qu'appelle-t-on mers? — 124. Qu'appelle-t-on côte ou littoral? — 125. Qu'est-ce qu'un golfe? — 126. Un cap? — 127. Une lagune? — 128. Une île? Un archipel? — 129. Une presqu'île ou péninsule? — 130. Un isthme? — 131. Un détroit?

CONSEILS AUX MAÎTRES. — Montrez sur la carte de l'Afrique des golfes, des caps, des détroits, des îles, etc. — Faites dessiner un golfe, un cap, une île, une presqu'île, etc., comme ils sont figurés sur les cartes. — Efforcez-vous de bien faire comprendre aux élèves les termes géographiques de la leçon; employez pour y arriver le dessin au tableau noir et les collections de tableaux géographiques.

DIX-SEPTIÈME LEÇON. — **Termes géographiques relatifs aux terres.**

132. Une **plaine** est une étendue de terrain à peu près plate et peu élevée. Ex. : La Basse-Égypte.

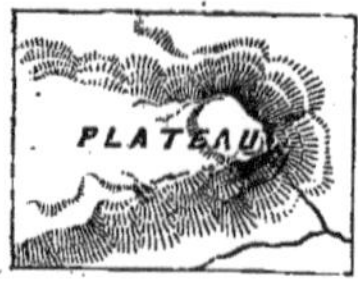

133. Un **plateau** est une plaine plus élevée que le niveau des plaines environnantes.

134. Les **montagnes** sont de grandes inégalités de terrain; ce sont des masses de terre beaucoup plus élevées que les pays environnants. Une montagne isolée est désignée sous le nom de **mont**.

135. Une **chaîne de montagnes** est une longue suite de montagnes qui couvrent une grande étendue de pays. Ex. : Les Pyrénées.

136. Les petites montagnes portent le nom de **collines**.

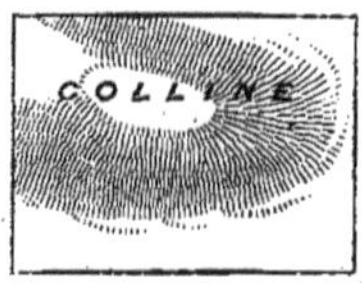

Les montagnes de l'Égypte ne sont en réalité que des collines. Ex. : Le Mokattam.

137. On appelle **cime** ou **sommet** le point le plus élevé d'une montagne ou d'une colline.

138. Une **vallée** est une étendue de pays enfermée entre

deux chaînes de montagnes ou de collines. Ex. : La Haute-Égypte.

139. Un **col** est un étroit passage entre deux montagnes. Un **défilé** est un chemin formé par une vallée très

Chaîne de montagnes : Les Pyrénées.

resserrée entre les différents monts d'une chaîne ou entre les montagnes et la mer.

140. Un **désert** est un vaste espace stérile et inhabité. La plupart des déserts sont couverts de sables ou de rochers et privés d'eau, comme ceux de l'Afrique et de l'Asie. Ceux des régions polaires sont couverts de glace.

Vallée dans les Vosges.

141. Les **oasis** sont des parties des déserts de l'Afrique et de l'Asie arrosées par des sources, ce qui permet aux hommes d'y habiter et d'y cultiver le sol.

Questionnaire.

132. Qu'est-ce qu'une plaine? — 133. Un plateau? — 134. Une montagne? — 135. Une chaîne de montagnes? — 136. Une colline? — 137. Qu'appelle-t-on cime ou sommet? — 138. Qu'est-ce qu'une vallée? — 139. Un col? Un défilé? — 140. Un désert? — 141. Une oasis?

Conseils aux maîtres. — Montrez à vos élèves comment les chaînes de montagnes, les vallées et les déserts sont figurés sur les cartes.

— Essayez de leur donner une idée exacte d'une chaîne de montagnes. — Les collines de l'Égypte, complètement dénudées, pourraient leur donner une idée fausse; insistez donc sur ce fait que la végétation couvre les pentes jusqu'à une grande hauteur, et que les grandes montagnes ont leurs sommets couverts de neiges éternelles et de glaciers.

DIX-HUITIÈME LEÇON. — **Termes géographiques relatifs aux cours d'eau.**

142. Les eaux de la mer en s'évaporant forment les **nuages**. La vapeur d'eau des nuages en se condensant produit les **pluies** qui arrosent le sol.

Rivière.

143. Les eaux des pluies tantôt s'écoulent immédiatement sur la surface du sol, tantôt s'enfoncent dans l'intérieur pour ressortir plus loin sous forme de **sources**.

Exercices : Indiquez, sans avoir de carte devant les yeux : un désert — une oasis — une vallée — un golfe — une montagne — un port — une embouchure — un lac — un cap — une mer — un océan — un pays chaud — un pays froid — un pays au nord du vôtre — à l'est du vôtre — au sud, à l'ouest.

L'Himalaya en Asie.

144. Ce sont donc les eaux des pluies qui donnent naissance aux **lacs** et aux **cours d'eau, fleuves** et **rivières** qui coulent dans les vallées.

145. Un **lac** est une étendue d'eau amassée au fond d'une vallée. Le lac est entouré de terres de tous côtés.

L'eau des lacs est généralement douce. Ex. : Lac Victoria, où le Nil prend sa source.

146. Quelques lacs sont formés d'eau salée. Ce sont ceux qui communiquent avec la mer ou dont le fond est formé de terre renfermant beaucoup de sel. Ex. : Lac Menzaleh près de Port-Saïd et lac Birket-el-Kéroun dans le Fayoum.

147. Un **fleuve** est un grand cours d'eau qui se jette dans la mer ou dans un lac. Ex. : Le Nil.

148. Une **rivière** est un cours d'eau qui se jette dans un fleuve ou dans une autre rivière : Ex. L'Atbarah, qui se jette dans le Nil.

Questionnaire.

142. D'où proviennent les pluies? — 143. Que deviennent les eaux des pluies? — 144. Comment se forment les cours d'eau? — 145. Qu'est-ce qu'un lac? — 146. L'eau des lacs est-elle douce ou salée? — 147. Qu'est-ce qu'un fleuve? — 148. Qu'est-ce qu'une rivière?

CONSEILS AUX MAITRES. — Expliquez à vos élèves comment les eaux de la mer, qui sont salées, donnent naissance à des pluies d'eau douce. — Parlez-leur de la manière d'extraire le sel des eaux de la mer. — Montrez-leur sur la carte de l'Afrique des fleuves et des rivières. — Faites-leur remarquer que le mot arabe *bahr*, qui veut dire mer, est employé à tort pour désigner le Nil : El Bahr-el-Nil (la mer le Nil); on devrait dire El Nahr-el-Nil (le fleuve le Nil).

DIX-NEUVIÈME LEÇON. — **Termes relatifs aux cours d'eau.** *(Suite.)*

149. La **source** d'un fleuve ou d'une rivière est l'endroit où le cours d'eau commence à se former. Tantôt c'est un ou plusieurs lacs, comme pour le Nil; tantôt l'eau sort directement du sol.

150. Le **lit** d'un fleuve ou d'une rivière est la partie creuse où l'eau coule. La **rive droite** est celle qu'on a à sa droite en descendant le courant de l'eau. La **rive gauche** est celle qu'on a à sa gauche.

151. L'**embouchure** d'un fleuve est l'endroit où le fleuve se jette dans la mer ou dans un lac.

152. Quelquefois un fleuve avant de se jeter dans la mer

se divise en plusieurs branches. Le pays arrosé par ces différentes branches porte le nom de **delta**. Ex. : La Basse-Égypte.

EXERCICES : Nommez quelques fleuves ou rivières. — Dites où est leur source — leur confluent — leur embouchure. — Dessinez le Nil et ses principaux affluents; dites d'où il sort. — Nommez quelques villes de ses deux rives. Dites la rive du Caire et celle des Pyramides, etc.

Chutes du Niagara dans l'Amérique du Nord.

153. Une embouchure très large qui ressemble à un golfe s'appelle un *estuaire*. Ex. : Estuaire de la Seine.

154. On appelle **affluent** d'un fleuve ou d'une rivière tout cours d'eau qui se jette dans ce fleuve ou dans cette

Confluent.

rivière. Un **confluent** est le point de réunion de deux cours d'eau.

155. Quelquefois le lit d'un cours d'eau est barré par

des rochers ou s'abaisse brusquement, et la masse des eaux tombe d'une certaine hauteur. C'est ce qu'on appelle

une **cataracte**. Ex. : Les cataractes du Nil. (Voir, en tête de la page, la cataracte du Niagara en Amérique.)

156. Un **marais** est une plaine recouverte d'eau stagnante, sans écoulement et sans profondeur.

Questionnaire.

149. Qu'est-ce que la source d'un fleuve? — 150. Le lit d'un cours d'eau? La rive droite? La rive gauche? — 151. L'embouchure? — 152. Un delta? — 153. Un estuaire? — 154. Un affluent? Un confluent? — 155. Une cataracte? — 156. Un marais.

CONSEILS AUX MAITRES. — Montrez sur la carte la source d'un fleuve, d'une rivière; l'embouchure d'un fleuve, le confluent d'une rivière et d'un fleuve; la rive droite, la rive gauche, un delta, etc. Citez des villages situés sur la rive droite du Nil, sur la rive gauche. Engagez les élèves qui n'ont pas encore vu le Nil à aller le voir. Conduisez-les vous-même.

CHAPITRE V

GÉOGRAPHIE SOMMAIRE DE L'ÉGYPTE.

VINGTIÈME LEÇON. — **Situation, bornes, population de l'Égypte**.

157. L'Égypte est située au Nord-Est de l'Afrique. Elle est rattachée à l'Asie par l'isthme de Suez.

158. L'Égypte est bornée au Nord par la mer Méditerranée; à l'Est, par la mer Rouge; au Sud par la Nubie; à l'Ouest par le Sahara et la Tripolitaine.

159. La superficie de l'Égypte proprement dite est de six cent mille kilomètres carrés ou cent cinquante millions de feddans, dont huit millions seulement peuvent être cultivés.

160. La partie cultivable de l'Égypte est formée par la vallée du Nil et le delta.

EXERCICES : Dites ce qui produit les cataractes. — Nommez quelques fleuves qui aient des cataractes — quelques fleuves sans cataractes. — Les fleuves d'Afrique ont-ils plus ou moins de cataractes que les fleuves d'Europe? Dites pourquoi.

MER MÉDITERRANÉE
Bche de Rosette
Bche de Damiette
Borollos
Rosette
Damiette
Bd d'Aboukir
Aboukir
Port Saïd
ALEXANDRIE
Sebakh Bardouil
El Mek
Mar Jout
Damanhour
Mansourah
L. Menzaleh
GHARBIEH
Fouah
Dessouk
Kafr e' Cheikh
BÉHÉRAH
Mehallah el Koubra
Semannoud
El Kantara
Oulad Ali
DAKHILIEH
L. Ballah
Kafr el Zaiat
Salhieh
Désert
Tantah
Mit-Ghamr
L. Timsah
BASSE ÉGYPTE
CHARKIEH
Ismaïlieh
Arabique
Chibin el Kom
Ismaïlieh
Menouf
Benha
Sérapium
Katatbeh
Lacs Amers
Ghara el Batha
Chibin el Kanater
Guiseh
LE CAIRE
Embabeh
Héliopolis
Dj. Ammounah
Pyramides
Pyram. de Sakkara
Memphis
Budrechein
Helouan
GUISEH
DÉSERT
Djebel Akhdar
El Aïat
Birket el Keroun
FAYOUM
Galala
Septent.l
Médinet el Fayoum
BENI SOUEF
Ras Sedour
Dépression du Rayan
Gharaq
Ouadi
Araba
Béni Souef
Aïn Reyan
Galala Mérid.l
CHAINE
Plne de Senour
O. Senour
CHAINE LIBYQUE
DÉSERT
Maghaghu
Abou Ouirgeh
Dj. Tenasse
Behnesa
Béni Mazar
MINIEH
ARABIQUE
Feschna
Samalout
Minia
Dj. Ahmar
Mt Gharib
Abou Rainkat
Dj. Dara
Béni Hassan
Aouasem
Dj. Mangou
HAUTE ÉGYPTE
Mellawi
Dj. Kiaouleh
ASSIOUT
GOLFE DE SUEZ
PRESQU'ILE
DU SINAÏ
LIBYQUE

Le Nil, vue prise de l'île Philae.

161. La partie non cultivable est formée par les déserts qui s'étendent à l'Est et à l'Ouest de la vallée du Nil.

162. Le désert situé à l'Est du Nil est le désert Arabique ; celui de l'Ouest est le désert Libyque.

163. La population de l'Égypte est de sept millions d'habitants environ, dont six millions quatre cent mille musulmans, et six cent mille coptes ou chrétiens.

164. Les déserts ne sont pas complètement inhabités ; on y trouve environ deux cent mille Bédouins nomades : c'est-à-dire habitant sous des tentes transportables.

165. On compte en Égypte quatre-vingt-dix mille étrangers, la plupart fixés à Alexandrie et au Caire.

Questionnaire.

157. Où est située l'Égypte ? — 158. Quelles sont les bornes de l'Égypte ? — 159. Quelle est la superficie de l'Égypte ? — 160. Quelle est la partie cultivable de l'Égypte ? — 161. Quelle est la partie non cultivable ? — 162. Comment se nomment les déserts égyptiens ? — 163. Quelle est la population de l'Égypte ? — 164. Les déserts sont-ils complètement inhabités ? — 165. Quel est le nombre des étrangers habitant l'Égypte ?

CONSEILS AUX MAITRES. — Montrez sur la carte de l'Afrique la position de l'Égypte. Indiquez les bornes, le Nil, les déserts Arabique et Libyque. Faites dessiner la carte de l'Afrique et marquez sur cette carte la position de l'Égypte. Pour cela dessinez vous-même le croquis au tableau noir, en procédant de la manière suivante : Tracez une ligne horizontale AB figurant l'équateur ; divisez cette ligne en 3 parties égales par les points C et D ; élevez les perpendiculaires CE, DF et DG, égales à AB. Prenez sur DF à partir de D une longueur DH égale à AD ou $\frac{AB}{3}$. Menez les lignes HK, HL.

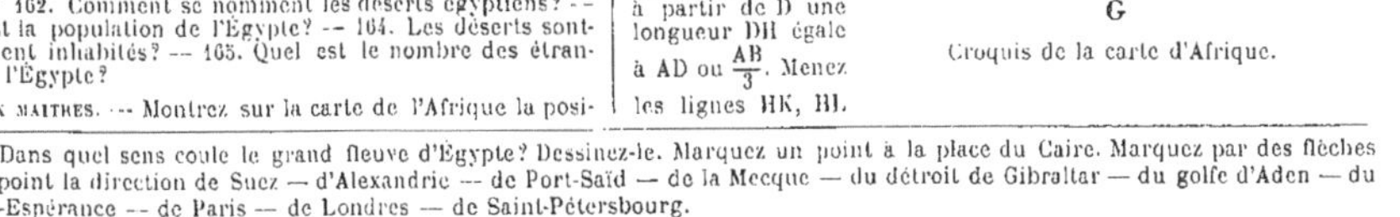

Croquis de la carte d'Afrique.

EXERCICES : Dans quel sens coule le grand fleuve d'Égypte ? Dessinez-le. Marquez un point à la place du Caire. Marquez par des flèches autour de ce point la direction de Suez — d'Alexandrie — de Port-Saïd — de la Mecque — du détroit de Gibraltar — du golfe d'Aden — du cap de Bonne-Espérance — de Paris — de Londres — de Saint-Pétersbourg.

Le Nil à la 2ᵉ cataracte.

toutes deux égales à AB. Le point E est le delta du Nil; le point F, la presqu'île de Bengazi; K, le cap Vert; G, le cap de Bonne-Espérance, et L, le cap Gardafui. La connaissance de ces points de repère permettra aux élèves d'arriver très vite à tracer de mémoire le croquis de l'Afrique.

VINGT ET UNIÈME LEÇON. — **Cours du Nil.**

166. Le Nil est un des plus grands fleuves du monde. La longueur de son cours est de 6 500 kilomètres environ, plus de 30 fois la distance qui sépare le Caire d'Alexandrie.

167. Le Nil prend sa source dans la région de l'Afrique traversée par l'équateur. Il coule du Sud au Nord.

168. Les sources du Nil sont formées par trois grands lacs : 1° le lac Oukéréwé ou Victoria-Nyanza; 2° le lac Mwoutan-Nzigé ou Albert-Nyanza; 3° le lac Muta-Nzigé ou Albert-Édouard.

169. Le lac Oukéréwé, le plus grand des trois lacs qui forment les sources du Nil, est quatre fois plus grand que la Basse-Égypte tout entière.

170. Les principaux affluents du Nil sont le Sobat, le Bahr-el-Azrek et l'Atbarah, à droite; le Bahr-el-Ghazal, à gauche.

171. Les pays arrosés par le Nil et ses affluents sont : la région des Grands Lacs, le Soudan égyptien, l'Abyssinie, la Nubie et l'Égypte.

172. Le cours du Nil est barré par plus de vingt cataractes. Six sont situées en Nubie; les autres se trouvent dans la région des Grands Lacs et du haut Nil.

173. Tous les affluents du Nil ont leur confluent dans la partie supérieure de son cours, c'est-à-dire dans la région des Grands Lacs et dans le Soudan.

174. Depuis le confluent de l'Atbarah, jusqu'à son embouchure, c'est-à-dire sur une longueur de plus de

Bords du Nil : le Chadouf.

168. Par quoi sont formées les sources du Nil? — 169. Quelle est la superficie du lac Oukéréwé? — 170. Quels sont les principaux affluents du Nil? — 171. Quels pays arrose le Nil? — 172. Où sont situées les cataractes du Nil? — 173. Où sont situés les affluents du Nil? — 174. Le Nil reçoit-il quelque rivière dans la partie inférieure de son cours? — 175. Décrivez le cours du Nil en Nubie? — 176. Dans quelle mer se jette le Nil?

CONSEILS AUX MAITRES. — Faites montrer le cours du Nil sur la carte de l'Afrique; les trois lacs qui forment ses sources; ses affluents; les régions qu'il arrose; ses cataractes; son embouchure.

Faites dessiner le cours du Nil. Pour cela tracez vous-même le croquis au tableau noir, en procédant de la manière suivante : Tracez une ligne verticale AB, vous aurez ainsi la direction générale du fleuve; divisez cette ligne à peu près en trois parties égales par les points C et D; autour du point B, dessinez les lacs. Le point C est le point où le Nil reçoit le Bahr-ei-Ghazal et forme le marais de Nô. Le point D est le milieu de la grande courbe que le fleuve fait en Nubie entre Berber et Dongola. Le point A est le Caire. A partir de ce point commencent les deux branches du delta. Vous aurez soin de ne pas leur donner des dimensions disproportionnées, comme on le fait habituellement.

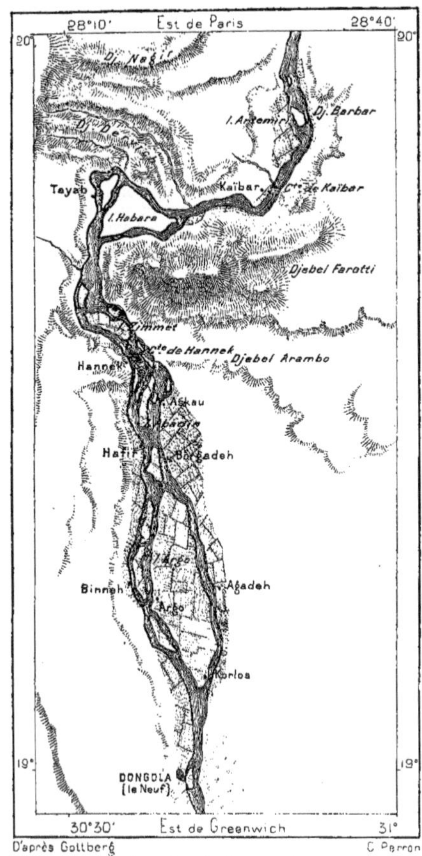

Dongola et la 3e cataracte.
Echelle $\frac{1}{800000}$

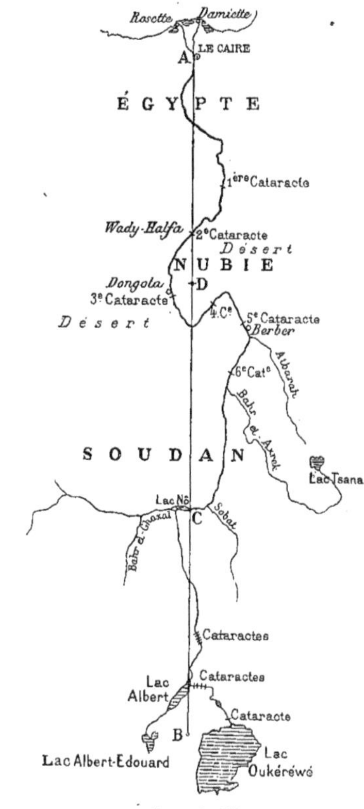

Cours du Nil.

3 000 kilomètres, le Nil ne reçoit plus aucune rivière.

175. En Nubie, le cours du Nil est resserré entre deux déserts. Les seules terres cultivables sont les îles qu'il entoure de ses flots, et dans quelques endroits une étroite bande de terre le long de ses rivages.

176. Le Nil se jette dans la mer Méditerranée. Il se divise, près du Caire, en deux branches : la branche de Rosette, à l'Ouest, et la branche de Damiette, à l'Est, et forme ainsi un delta, que l'on nomme la Basse-Égypte.

Questionnaire.

166. Quelle est la longueur du cours du Nil? — 167. Où sont situées les sources du Nil? Quelle est la direction de son cours? —

EXERCICES : Dessinez la forme générale du Delta du Nil. Cherchez des comparaisons pour la forme de ce Delta. A quoi le compareriez-vous? Dites de mémoire la situation, par rapport au Delta, du Caire, d'Alexandrie, de Port-Saïd, de la Mer Méditerranée.

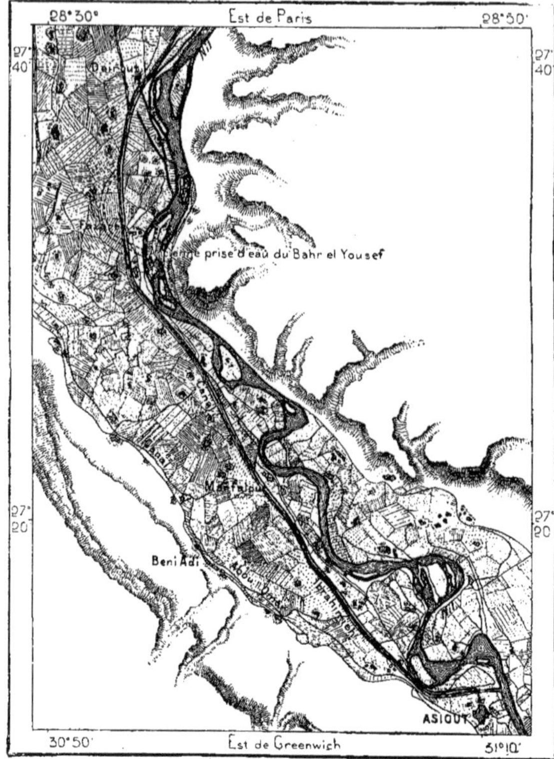

Prise d'eau du canal Ibrahimieh.

Échelle $\frac{1}{450\,000}$

VINGT-DEUXIÈME LEÇON. — **Cours du Nil**. (*Suite.*)

177. A partir de la première cataracte, nommée cataracte d'Assouân, le Nil pénètre dans l'Égypte proprement dite.

178. D'Assouân au Caire, la vallée du Nil porte le nom de Haute-Égypte ou Saïd. Elle est étroite et sinueuse et bordée par deux chaînes de collines : à l'Est la chaîne Arabique, à l'Ouest la chaîne Libyque.

179. La largeur de la vallée du Nil est, près d'Assouân, de quelques kilomètres seulement, puis l'espace compris entre les collines s'élargit, mais ne dépasse jamais trente kilomètres.

180. Dans les environs du Caire commence le Delta, qui forme la Basse-Égypte. C'est une plaine triangulaire très fertile, dont la superficie est à peu près égale à celle de la Haute-Égypte.

181. Plusieurs lacs salés, communiquant avec la mer Méditerranée, couvrent les rivages de la Basse Égypte. Les plus importants sont : le lac *Mariout* à l'ouest de la branche de Rosette, le lac *Borollos* entre les deux branches, et le *Menzaleh* à l'est de la branche de Damiette.

182. A l'est et à l'ouest de la vallée du Nil sont les déserts égyptiens : à l'est, le désert *Arabique*, entre le Nil et la mer Rouge; à l'ouest, le désert *Libyque*, qui n'est que le prolongement du Sahara, le grand désert de l'Afrique.

183. A une centaine de kilomètres environ au sud du Caire, un grand canal dérivé du Nil, le *Bahr-Youssef*, pénètre dans le désert Libyque et arrose une plaine basse et très fertile de forme presque circulaire : c'est le **Fayoum**, une des provinces les plus riches de l'Égypte, qui est comme une oasis dans le désert. Un lac d'eau saumâtre, le *Birket-el-Kéroun*, situé à l'ouest du Fayoum, sert de réservoir aux eaux qui ont servi à l'irrigation.

184. Dans le désert Libyque, on remarque plusieurs oasis importantes. Les plus remarquables sont celles de *Khargeh*, *Dakhel*, *Farafrah*, *Baharieh* et *Sioua*.

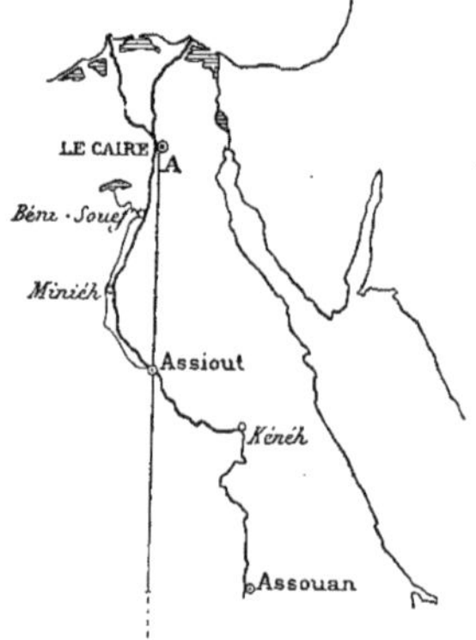

Cours du Nil : d'Assouân à la Méditerranée.

Canal Séfi, dérivé du Bahr-Youssef à Fidemin-el-Fayoum.

Questionnaire.

177. A partir de quel point le Nil pénètre-t-il dans l'Égypte proprement dite? — 178. Décrivez la vallée du Nil dans la Haute-Égypte? — 179. Quelle est la largeur de la vallée du Nil dans la Haute-Égypte? — 180. Qu'est-ce que la Basse-Égypte? — 181. Quels sont les lacs qui bordent les rivages de l'Égypte? — 182. Quels sont les déserts qui entourent la vallée du Nil? — 183. Qu'est-ce que le Fayoum? — 184. Quelles sont les principales oasis dépendant de l'Égypte?

VINGT-TROISIÈME LEÇON. — **Climat de l'Égypte. Crue du Nil. — Irrigations.**

185. Le climat de l'Égypte, quoique très chaud en été, est en général tempéré et salubre. Ce qui le caractérise, c'est l'absence complète de pluies pendant la plus grande partie de l'année.

186. C'est le Nil qui entretient la vie de l'Égypte, ce sont ses eaux bienfaisantes qui suppléent au manque de pluies.

187. Chaque année, en été, une crue du Nil se produit. C'est un phénomène causé par les pluies torrentielles qui tombent régulièrement au printemps dans la région des Grands Lacs, dans tout le Soudan égyptien et dans l'Abyssinie.

188. La crue commence, au Caire, presque toujours le 10 juin et atteint son maximum le 7 octobre. La hauteur de la crue est à Assouân de 16 à 17 mètres, et au Caire de 7 à 8 mètres.

189. Pendant la crue, la Haute-Égypte presque tout entière est couverte par les eaux, tandis que la Basse-Égypte, préservée par des digues, est cultivée en coton et en maïs.

190. De nombreux canaux prennent naissance dans le fleuve et portent ses eaux dans toutes les parties de l'Égypte.

191. Quelques-uns de ces canaux ont de l'eau toute l'année et servent à la navigation aussi bien qu'à l'irrigation; mais beaucoup d'autres ne sont que temporaires : ils se remplissent pendant la crue et conservent leur eau pendant un temps plus ou moins long.

192. Les principaux canaux sont : dans la Haute-Égypte, le *Bahr-Youssef* et l'*Ibrahimieh* (voir prise d'eau de l'Ibrahimieh, page 28) ; dans la Basse-Égypte, le *Mahmoudieh*, le *Bahr-Chibin*, le *Bahr-Moez* et l'*Ismaïlieh*.

Questionnaire.

185. Parlez du climat de l'Égypte. — 186 Comment supplée-t-on au manque de pluie? — 187. Qu'est-ce que la crue du Nil? — 188. Quand commence et quand finit la crue? Quelle est sa hauteur à Assouân et au Caire? — 189. Quel est l'aspect de la Haute et de la Basse-Égypte pendant la crue? — 190. Comment se fait l'irrigation de l'Égypte? — 191. Tous les canaux ont-ils la même importance? — 192. Citez les principaux canaux.

CONSEILS AUX MAÎTRES. — Expliquez avec détails les diverses phases de la crue. Insistez sur son importance et ses causes.

Faites dessiner au tableau la carte de la Basse-Égypte.

Tracez une ligne horizontale AB. Du milieu de cette ligne, abaissez la perpendiculaire CD, égale à la moitié de AB. Prolongez CD de la longueur CE un peu plus petite que la moitié de CD. Le point A est Alexandrie; B, Port-Saïd; D, le Barrage; E, le point le plus avancé de la côte, entre les deux bouches du Nil. Décrivez un arc de cercle passant par les points A, E, B, vous aurez ainsi la forme générale du rivage. Les points F et G milieux des arcs AE et EB

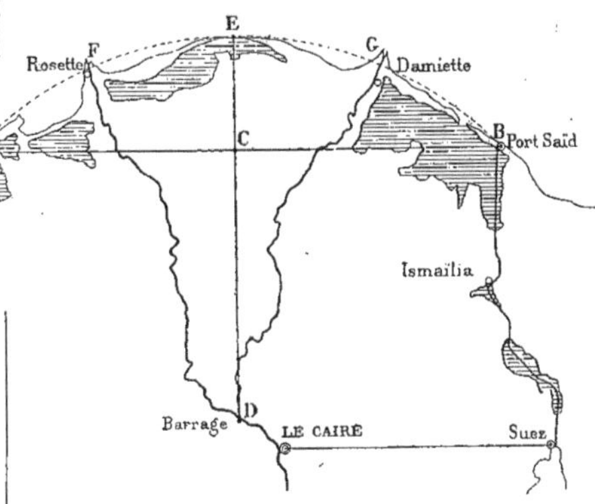

Carte de la Basse-Égypte.

EXERCICES : Expliquez ceci par écrit : puisqu'il ne pleut que rarement en Égypte, d'où ce pays tire-t-il sa fécondité? Est-ce qu'il pleut ailleurs? Quels sont les pays dont les pluies profitent à l'Égypte? Sous quelle forme ces pluies arrivent-elles en Égypte?

Khartoum : Vue générale.

vous donnent la position des deux bouches du Nil.

Suez est située sur une ligne horizontale menée par Le Caire, à une distance du Caire égale à $\dfrac{AB}{2}$.

VINGT-QUATRIÈME LEÇON. — **Villes principales situées sur le Nil. Soudan et Nubie.**

193. Avant la révolte du Mahdi en 1883, tout le cours du Nil appartenait à l'Égypte. Aujourd'hui, l'Égypte n'a conservé de ses anciennes possessions que la partie de la Nubie comprise entre la 1ʳᵉ et la 2ᵉ cataracte, c'est-à-dire entre Assouân et Ouadi-Halfa, ainsi que le port de Souakin sur la mer Rouge.

194. Les villes principales situées sur le Nil dans le Soudan et la Nubie sont : Wadelaï, Lado, Fachoda, Khartoum, Chendy, Berber, Dongolah et Ouadi-Halfa.

195. La plus importante de ces villes était **Khartoum**, peuplée de 70 à 80 mille habitants, capitale du Soudan, bâtie au confluent du Nil et du Bahr-el-Azrek. Elle faisait un assez grand commerce de gomme, d'ivoire et de plumes d'autruche; mais elle a été détruite de fond en comble par les Mahdistes. Une ville nouvelle, **Omdourman**, s'est élevée non loin de ses ruines, sur la rive gauche du Nil.

196. **Berber** et **Dongolah** en Nubie, villes de 10 à 15 mille habitants, ont aussi une grande importance. C'est à Berber qu'aboutit la route des caravanes qui joint Souakin au Nil. Dongolah était un des entrepôts du commerce entre l'Égypte et le Soudan.

197. **Ouadi-Halfa** (3000 hab.), près de la 2ᵉ cataracte, est comme la sentinelle avancée de l'Égypte. C'est là que les troupes égyptiennes arrêtent les révoltés du Soudan lorsqu'ils essayent de pénétrer en Égypte.

198. Les autres villes importantes du Soudan, non situées sur le cours du Nil, sont : Sennaâr sur le Bahr-el-Azrek, Kassala sur le Khor-el-Gach, affluent de l'Atbarah, El-Obéïd dans la province de Kordofan, El-Facher et Kobbeh dans le Darfour.

199. **El-Obéïd** (30000 hab.), ancienne capitale du Kordofan,

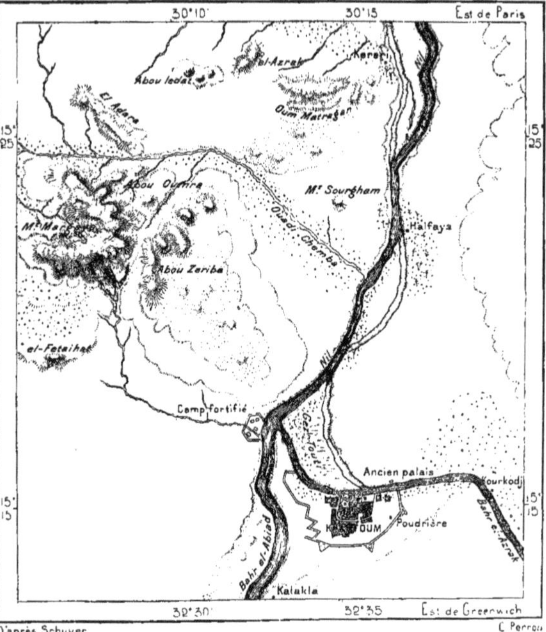

Confluent des deux Nils.

Échelle $\dfrac{1}{233\,000}$.

faisait avant la guerre un assez grand commerce de gomme et de plumes d'autruche. C'est dans cette ville qu'a éclaté la révolte du Mahdi.

Questionnaire.

193. Quelles étaient les possessions de l'Égypte avant la révolte du Mahdi? — 194. Quelles sont les principales villes situées sur le Nil dans le Soudan et en Nubie? — 195. Dites ce que vous savez sur Khartoum. — 196. Parlez de Berber et de Dongolah. — 197. De Ouadi-Halfa. — 198. Citez les villes les plus importantes du Soudan non situées sur le Nil. — 199. Que savez-vous sur El-Obeïd?

CONSEILS AUX MAITRES. — Racontez à vos élèves la révolte du Soudan et la destruction de Khartoum. Faites dessiner le cours du Nil depuis ses sources à la mer et placez les villes citées dans la leçon (voir manière de procéder, 21e leçon).

Ruines de Thèbes : Propylône ou Porte du Nord.

VINGT-CINQUIÈME LEÇON. — Villes principales situées sur le Nil en Égypte.

200. Les villes les plus importantes situées sur le Nil dans la Haute-Égypte sont : Assouân, Edfou, Esna, Armant, Kéna, Guerga, Sohag, Akhmim, Tahta, Abou-Tig, Assiout, Manfalout, Mellawi, Minia, Beni-Souef et Guizeh.

201. **Assouân** (6 500 hab.) était, avant la révolte du Soudan, un marché très important de gomme arabique, d'ivoire et de plumes d'autruche.

202. **Edfou** (6000 hab.) possède un des plus beaux temples de l'ancienne Égypte. Ce temple est le mieux conservé de tous ceux qui existent encore.

203. **Esna** (10 000 hab.) est un centre industriel assez important. On y fabrique des cotonnades bleues, des châles et des poteries.

204. **Armant** (7 000 hab.) est célèbre par ses sucreries. Elle est située non loin des ruines de l'ancienne Thèbes. Au milieu de ces ruines est bâti le célèbre village de Louqsor.

205. **Kéna** (16 000 hab.) est située au point où le Nil se rapproche le plus de la mer Rouge. Une route de caravanes part de Kéna et aboutit au port de Kosséïr. C'est à Kéna qu'on fabrique les meilleures gargoulettes de l'Égypte.

206. **Guerga** (15 000 hab.) et **Sohag** (10 000 hab.) sont importantes par leur commerce de céréales. **Akhmim** (19 000 hab.) est une ville industrielle. On y fabrique des étoffes et des tapis remarquables. Son bazar est un des plus importants de toute la Haute-Égypte.

Assouân : carrière antique abandonnée.

207. **Tahta** (14 000 hab.) et **Abou-Tig** (11 000 hab.) sont des centres de production agricole très importants. Les pavots d'Abou-Tig sont renommés.

208. **Assiout** (32 000 hab.) est une ville commerçante et industrielle. On y fabrique de curieuses poteries et toute sorte d'objets en ivoire. Ses toiles de lin sont renommées. Son commerce avec le Darfour était très important.

209. **Manfalout** (13 000 hab.) et **Mellawi** (11 000 hab.) sont situées dans une des plus fertiles régions de l'Égypte. Leur commerce de céréales est considérable. Des ruines remarquables sont disséminées dans leur voisinage.

210. **Minia** (16 000 hab.) est le centre de la production sucrière. Son usine à sucre et ses ateliers de constructions mécaniques pour les sucreries sont très importants. Les autres usines à sucre sont situées à *Rodah* et à *Abou-Kourkas* au sud de Minia, à *Mataï, Maghagha, Beba* au nord. Toutes ces usines appartiennent à la Daïra-Sanieh.

EXERCICES : Dites ce que vous savez sur les villes citées dans cette page. Cherchez à vous rendre compte de l'origine des articles d'importation, ou de l'emploi des articles d'exportation. Dites ce que vous en pensez.

Le sphinx.

212. Les villes principales situées sur le Nil dans la Basse-Égypte sont : Le Caire, non loin du point où le Nil se divise en deux branches ; Benha-el-Assal, Zifta, Mit-Ghamr, Samannoud, Mansourah et Damiette sur la branche orientale ; Kafr-el-Zaïat, Dessouk, Fouah et Rosette sur la branche occidentale.

213. Benha-el-Assal (9 000 hab.), comme son nom l'indique, produit du miel. Elle envoie au Caire de grandes quantités de fruits. On y remarque un pont sur le Nil, par où passe le chemin de fer du Caire à Alexandrie.

214. Mit Ghamr (12 000 hab.) et **Zifta** (11 000 hab.), situées en face l'une de l'autre sur les deux rives du fleuve, et **Samannoud** (12 000 hab.) sur la rive gauche, sont des centres de production cotonnière.

215. Mansourah (27 000 hab.), sur la rive droite, est une des villes les plus commerçantes de l'Égypte. Il y a des usines à égrener le coton et on y fabrique des tissus de coton et de lin. Un pont sur le Nil vient d'y être construit.

216. Damiette (35 000 hab.) est un port situé sur le Nil, à 10 kilomètres

211. Beni-Souef (10 000 hab.) est une ville commerçante et possède quelques fabriques d'étoffes. **Guizeh** (12 000 hab.), située à quelques kilomètres au sud du Caire, a donné son nom aux trois grandes pyramides et au sphinx que l'on trouve dans son voisinage sur la limite du désert.

Questionnaire.

200. Citez les villes importantes situées sur le Nil dans la Haute-Égypte. — 201. Que savez-vous sur Assouân ? — 202. Sur Edfou ? — 203. Sur Esna ? — 204. Sur Armant et les ruines de Thèbes ? — 205. Sur Kéna ? — 206. Sur Guerga, Sohag et Akhmim ? — 207. Sur Tahta et Abou-Tig ? — 208. Sur Assiout ? — 209. Sur Manfalout et Mellawi ? — 210. Sur Minia et les sucreries de la Daïra-Sanich ? — 211. Sur Beni-Souef et Guizeh ?

CONSEILS AUX MAITRES. — Expliquez à vos élèves en quoi consiste la cataracte d'Assouân. Parlez-leur des carrières de granit d'Assouân, d'où les anciens Égyptiens tiraient leurs obélisques et les pierres gigantesques dont sont construits leurs temples. Parlez-leur des ruines qui couvrent plusieurs points de la Haute-Égypte. Insistez sur le temple d'Edfou, les ruines de Thèbes et les pyramides de Guizeh. Parlez aussi de la culture de la canne et de la fabrication du sucre.

Faites dessiner le cours du Nil, d'Assouân à la mer, et placer les villes citées dans la leçon (voir procédés, 23e leçon).

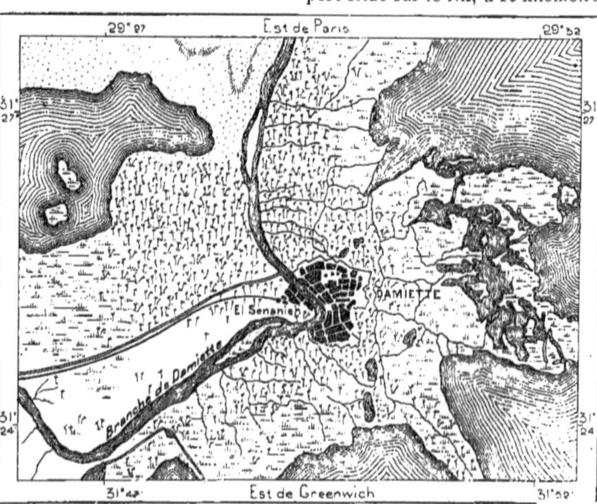

D'après la Commission française.   C. Perron

Damiette.
Échelle : $\frac{1}{400\,000}$

EXERCICES : Décrivez le Sphinx et les Pyramides d'après ce que vous en avez vu. Avez-vous vu un obélisque ? Décrivez-le, tâchez d'en expliquer l'emplacement primitif, la signification.

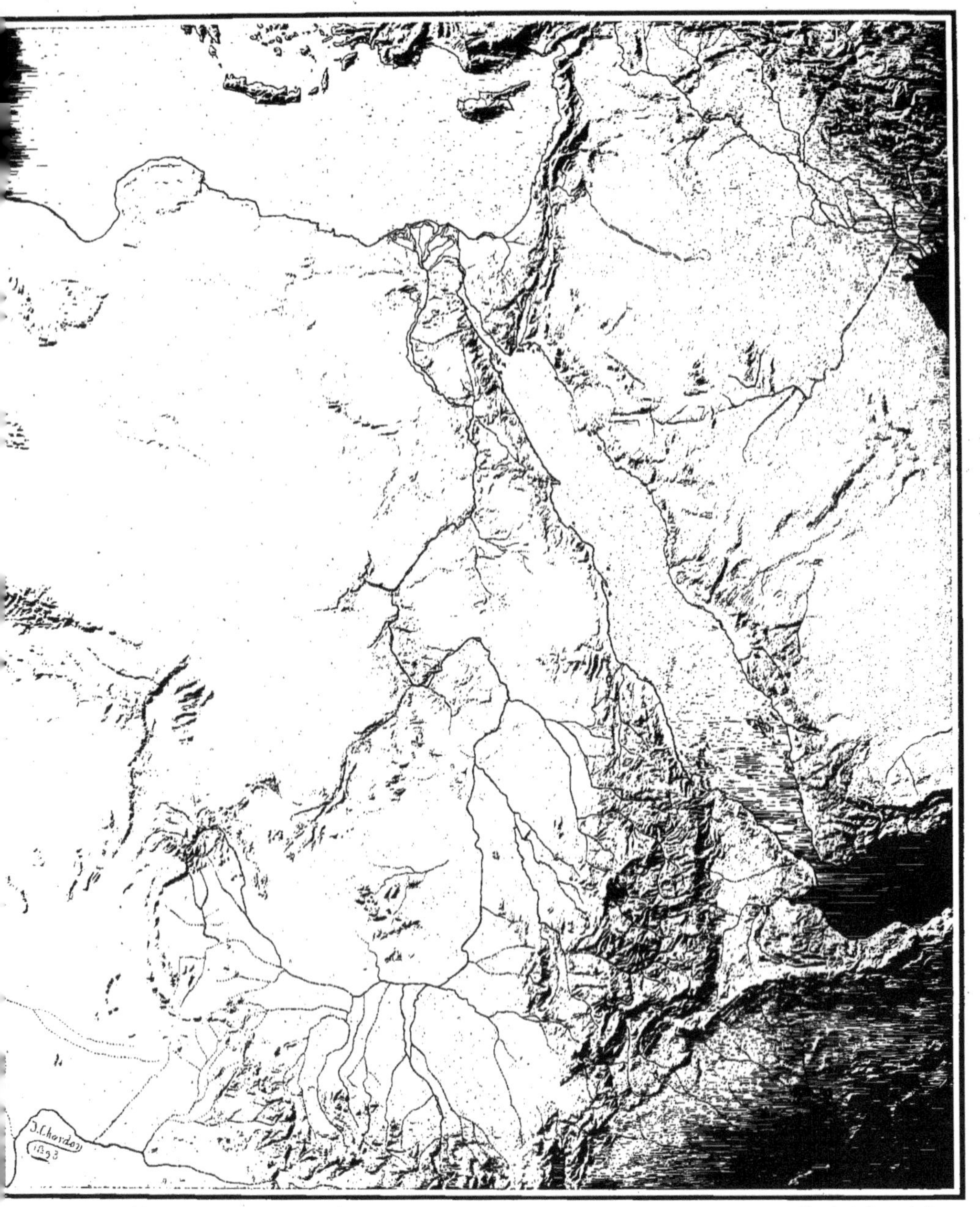

RELIEF DU SOL DE L'ÉGYPTE

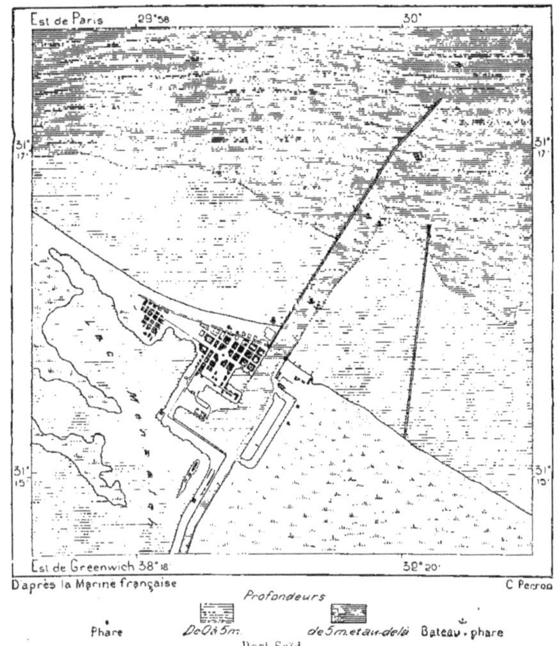

Damiette, un port sur le Nil, situé à une quinzaine de kilomètres de l'embouchure. Au siècle dernier, c'était la ville la plus commerçante de l'Égypte; aujourd'hui elle est bien déchue. Elle fait cependant encore un assez grand commerce de riz.

Questionnaire.

212. Citez les villes situées sur le Nil dans la Basse-Égypte. — 213. Que savez-vous sur Benha-el-Assal? — 214. Sur Zifta, Mit-Ghamr et Samannoud? — 215. Sur Mansourah? — 216. Sur Damiette? — 217. Sur Kafr-el-Zaïat? — 218. Sur Dessouk et Fouah? — 219. Sur Rosette?

CONSEILS AUX MAITRES. — Parlez à vos élèves de la culture du coton, de son égrenage et de la fabrication de l'huile avec ses graines. Parlez aussi des pêcheries du lac Menzaleh. De la culture du riz et de sa décortication.

Faites la carte de la Basse-Égypte et placez les villes citées dans la leçon (voir procédés, 23° leçon).

VINGT-SEPTIÈME LEÇON. — **Villes importantes de l'Égypte non situées sur le Nil.**

220. Les villes importantes de l'Égypte non situées sur le Nil sont : Alexandrie, Tantah, Méhallah-el-Koubra, Chibin-el-Com, Menouf, Damanhour, Zagazig, Port-Saïd et Suez dans la Basse-Égypte; Médinet-el-Fayoum dans le Fayoum; El-Arich, Kosséïr et Souakin hors de la vallée du Nil.

221. **Tantah** (34 000 hab.) est la troisième ville de l'Égypte. Elle est située

de la mer. Les grands vaisseaux ne peuvent y arriver, à cause du manque de profondeur; mais les bateaux à voile venant de Syrie, d'Asie Mineure et de Grèce viennent y faire un assez grand commerce de riz, de sel et de poissons salés provenant du lac Menzaleh. On fabrique à Damiette des étoffes de soie, de coton et de laine et des poteries estimées. Les usines à décortiquer le riz y sont nombreuses. La grande mosquée de Damiette, bâtie par Amrou, est vénérée dans toute l'Égypte.

217. **Kafr-el-Zaïat** (6000 hab.), située à l'endroit où le chemin de fer du Caire à Alexandrie traverse la branche occidentale du Nil, est une ville commerçante. On y trouve de nombreuses usines pour l'égrenage du coton.

218. **Dessouk** (7 000 hab.) a des foires très importantes. Un chemin de fer y traverse le Nil. *Fouah* (10 000 hab.) fut très célèbre il y a cinq siècles. Elle possède des fabriques de tarbouches.

219. **Rosette** (17 000 hab.) est, comme

Souakin : Vue générale.

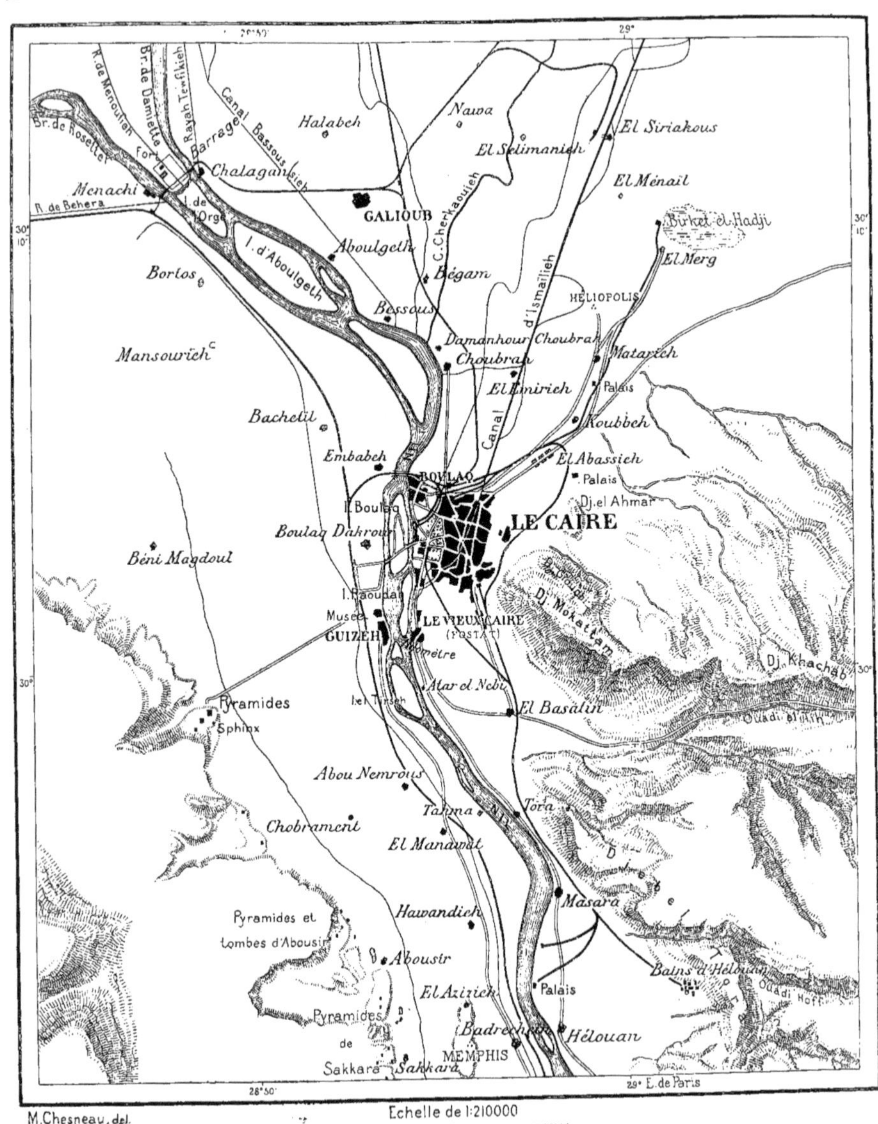

M. Chesneau, del.

Echelle de 1:210000

0   5   10 kil.

Le Caire et ses environs.

Le Caire : la Citadelle.

au centre du Delta. Sa grande mosquée de Saïd-el-Badawi est une des plus renommées de l'Égypte. Ses foires annuelles attirent une foule immense. Il s'y fait un grand commerce.

222. Méhallah-el-Koubra (28 000 hab.), bâtie sur les bords du grand canal le Bahr-Chibin, a des fabriques de soieries, de cotonnades et de sel ammoniac, et des usines à égrener le coton.

223. Chibin-el-Com (16 000 hab.), bâtie comme Méhallah-el-Koubra sur les bords du Bahr-Chibin, et *Menouf* (16 000 hab.) sont des marchés pour le commerce du coton et des céréales.

224. Damanhour (20 000 hab.), à 50 kilomètres d'Alexandrie, possède de nombreuses usines pour l'égrenage du coton, et fait un assez grand commerce des produits du pays, céréales, riz, lin et coton.

225. Zagazig (20 000 hab.) est située à la jonction de plusieurs chemins de fer, au milieu de beaux jardins. C'est le centre d'une des plus riches régions agricoles de l'Égypte. Sa production cotonnière est considérable et on y compte de nombreuses usines pour l'égrenage.

226. Port-Saïd (18 000 hab.) a été fondée en 1859. C'est un port sur la Méditerranée, à l'entrée du canal de Suez. Son importance est considérable.

Suez (11 000 hab.), sur la mer Rouge, doit, comme Port-Saïd, sa prospérité au canal de Suez.

Le canal Ismaïlich amène à Suez les eaux douces du Nil.

227. Médinet-el-Fayoum (26 000 hab.), au centre du Fayoum, sur le Bahr-Youssef, est une des villes les plus pittoresques de l'Égypte. On y fabrique de la toile de lin et de l'essence de roses.

228. El-Arich (2 800 hab.) est un petit port sur la Méditerranée, situé sur la frontière de l'Égypte vers la Syrie.

Kosséïr (2 200 hab.), petit port sur la mer Rouge, deviendra important lorsqu'il sera réuni à Kéna par un chemin de fer. Ce sera la route la plus courte pour aller aux Lieux-Saints.

229. Souakin est le port le plus sûr de toute la mer Rouge. C'est la seule ville importante conservée par l'Égypte sur les côtes de Nubie. C'est la tête d'une des principales voies de pénétration au Soudan.

Questionnaire.

220. Citez les villes les plus importantes de l'Égypte non situées sur le Nil. — 221. Dites ce que vous savez sur Tantah. — 222. Sur Méhallah-el-Koubra. -- 223. Sur Chibin-el-Com et Menouf. — 224. Sur Damanhour. — 225. Sur Zagazig. — 226. Sur Port-Saïd et Suez. — 227. Sur Médinet-el-Fayoum. — 228. Sur El-Arich et Kosséïr. — 229. Sur Souakin.

CONSEILS AUX MAITRES. — Parlez à vos élèves des grandes foires de Tantah. Faites dessiner la carte de l'Égypte et placer toutes les villes citées dans la leçon (pour les procédés, voir leçon 22).

VINGT-HUITIÈME LEÇON. — Le Caire.

230. La ville du Caire est située au sud du Delta, sur la rive droite du Nil. Sa population est de 375 000 habitants. C'est la capitale de l'Égypte.

EXERCICES : Cherchez quelle est la principale raison d'être des villes de la Basse-Égypte. Lesquelles sont agricoles, maritimes, industrielles ? Lesquelles datent de l'antiquité ? Lesquelles sont modernes ?

231. Le Caire est le centre du commerce avec la Haute-Égypte. Les produits de l'industrie européenne y sont importés par de nombreux négociants, et toute la Haute-Égypte vient s'y approvisionner de ces produits, ainsi que de ceux de l'industrie locale. C'est aussi au Caire que les productions du Saïd ont leur marché le plus important.

232. L'industrie du Caire est active. Des quartiers entiers sont habités par des tisseurs de laine, de coton et

avec ses ateliers de toutes sortes, ses entrepôts et son imprimerie; le *Vieux-Caire*, où se trouve le marché aux grains; l'*Abbassieh* avec ses casernes, ses écoles militaires, son observatoire; enfin *Hélouan*, dont les bains sulfureux sont renommés.

236. A dix-sept kilomètres au nord du Caire, à la bifurcation du Nil, se trouve le *Barrage*, travail gigantesque, dont le but est d'élever le niveau des eaux du Nil de plusieurs mètres dans tous les canaux de la Basse-Égypte.

Le Caire : mosquée de Kaït-Bey.

de soie, des cordonniers, des fabricants d'ustensiles en cuivre de formes variées très employés dans toute l'Égypte; des graveurs, des armuriers, des bijoutiers très habiles pour les travaux en filigrane, des ébénistes dont les travaux incrustés de mosaïques d'ivoire ou d'écaille sont très appréciés des étrangers. Tous ces ouvriers sont organisés en corporations ayant à leur tête des cheikhs. Il y a aussi au Caire de grands ateliers métallurgiques, des chantiers de construction et des moulins à vapeur.

233. Cinq cents mosquées s'élèvent dans tous les quartiers de la ville. Quelques-uns de ces monuments sont des chefs-d'œuvre d'architecture arabe; les plus beaux sont les mosquées de Touloun, du Sultan-Hassan, d'El-Azhar, de Mohammed-Ali, à la citadelle, de Kalaoun et de Kaït-Bey.

234. Le Caire est la première cité du continent africain par ses institutions scientifiques, ses musées et sa bibliothèque. Son musée d'antiquités est visité chaque année par des milliers de touristes venus d'Europe et même d'Amérique.

235. Quelques faubourgs du Caire ont une grande importance; ce sont : *Boulaq*, le port du Caire sur le Nil,

VINGT-NEUVIÈME LEÇON. — Alexandrie.

237. Alexandrie est située au nord-ouest de la Basse-Égypte, sur une langue de terre sablonneuse resserrée entre le lac Mariout et la Méditerranée. Sa population est de 232 000 habitants. Un canal important, le Mahmoudieh, lui apporte les eaux douces du Nil.

238. Alexandrie est une des plus grandes cités commerciales du monde. C'est par Alexandrie que les produits de l'Europe pénètrent en Égypte; c'est par cette même voie que les produits de l'agriculture et de l'industrie de l'Égypte sont expédiés en Europe. Plus de quatre mille navires entrent et sortent annuellement du port d'Alexandrie. Son commerce avec l'étranger dépasse vingt-trois millions de livres égyptiennes.

239. L'industrie d'Alexandrie ne contribue que pour une faible part à l'ensemble de son commerce. On y fabrique cependant des essences de fleurs, des tissus de coton et de soie; on y compte aussi quelques fonderies, une fabrique d'allumettes, des fabriques de savon, des tanneries et des moulins à vapeur.

240. Alexandrie est une très belle ville; ses constructions modernes égalent celles des plus belles cités de l'Europe; mais elle possède très peu de monuments remarquables : il ne reste guère de son antique splendeur que la colonne Pompée et quelques ruines peu importantes.

EXERCICES : Dites ce qui a amené la fondation du Caire; celle d'Alexandrie; celle de Port-Saïd.

Le Canal de Suez. — Le Serapeum.

241. Alexandrie fut jadis le foyer des sciences et de la civilisation du monde. Les plus illustres savants enseignèrent dans ses écoles et ses bibliothèques renfermaient plus de sept cent mille volumes.

Une municipalité récemment instituée, et composée d'hommes éclairés, a entrepris de doter de nouveau cette ville illustre de musées, de bibliothèques et d'écoles dignes d'une grande cité.

242. Le principal faubourg d'Alexandrie est *Ramleh*, agglomération de palais et de villas disséminés sans ordre en vue de la mer. C'est un lieu de plaisance pour les Alexandrins.

Questionnaire.

237. Que savez-vous sur Alexandrie, sa situation et sa population? — 238. Parlez de son commerce. — 239. De son industrie. — 240. De ses monuments. — 241. De son antique splendeur. — 242. De Ramleh (voyez plans d'Alexandrie, pages 8 et 10).

CONSEILS AUX MAÎTRES. — Racontez à vos élèves l'histoire d'Alexandrie; sa fondation par Alexandre; sa splendeur sous les Ptolémées; sa décadence et enfin sa résurrection sous la dynastie de Mohammed-Ali. Expliquez ce que c'est qu'une municipalité.

TRENTIÈME LEÇON. — Le Canal de Suez.

243. L'Afrique est rattachée à l'Asie par un isthme de 35 lieues de large, entre la mer Rouge et la mer Méditerranée. C'est l'isthme de Suez.

244. L'isthme de Suez obligeait les navires allant

Alexandrie : Vue générale.

EXERCICES : Racontez brièvement par écrit la fondation d'Alexandrie, son histoire sommaire. Racontez le creusement du Canal de Suez; dites son utilité pour le monde entier.

d'Europe aux Indes, en Chine et en Océanie à faire le tour de l'Afrique, en passant par le cap de Bonne-Espérance.

245. L'histoire nous apprend que plusieurs grands souverains tentèrent de faire communiquer la mer Méditerranée avec la mer Rouge au moyen d'un canal; mais ce projet ne fut réalisé que de nos jours, sous les règnes des khédives Saïd-Pacha et Ismaïl-Pacha.

246. Ce sont des ingénieurs français, ayant à leur tête M. Ferdinand de Lesseps, qui ont exécuté ce gigantesque travail.

247. Le Canal de Suez a 40 lieues de longueur; sa largeur est de 50 à 100 mètres et sa profondeur de 9 à 10 mètres. Il traverse trois lacs salés : le lac Amers, le lac Timsah et le lac Menzaleh. Suez et Port-Saïd sont les deux ports situés aux extrémités du canal, Suez sur la mer Rouge, et Port-Saïd sur la mer Méditerranée. La petite ville d'Ismaïlia est bâtie à peu près au milieu du canal sur les bords du lac Timsah. Un canal d'eau douce, partant du Caire, l'Ismaïlieh, amène à Suez les eaux du Nil; une dérivation de ce canal, traversant le lac Menzaleh au moyen de deux gros tuyaux, permet d'approvisionner aussi d'eau douce la ville de Port-Saïd.

248. Le Canal de Suez diminue de plus de moitié la route entre l'Europe et l'Asie orientale. Aussi près de quatre mille grands navires suivent cette route chaque année, payant à la Compagnie qui a fourni les fonds pour creuser le canal, près de trois millions de livres égyptiennes pour droits de passage.

249. Le Canal de Suez est un des travaux les plus importants et les plus utiles qui aient été accomplis dans ce siècle. Ce sera l'éternelle gloire de Mohammed-Ali-Pacha, de Saïd-Pacha et d'Ismaïl-Pacha d'avoir conçu ce grand projet et d'en avoir assuré l'exécution.

Questionnaire.

243. Comment l'Afrique est-elle rattachée à l'Asie? — 244. Quel obstacle l'isthme de Suez apportait-il à la navigation? — 245. Quand le Canal de Suez a-t-il été creusé? — 246. Qui a creusé le Canal de Suez? — 247. Dites ce que vous savez du Canal de Suez. — 249. A qui revient la gloire de l'exécution du Canal de Suez?

CONSEILS AUX MAÎTRES. — Faites bien comprendre à vos élèves, en vous servant de la carte ou d'un globe, combien le Canal de Suez abrège la route autrefois suivie entre l'Europe, l'Asie méridionale ou orientale et les îles de l'Océanie.

Faites dessiner la carte de la Basse-Égypte et du Canal de Suez. Procédez, comme toujours, en dessinant vous-même le croquis au tableau noir et en indiquant les points de repère. (Voir 23e leçon.)

La Grande Pyramide.

DEUXIÈME PARTIE

PROGRAMME DE 4ᵉ ANNÉE PRIMAIRE

CHAPITRE VI

NOTIONS COMPLÉMENTAIRES SUR LA TERRE ET LES PRINCIPAUX TERMES USITÉS EN GÉOGRAPHIE.

TRENTE ET UNIÈME LEÇON. — **Notions complémentaires de cosmographie.**

SYSTÈME PLANÉTAIRE. — RÉVOLUTION AUTOUR DU SOLEIL.

250. Le **Soleil** est un globe d'une telle immensité, que nous ne pouvons arriver à nous le figurer.

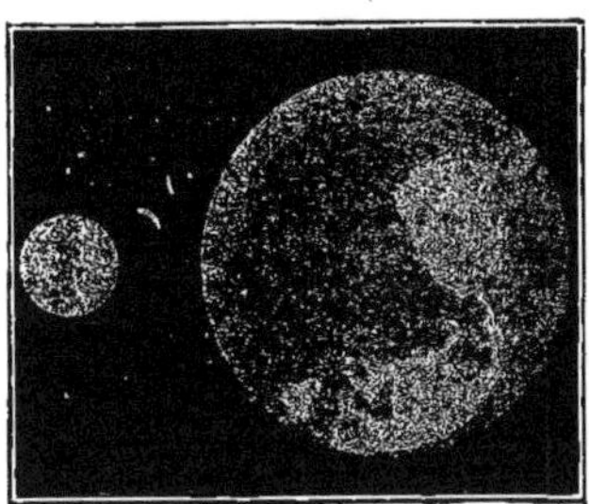

Dimensions comparées de la Terre et de la Lune.

Autour de lui gravitent dans l'espace un certain nombre de sphères appelées **planètes**, et situées à des distances du Soleil très inégales : la **Terre** est une de ces *planètes*.

Les huit principales planètes sont rangées dans l'ordre suivant à partir du Soleil :

Mercure, Vénus, la Terre, Mars, Jupiter, Saturne, Uranus, Neptune.

La Terre, qui nous paraît si grande, est excessivement petite par rapport au Soleil. Il faudrait environ 1 250 000 globes comme le nôtre pour égaler le volume du Soleil.

Pour parcourir l'**orbite** qu'elle décrit autour du Soleil, la Terre emploie 365 jours et un quart. Cette durée d'une *révolution terrestre* s'appelle une **année**.

LA LUNE ET SES PHASES.

251. Plusieurs planètes sont escortées d'un ou de plusieurs *satellites* qui gravitent autour d'elles, tandis qu'elles-mêmes gravitent autour du Soleil.

La Terre a un satellite. C'est la **Lune**.

La Lune nous présente toujours la même moitié de sa surface; pour faire *un tour sur elle-même*, il lui faut donc accomplir *une révolution autour de la Terre*, exactement comme si elle était liée à la Terre par un fil.

La durée d'une révolution lunaire est de 29 jours et demi.

La Lune, pas plus que la Terre, n'a de lumière propre. Elle est éclairée par le Soleil d'un côté, et demeure obscure de l'autre.

On appelle **phases** de la Lune les différents aspects que prend la Lune pour nous, suivant sa position par rapport à la Terre et au Soleil.

Lorsqu'elle passe *entre la Terre et le Soleil*, son disque est dans l'obscurité : c'est la *Nouvelle Lune*. Quand elle est *du côté opposé au Soleil*, son disque est entièrement éclairé : c'est la *Pleine Lune*. Entre la Nouvelle Lune et la Pleine Lune, la partie éclairée de notre satellite nous apparaît d'abord comme un croissant mince, puis s'élargit de plus en plus, tandis qu'elle diminue entre la pleine et la nouvelle lune.

On a donné aux deux phases inter-

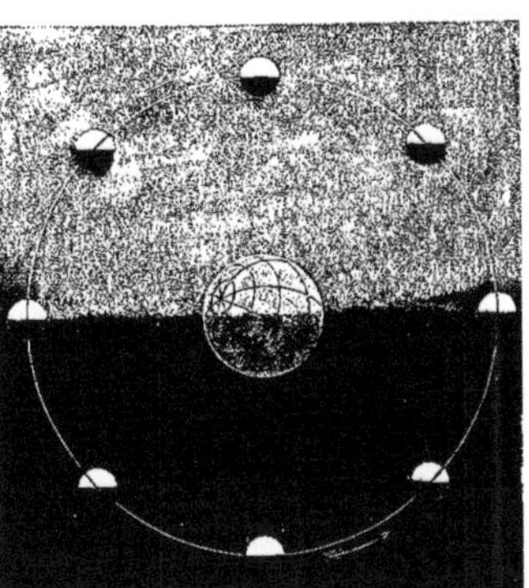

Phases de la Lune.

médiaires les noms de *Premier* et *Dernier Quartier* [1].

1. En supposant le système planétaire réduit à une dimension telle que le Soleil n'eût plus que 1 mètre

ÉCLIPSES.

252. Quand la Lune passe exactement *entre le Soleil et la Terre*, le globe de la

Éclipse de Lune.

Lune cache le Soleil à une partie de la Terre et y produit une **éclipse de Soleil**.

Quand au contraire la Lune passe exactement à *l'opposé du Soleil*, elle se trouve dans l'ombre de la terre et s'obscurcit. C'est une **éclipse de Lune**.

Questionnaire.

Qu'est-ce que le Soleil? — Est-il beaucoup plus grand que la Terre? — Quelles sont les principales planètes? — La Terre tourne-t-elle autour du Soleil? — Comment s'appelle la route qu'elle décrit? — En combien de temps s'accomplit cette révolution?

Qu'est-ce que la Lune? — Tourne-t-elle sur elle-même? — Qu'est-ce que la Nouvelle Lune? — Qu'est-ce que les phases de la Lune? — La Pleine Lune? — Quand y a-t-il éclipse de Soleil? — Éclipse de Lune?

CONSEILS AUX MAÎTRES. — Faites revoir à vos élèves, dans la 1ʳᵉ partie, les leçons sur l'orientation, la forme et les dimensions de la Terre; le jour et la nuit; les saisons.

de diamètre, la Terre aurait alors un diamètre un peu inférieur à 1 centimètre, et la Lune un diamètre d'un quart de centimètre. La Terre serait à 107 mètres du Soleil, et la Lune à 28 centimètres de la Terre. *Si donc la Terre était au centre du Soleil, la Lune serait encore dans l'intérieur du Soleil.*

EXERCICES : Dessinez différents aspects d'horizons, par exemple des montagnes apparaissant plus ou moins au-dessus de la courbure de la Terre; la différence entre la vue sur l'horizon prise d'un point bas ou élevé, etc. — Expliquez les principaux phénomènes auxquels donnent lieu les mouvements de la Terre et de la Lune. (Mouvement diurne des astres. Le jour et la nuit. Les saisons. Les phases de la Lune. Les éclipses.)

TRENTE-DEUXIÈME LEÇON. — **Notions complémentaires sur la représentation de la Terre.**

MÉRIDIENS, PARALLÈLES. — DEGRÉS DE LONGITUDE ET DE LATITUDE.

253. Pour pouvoir déterminer la **situation** des différentes parties de la surface de la Terre, villes, pays, montagnes, etc., on a imaginé sur le globe des divisions idéales.

On a d'abord supposé des *demi-cercles passant par les deux pôles*, Nord et Sud. Ce sont les **méridiens**, dont le nom vient de midi, parce que *tous les*

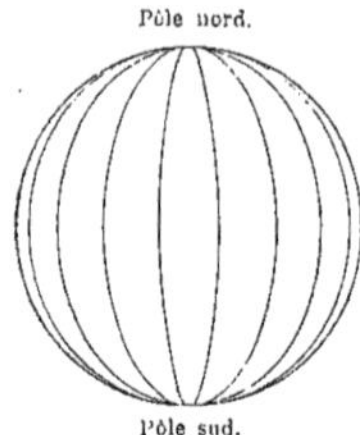

Disposition des méridiens.

points de la Terre placés sur le même méridien ont midi au même instant.

On a imaginé, d'autre part, que la Terre était coupée en deux à égale distance des deux pôles. On obtient ainsi deux demi-sphères ou **hémisphères**, l'hémisphère *boréal* ou *septentrional*, l'hémisphère *austral* ou *méridional*. Le

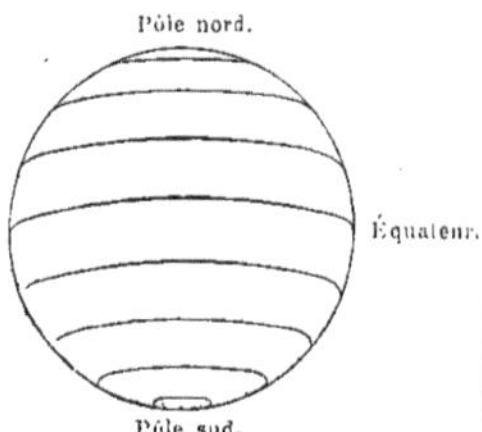

Disposition des parallèles.

cercle qui les sépare se nomme **Équateur**, c'est-à-dire ligne d'égalité, parce que les jours et les nuits y sont toujours *égaux*.

Des cercles placés parallèlement à l'équateur, entre l'équateur et les deux pôles, se nomment **parallèles**.

254. Pour les méridiens, l'équateur et les parallèles, on a généralement

admis la *division* appelée *sexagésimale*, qui partage la circonférence en 360 *degrés*.

Sur les méridiens, les degrés se comptent de 0 à 90, à partir de l'*équateur* jusqu'au *pôle*.

Sur l'équateur ou sur les parallèles, on compte les degrés de 0 à 180, à l'Est et à l'Ouest d'un premier méridien, qu'on appelle le méridien *zéro*. Il y a 180 degrés de *longitude Est* et 180 degrés de *longitude Ouest*. Le 180ᵉ degré n'est ni oriental ni occidental : il est exactement de l'autre côté de la Terre et à l'opposé du méridien *zéro*.

Pour plus de précision, on a subdivisé chaque degré en 60 minutes, et chaque minute en 60 secondes.

On appelle *longitude* d'un lieu le nombre de degrés qui sépare ce lieu du méridien zéro, et *latitude* le nombre de degrés qui le sépare de l'équateur.

On exprime la position d'un lieu en disant qu'il est, par exemple, à 50 degrés 10 minutes 30 secondes de longitude Est de Paris, et à 40 degrés 38 minutes 30 secondes de latitude Nord.

Tous les peuples ne placent pas leur zéro sur le même méridien. En France on fait passer le méridien zéro par l'observatoire de Paris; en Angleterre, par celui de Greenwich, etc. L'adoption d'un méridien unique offrirait de nombreux avantages aux astronomes et aux géographes.

TROPIQUES, CERCLES POLAIRES. ZONES.

255. L'*axe terrestre* est incliné de 23 degrés environ sur l'*orbite* que parcourt la Terre. Il en résulte que le Soleil ne luit pas toujours verticalement au-dessus de l'équateur, mais qu'il s'en écarte de 23 *degrés au Nord* ou de 23 *degrés au Sud* suivant l'époque de l'année.

Les deux *parallèles* situés à cette distance de l'équateur portent le nom de **tropiques**. Ils marquent la limite où le Soleil vient briller en été sur une ligne exactement verticale, au point du ciel appelé **zénith**.

Entre les tropiques et le pôle, en France par exemple, le Soleil n'arrive jamais à la verticale; ses rayons sont de plus en plus obliques, et les jours et les nuits sont de plus en plus inégaux, à mesure qu'on s'approche des pôles.

A une distance de 23° de chaque pôle se trouve un parallèle qu'on appelle **cercle polaire**, et qui marque la lati-

tude sur laquelle le Soleil passe *plus d'un jour sans se coucher*, en été; *plus d'un jour sans se lever*, en hiver.

Enfin, aux pôles mêmes, il y a *six mois de jour*, quand le pôle est incliné vers le Soleil; *six mois de nuit*, quand le pôle est incliné vers l'obscurité de l'espace céleste.

Les pôles de la Terre n'ont donc

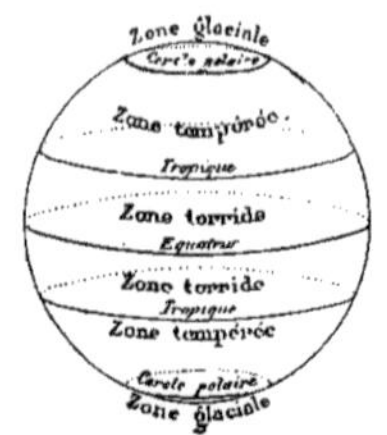

Zones.

qu'un jour de six mois et qu'une nuit de six mois dans toute l'année.

Autour des pôles s'étendent les deux **zones** glaciales, l'une au Nord, appelée *boréale* ou *arctique*, l'autre au Sud, appelée *australe* ou *antarctique*.

Entre l'équateur et les tropiques

Globe géographique.

s'étend la **zone** torride ou *très chaude*. — Entre les *zones glaciales* et la *zone torride* s'étendent deux autres zones, ni froides, ni chaudes, qu'on nomme les **zones** tempérées.

Les points situés sur la sphère terrestre exactement à l'opposite l'un de l'autre sont appelés **antipodes**, c'est-à-dire « contre-pieds ».

EXERCICES : Faites déterminer le Nord au moyen de la boussole. — Faites déterminer la position sur le globe de quelques grandes villes, comme Paris, Londres, Berlin, Constantinople, le Caire, etc., au moyen de leur longitude et de leur latitude.

256. C'est à l'aide des degrés de longitude et de latitude qu'on peut marquer sur les globes et sur les cartes la situation des différents points de la surface terrestre, leurs rapports entre eux et avec le globe. Le réseau que forment les parallèles et les méridiens

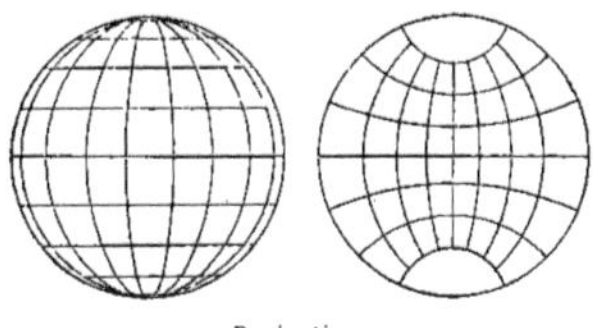

Projections.

sur un globe ou sur une carte s'appelle *projection*.

Il n'y a qu'une projection pour les globes; mais pour les cartes on a dû en imaginer plusieurs, car une carte *plane* ne peut reproduire sans déformation une surface *sphérique* comme celle de la Terre.

Les deux figures précédentes représentent deux des projections les plus usitées pour le dessin des hémisphères terrestres.

Questionnaire.

Qu'appelle-t-on points cardinaux? — Quels sont-ils? — Comment peut-on les retrouver par le Soleil? — en l'absence du Soleil? — quand les étoiles ne sont pas visibles? — Qu'appelle-t-on points collatéraux? — Qu'est-ce que la rose des vents?

Qu'est-ce que les méridiens? — Qu'appelle-t-on longitude? — Qu'est-ce que l'équateur? — D'où vient ce nom? — Quels sont les deux hémisphères au Nord et au Sud de l'équateur? — Qu'est-ce que les parallèles? — Qu'est-ce que la latitude? — Qu'est-ce que dire qu'un point est sur telle longitude? — sur telle latitude? — Quels sont les points qui ont midi à la même heure? — Où est-il minuit quand il est midi ailleurs? — Combien y a-t-il de méridiens? — Comment s'appelle l'intervalle qui les sépare? — Comment est-il divisé et subdivisé? — Y a-t-il dans la réalité un méridien initial? — Quels sont les principaux méridiens de départ adoptés? — Comment exprime-t-on la position d'un point cherché? — Combien y a-t-il de degrés de latitude? — Combien au Nord de l'équateur? — Combien au Sud? — Comment sont-ils divisés? — Montrez comment la combinaison des degrés de longitude et de latitude donne exactement et facilement la position d'un lieu.

Qu'est-ce que les tropiques? — Comment le jour et la nuit sont-ils répartis aux deux pôles? — Qu'est-ce que les cercles polaires? — Énumérez les différentes zones. — Qu'est-ce que les antipodes? — Qu'est-ce qu'un globe terrestre? — une carte? — Qu'est-ce que la projection?

Conseils aux maîtres. — Faites revoir dans la 1re partie les leçons se rapportant à la représentation de la Terre. Cartes, échelles des cartes, mappemondes, globes. Usage des cartes et globes.

TRENTE-TROISIÈME LEÇON. — **Notions complémentaires sur les termes usités en géographie.**

LA TERRE, L'EAU ET L'AIR.

257. La **Terre** n'est pas absolument sphérique et sans inégalités.

Originairement liquide et incandescente, elle s'est peu à peu solidifiée à la surface; mais en même temps elle s'est graduellement rétrécie, de manière que l'enveloppe se trouvait trop large pour son contenu. C'est pour cela que cette enveloppe s'est ridée et plissée, et que la surface terrestre n'offre plus la régularité qu'elle devait avoir à l'origine.

Dans certaines parties, elle forme des élévations que nous appelons **montagnes** ou **plateaux**; en d'autres, elle se creuse, forme des *vallées*, des plaines, ou même disparaît sous les eaux des *lacs* et des *mers*.

L'ensemble de l'inégalité de la surface terrestre, depuis le fond des mers jusqu'aux plus hautes montagnes, constitue le **relief du sol**.

L'importance de ces inégalités est bien faible par rapport aux dimensions de la Terre. Les inégalités de l'écorce d'une orange sont proportionnellement plus fortes que celles des montagnes et du fond des mers.

Les **continents** ou la **terre ferme** ne sont donc que les *parties les plus en relief*; les espaces remplis par les eaux sont les *parties enfoncées, déprimées*.

MONTAGNES, PLATEAUX, PLAINES.

258. Les **montagnes** sont les parties de la surface terrestre qui s'élèvent au-dessus du terrain environnant, avec des pentes plus ou moins rapides. Les plus hautes que nous connaissions atteignent près de 9 000 mètres au-dessus de la mer. Le *Gaourisankar*, en Asie, a 8 840 mètres; l'*Aconcagua*, en Amérique, 6 970 mètres; le *Mont Blanc*, en Europe, en a 4 810; et beaucoup d'autres montagnes dépassent 3 000 à 4 000 mètres.

Les hautes montagnes présentent un spectacle grandiose. La plupart sont recouvertes de neige pendant toute l'année, et les eaux descendent sur leurs pentes, en écumant au milieu des forêts ou des prairies.

Les *cimes* des montagnes ont des formes beaucoup plus variées qu'on ne croit, et des noms divers : on les appelle **dents** ou **pics**, quand elles sont aiguës; **crêtes** ou **arêtes**, quand elles sont en forme de scie ou de lame; **tours**, quand elles ressemblent à des constructions massives; **dômes**, quand elles sont arrondies en coupole, etc.

LA MER.

259. On appelle **mer** la masse d'eau qui recouvre les trois quarts du globe. Les grandes divisions de cette masse d'eau portent le nom d'océans.

L'eau de la mer est *salée*. Elle renferme, mêlé avec beaucoup d'autres substances, le sel dont nous nous servons tous les jours.

L'eau de la mer paraît presque noire dans les endroits profonds, tandis qu'elle paraît bleue ou verte dans les endroits où la profondeur est moins grande.

Le fond de la mer se creuse en général à mesure qu'on s'éloigne des continents, et dans certaines parties il s'enfonce jusqu'à *plusieurs kilomètres* au-dessous de la surface.

Les plus hautes montagnes du globe, plongées dans les gouffres les plus profonds de la mer, y disparaîtraient presque tout entières.

Quand le fond vient faire saillie au-dessus de l'eau, il forme des *îles*. Souvent aussi il ne descend pas beaucoup au-dessous de la surface; il forme alors des *bancs* sous-marins, comme celui de *Terre Neuve*, ou des *écueils* qui mettent les navigateurs en danger.

On sait depuis peu que la mer est peuplée jusque dans ses abîmes les plus profonds. Elle renferme des poissons, des coquillages et des animaux de formes étranges, dont les uns vivent dans les parties chaudes, les autres dans les parties froides.

260. La mer est en effet *plus chaude* dans la zone torride et autour de l'équateur, *plus froide* ou même couverte de glace dans le voisinage des deux pôles.

Cette eau chaude et cette eau froide se mêlent et s'entre-croisent, et la masse des mers circule sans cesse sur le globe terrestre, en y formant des **courants**.

L'eau des pôles se dirige en certains points vers l'équateur, chargée de *montagnes de glace* qui fondent peu à peu. Au contraire, l'eau des mers équatoriales se dirige vers les pôles, en

---

6

courants chauds ou tièdes, qui se refroidissent graduellement.

Les deux plus importants de ces courants sont le **Gulf-Stream**, ou courant du golfe, qui parcourt l'*Atlantique*, et le **Kouro-Sivo**, ou courant noir, qui parcourt le *Grand Océan*.

Ces deux courants, sortis des eaux chaudes de la mer équatoriale, s'élancent vers le Nord en déviant toujours vers l'Est, à cause de la rotation de la Terre.

Le Gulf-Stream, parti du *golfe du Mexique*, vient porter la pluie et la tiédeur de l'Atlantique équatorial jusqu'en *Europe*. Le Kouro-Sivo, de son côté, attiédit et arrose de pluie les côtes septentrionales de l'*Amérique*, vers l'océan Pacifique.

Il existe aussi des courants *au sud de l'équateur*, mais ils sont moins marqués, parce qu'ils ne sont nulle part emprisonnés entre des terres.

261. L'Océan subit d'autres mouvements plus importants encore, qui en abaissent ou en soulèvent la surface. Ces mouvements sont dus au *Soleil* et à la *Lune*, qui, passant tour à tour au-dessus des diverses parties de la mer, l'attirent ou la laissent redescendre. Ainsi s'établit la **marée**.

Deux fois par jour, la mer monte, ce qui amène le **flux** ou marée montante ; elle redescend de même deux fois par jour, ce qui produit le **reflux** ou marée descendante.

Ce flux et ce reflux sont très faibles dans les mers fermées ou peu étendues, comme la *Méditerranée* ; mais, sur certains points des côtes de l'*Océan*, la mer s'élève à chaque marée de 10 à 15 mètres (côtes Nord-Ouest de la France), ou même de 20 mètres, en certains points de l'Amérique du Nord. Ces fortes marées, dans le cours des siècles, rongent les rivages et transforment les rochers du littoral en îles ou en archipels.

262. Elles sont aidées dans ce travail d'*érosion* par les **vagues**, longues ondulations soulevées par le vent, et qui courent dans tous les sens comme des rides mouvantes sur l'étendue des mers.

Tantôt les vagues sont faibles et à peine visibles, tantôt elles s'élèvent à une grande hauteur, se brisent contre les rochers et renversent tout ce qui s'oppose à leur marche.

TRENTE-QUATRIÈME LEÇON. — **Notions complémentaires sur les termes usités en géographie.** (*Suite.*)

CLIMATS.

263. La température de l'atmosphère n'est pas égale sur les différents points de la planète.

Les différences de chaleur et de froid, de sécheresse ou d'humidité, sont la cause des différents **climats**.

Autour de l'équateur, l'air est toujours *très chaud* ; *autour des pôles*, il est toujours *très froid*. Donc le climat est d'autant plus chaud qu'on se rapproche de l'*équateur*, et d'autant plus froid qu'on se rapproche des *pôles*. Il dépend ainsi de la **latitude**.

Il est également d'autant plus froid qu'on est plus élevé au-dessus des plaines, et dépend ainsi de l'**altitude**.

D'autres causes viennent modifier le climat : les deux principales sont l'*éloignement* plus ou moins grand *de la mer* et la *direction* des vents, plus humides et plus tempérés quand ils viennent de la mer, plus secs quand ils ont traversé de grands espaces terrestres.

264. On peut donc, à la même latitude, observer des différences parfois considérables.

Par exemple, à 20 degrés du pôle Nord en *Amérique*, sévissent les froids les plus rigoureux ; à 20 degrés du pôle Nord en *Europe*, la côte norvégienne est toujours libre de glaces. *Pékin*, en Asie, est à la même latitude que *Naples*, en Europe. Or il fait chaud à Naples et au contraire le climat de Pékin est rude, parce que le vent qui y souffle généralement a passé au-dessus des immenses plaines de l'ancien continent.

Il y a des climats **égaux**, où la température varie peu ; ces climats sont ceux des régions où *le vent vient de la mer*, d'où le nom de *climats maritimes*. Ils sont doux et humides.

Il y a des climats **inégaux**, où la température varie beaucoup. Ces climats se trouvent surtout dans l'intérieur des continents et *loin des Océans*, d'où le nom de *climats continentaux*. Ils sont secs, très chauds en été, très froids en hiver, rudes en tout temps.

En *Sibérie*, par exemple, le thermomètre peut descendre en hiver au-dessous de 50 degrés, et monter en été à plus de 35.

CIRCULATION DES EAUX.

265. Les *vapeurs* que le Soleil enlève à la mer se répandent dans l'atmosphère, où elles apparaissent, quand l'air en est surchargé, sous la forme de masses blanches ou grises que nous appelons des **nuages**.

Ces nuages, à leur tour, laissent retomber en *pluie* ou en *neige* une partie de la vapeur d'eau qu'ils contiennent.

Dans certains pays le vent amène presque continuellement des nuages, dans d'autres il n'en porte jamais.

Les premiers reçoivent beaucoup de *pluie* et sont généralement fertiles. Les autres sont arides et forment des **déserts**. Faute d'eau, les végétaux n'y peuvent vivre, ou n'y vivent qu'en très petit nombre.

266. Sur les hautes montagnes, dont les cimes s'élèvent dans un air très froid, l'eau ne tombe pas en *pluie*,

mais en neige; aussi sont-elles couvertes d'épaisses nappes de neige, qui ne peuvent jamais fondre en entier, et qu'on désigne sous le nom de **neiges persistantes** ou **perpétuelles**.

La hauteur à laquelle persistent les neiges varie avec le climat. Dans les pays chauds et secs, comme dans les *Andes* voisines de l'équateur, la neige est peu abondante, fond très rapidement et ne persiste que sur les cimes élevées au-dessus de 5 000 mètres.

Au contraire, dans les pays humides et froids, comme la *Norvège*, les neiges perpétuelles recouvrent les montagnes à partir de 1 000 ou 1 500 mètres.

Dans les régions polaires, la neige persiste presque jusqu'au niveau de la mer. Dans l'*Europe centrale*, c'est entre 2 500 ou 3 000 mètres que les montagnes, *Alpes* ou *Pyrénées*, gardent leurs neiges en été.

Quand les masses de neige persistantes s'agglomèrent sur une grande épaisseur, ces masses, en se congelant, constituent peu à peu des **glaciers**, qui descendent lentement vers les vallées et qui sont déchirés de larges crevasses.

Les glaciers, en s'abaissant vers la base des montagnes, fondent graduellement et donnent ainsi naissance à des **courants d'eau**.

267. Toute l'eau qui tombe à la surface des continents n'y demeure pas. Une partie s'évapore de nouveau. Le reste s'enfonce sous la terre quand le

Plaine des Geysers (Islande).

sol est *perméable*, c'est-à-dire quand il peut être traversé. Si le terrain est *imperméable*, l'eau s'écoule immédiatement sur les parties inclinées.

Quand l'eau qui a disparu dans le sol jaillit plus loin et reparaît au jour, elle forme une **source**. L'eau, si elle est assez abondante, se creuse alors un chemin, qu'on appelle son **lit**, et prend le nom d'*eau courante*.

268. Les *eaux courantes* modifient sans cesse, mais avec une extrême lenteur, la surface de la Terre. En descendant des montagnes, elles entraînent des particules de terre ou de roche, et les transforment peu à peu en *cailloux* arrondis, en *grains de sable* ou en *vase* fine, qu'elles déposent dans les régions inférieures. C'est ce qu'on appelle des **alluvions**. Tous ces débris vont augmenter la surface des plaines, se déverser dans la mer autour des embouchures, ou former des deltas qui s'agrandissent chaque jour.

MOUVEMENTS ET CHANGEMENTS DE LA SURFACE DU GLOBE.

269. La masse du Globe elle-même n'est pas absolument stable, comme elle le paraît; elle éprouve en certains points des mouvements violents, qui occasionnent parfois des secousses appelées **tremblements de terre** et qui bouleversent des pays entiers.

Parfois aussi la terre rejette des masses d'eau chaude par des sources qu'on nomme geysers, ou même des cendres, des matières enflammées et liquides, des *laves* incandescentes ou des boues, par des ouvertures qu'on appelle **volcans**. Plusieurs des principales cimes de montagnes ne sont pas autre chose que des volcans. Elles

Neiges persistantes et glaciers.

Groenland
Islande
Cercle Polaire Arctique
Iles Britanniques
Terre Neuve
Méditerranée
Désert
Égypte
Nubie
Tropique du Cancer
C. Blanc
Soudan
C. Vert
C. des Palmes
C. de Guinée
Congo
Équateur
Zanzibar
I. Seychelles
I. Amirantes
Ceylan
I. Maldives
Madagascar
Mascareignes
Tropique du Capricorne
Kalahari
Natal
Buenos Aires
C. de Bonne Espérance
J. Tristan da Cunha
OCÉAN ATLANTIQUE
OCÉAN INDIEN
AMÉRIQUE DU SUD
AFRIQUE
ASIE
Cercle Polaire Antarctique
Tropique du Cancer
Iles Hawaii
Iles Marshall
Iles Carolines
Équateur
Mer de Chine
Bornéo
Célèbes
Nouvelle Guinée
Java
Iles de la Sonde
Mer de Corail
OCÉAN INDIEN
AUSTRALIE
Tropique du Capricorne
OCÉAN PACIFIQUE
Tasmanie
Nouv. Zélande
Golfe du Bengale
Madagascar
JAPON
OCÉAN GLACIAL ANTARCTIQUE
Terre de Wilkes
Cercle Polaire
Pôle Sud

ont été formées par des entassements de *débris volcaniques* sortis du sein de la terre.

Les mouvements brusques du sol frappent l'imagination; toutefois ils

sont moins importants pour l'ensemble de la Terre que d'autres actions imperceptibles, mais continues. Ainsi, certaines parties des continents s'abaissent très lentement, et sont envahies par la mer. D'autres se soulèvent, de quelques centimètres à peine par siècle, mais avec le temps cette action si lente modifie leurs formes d'une manière très sensible.

Des milliards d'infusoires se déposent au fond de la mer et constituent, par l'accumulation de leurs petites coquilles, des couches de terrain semblables à celles qui nous portent.

Ailleurs, comme en *Océanie*, d'autres animaux presque invisibles construisent peu à peu des îles entières; c'est ce qu'on appelle les *îles* ou les *récifs de corail*.

Rien n'est donc absolument immobile sur la Terre; l'air et l'eau y circulent incessamment, et parcourent la surface du Globe, tandis que la masse de la planète, qu'on pourrait au premier abord croire inerte, se modifie elle-même et change d'aspect et de forme, mais avec une excessive lenteur.

Questionnaire.

Qu'est-ce que l'atmosphère? — Quel est le rôle de l'air? — L'air est-il immobile? — Où l'air est-il plus chaud? — Plus froid? — Qu'est-ce que le vent? — Parlez des vents réguliers, alizés, moussons. — Décrivez les tempêtes, cyclones, etc.

La température est-elle égale partout? — De quels éléments se compose le climat? — Indiquez les différentes espèces de climat. — Qu'est-ce qui modifie le climat? — Effet de la latitude, de l'altitude, de l'exposition, du voisinage de la mer.

Que deviennent les vapeurs émanées des eaux? — La pluie tombe-t-elle partout également? — Citez des parties du Globe ayant une saison de pluies et une saison sèche, alternant régulièrement. — Comment s'explique la présence des neiges persistantes sur les montagnes? — Se produit-elle toujours à la même hauteur? — Qu'est-ce que les glaciers? — Que produisent les glaciers? — Que devient l'eau tombée à la surface du sol? —

Qu'est-ce qu'une source? — un ruisseau? — une rivière? — un fleuve? — Qu'est-ce qu'un bassin? — un versant? — Qu'est-ce que la rive droite? — la rive gauche? — un affluent? — un confluent? — Qu'est-ce qu'un lac? — un étang? — un marais? — un bassin fermé? — Où finissent par aboutir la plupart des eaux? — Qu'est-ce qu'une embouchure? — un estuaire? — un delta? — Montrez le sens vrai des mots : circulation des eaux.

Les eaux courantes modifient-elles peu à peu l'aspect de la surface du Globe? — La surface du Globe est-elle invariable? — Qu'est-ce qu'un tremblement de terre? — Qu'est-ce qu'un geyser? — un volcan? — Ne se produit-il pas de nouvelles terres? — Comment?

CONSEILS AUX MAÎTRES. — Revoir dans la 1re partie les leçons concernant les termes géographiques.

TRENTE-CINQUIÈME LEÇON. — Distinction entre la géographie physique et la géographie politique

270. La Géographie est *la science qui nous fait connaître* la **Terre**. On la divise en *géographie naturelle* ou *physique* et en *géographie économique et politique*.

La **géographie physique** nous fait connaître la Terre telle que la nature l'a faite.

La **géographie économique** s'occupe *des minéraux, des végétaux, des animaux* qu'on trouve dans le sein de la terre ou à sa surface. Elle étudie l'exploitation des ressources du globe par l'homme.

La **géographie politique** nous fait connaître la Terre telle que les hommes se la sont partagée.

271. On nomme gouvernement le pouvoir qui régit un État.

Un **État** est une réunion d'hommes obéissant tous aux mêmes lois, soumis au même gouvernement, et vivant sur une étendue de terre déterminée par des limites, soit naturelles, soit conventionnelles.

Les États se divisent en *provinces*, et celles-ci se subdivisent le plus souvent en districts ou cantons.

L'Égypte est un État qui se divise en vingt-quatre provinces; dix sont nommées gouvernorats (*mouhafazáh*); les quatorze autres sont appelées *moudiriehs*.

Les groupes d'habitations sont appelés, suivant leur importance, *villes, bourgs, villages, hameaux, fermes*.

Une *ville* est une agglomération d'au moins cinq mille personnes.

Le Caire (375 000 hab.) est une grande ville. Benha (9 000 hab) est une petite ville.

Un *bourg* est une petite ville de 2 000 à 5 000 habitants environ.

El-Arich (2 700 hab.) et Kosséir (2 200 hab.) sont des bourgs.

Un *village* est une agglomération de moins de 2 000 habitants.

Un *hameau* est un petit village. Une *ferme* est une maison ou un groupe de quelques maisons isolées.

272. Les diverses formes de gouvernement peuvent se diviser en deux principales : la *monarchie* et la *république*.

La *monarchie* est un gouvernement dans lequel le pouvoir appartient à une seule personne, qui porte ordinairement le titre de *roi* ou *empereur*.

La monarchie est absolue quand l'autorité du souverain est absolue et sans contrôle; par exemple, la Russie.

La monarchie est constitutionnelle si le pouvoir du souverain est limité par une loi nommée constitution et contrôlé par des représentants de la nation, qui composent les *chambres* ou le *parlement*. Exemple, l'Angleterre.

La monarchie est héréditaire quand le pouvoir reste dans la même famille et se transmet du souverain à son plus proche héritier. Elle est élective, lorsque après la mort du souverain son successeur est élu par le peuple ou par ses représentants. Dans tous les États monarchiques de l'Europe, le pouvoir est actuellement héréditaire. La Pologne était autrefois une monarchie élective.

273. Un *empire* est un État monarchique dans lequel le souverain porte le titre d'*empereur* ou *sultan*. Par exemple, la Russie, l'Allemagne, l'Autriche, la Turquie.

Un *royaume* est une monarchie dont le souverain porte le titre de *roi*. Par exemple, l'Angleterre, l'Italie, la Grèce, etc.

En Égypte, le souverain porte le titre de *Khédive*, qui est le plus élevé après celui de *Sultan*.

Une *république* est un État dans lequel le pouvoir est exercé par les représentants de la nation. Ceux-ci choisissent le chef de l'État, qui porte le titre de Président de la République. L'autorité de ce président est le plus souvent très restreinte, et il n'est nommé que pour un temps déterminé. La France est une république.

274. On appelle *colonie* un établissement fondé par une nation dans une autre partie du monde. L'Angleterre et la France sont les pays qui possèdent le plus de colonies.

EXERCICES : Parlez des courants atmosphériques. — Qu'est-ce que le vent? — Quels sont les principaux vents réguliers? — les vents périodiques? — Dites quel est le vent le plus chaud ou le vent le plus froid de votre pays. — Indiquez les raisons de cette différence.

Quelquefois une colonie devient un nouvel État qui se rend indépendant de la mère patrie. Tels sont les États-Unis d'Amérique, qui étaient une colonie anglaise; le Mexique, la Colombie, le Pérou, etc., qui étaient des colonies espagnoles.

275. La *capitale* d'un État est la ville où habite ordinairement le souverain et où se trouvent centralisés la plupart des services administratifs; en un mot c'est le siège du gouvernement.

Le *chef-lieu* d'une province est la ville où réside le gouverneur de la province.

Questionnaire.

Comment divise-t-on la géographie? — Que nous fait connaître la géographie physique? — Que nous apprend la géographie économique? — La géographie politique? - - Qu'appelle-t-on gouvernement? — Qu'est-ce qu'un État? — Comment se divisent les États? - Comment l'Égypte est-elle divisée? — Comment nomme-t-on les différents groupes d'habitations? — Quelles sont les deux grandes formes de gouvernement? — Qu'est-ce que la monarchie? — Quels noms prennent les diverses formes de la monarchie? — Quelle différence y a-t-il entre la monarchie héréditaire et la monarchie élective? - - Qu'est-ce qu'un empire? — Un royaume? - Quel titre porte le souverain de l'Égypte? — Qu'est-ce qu'une république? — Qu'appelle-t-on colonie? Qu'est-ce que la capitale d'un État? — Le chef-lieu d'une province?

CHAPITRE VII

NOMS DES DIVISIONS DU GLOBE ET DES MERS LES PLUS IMPORTANTES; LEUR POSITION SUR LA MAPPEMONDE

TRENTE-SIXIÈME LEÇON. — **Division des mers.**

276. La surface du Globe est composée en partie d'eau salée, en partie de terre ferme. Les eaux salées *occupent près des trois quarts* de la superficie.

On a vu que l'équateur partage le Globe en deux hémisphères : l'hémisphère **boréal** ou septentrional, l'hémisphère **austral** ou méridional. C'est dans l'hémisphère boréal que la *masse des terres* est le plus considérable; l'hémisphère austral, au contraire, est presque entièrement *composé d'eau*.

277. L'ensemble des mers se divise en cinq océans :

L'océan Glacial Arctique, l'océan **Glacial Antarctique**, l'océan **Pacifique**, l'océan **Atlantique**, l'océan **Indien**.

Les différents océans ne sont que des parties d'une même masse d'eau et communiquent tous entre eux.

278. L'océan **Glacial Arctique** et l'océan **Glacial Antarctique** sont aux deux points opposés du Globe : le premier autour du pôle Nord, le second autour du pôle Sud.

Ils sont presque toujours gelés et embarrassés par des masses de glaces appelées *banquises*. C'est de là que partent les courants froids qui se dirigent vers l'équateur.

L'océan Glacial Arctique est limité au Sud par les côtes septentrionales d'Asie, d'Europe et d'Amérique.

L'océan Glacial Antarctique s'étend par le Nord jusque vers les pointes méridionales de l'Amérique, de l'Afrique et de l'Australie.

De hardis explorateurs se sont avancés vers le pôle Nord jusqu'au 83° de latitude nord, vers le pôle Sud jusqu'au 78° de latitude sud.

279. Le **Grand Océan** ou **océan Pacifique** s'étend entre le *Nouveau Continent* à l'Est et l'*Ancien Continent* à l'Ouest.

C'est le plus grand de tous les océans; c'est aussi le plus profond. On y a trouvé des vallées sous-marines dont le fond est à 8 600 mètres de la surface des eaux.

Nulle part les îles ne sont aussi nombreuses, mais elles paraissent à peine comme des points sur son immense surface.

Par le Sud, il se confond avec l'*océan Antarctique*; au Nord, sa seule communication avec l'*océan Arctique* est le **détroit de Béring**, extrêmement resserré entre l'Asie et l'Amérique.

Un *courant équatorial chaud* traverse le Pacifique d'Est en Ouest. Ce courant rencontre les archipels et les côtes d'Asie, qui le forcent à s'épanouir et à se replier vers le Nord et vers le Sud. La branche septentrionale côtoie le Japon sous le nom de *Kouro-Sivo*.

Des courants froids viennent des régions polaires et longent la côte orientale du continent américain.

La côte qui forme le vaste pourtour du Grand Océan est presque partout *volcanique*; de hauts volcans se dressent également dans la plupart des îles, et le fond de la mer est fréquemment agité de tremblements et de secousses.

L'océan Pacifique ne découpe pas de profondes mers intérieures sur le *littoral occidental de l'Amérique*. Au contraire, les anfractuosités largement ouvertes de la *côte asiatique* et les groupes d'îles échelonnés du détroit de Béring à l'Australie enferment un certain nombre de mers.

Ce sont les *mers de Béring*, d'*Okhotsk*, du *Japon*, la *mer Jaune*, les *mers de Chine*, de la *Sonde*, etc.

280. **L'océan Atlantique**, entre l'Ancien Continent à l'Est et le Nouveau Continent à l'Ouest, est moins vaste et moins profond que l'océan Pacifique.

Il doit sa forme sinueuse aux contours des côtes qui le bordent à l'Est et à l'Ouest. En effet, aux retraits d'un rivage correspondent les saillies de l'autre : au *golfe du Mexique*, la saillie du *cap Vert* d'Afrique; au *golfe de Guinée*, la pointe avancée du *Brésil*.

Cette disposition naturelle favorise les relations entre l'*Ancien* et le *Nouveau Monde*. Les traversées sont bien moins longues que sur le Pacifique. L'océan Atlantique est le plus fréquenté par les navires. Il unit plus qu'il ne sépare les continents.

L'océan Atlantique est, comme le Pacifique, parcouru par un courant *équatorial chaud*, orienté d'Est en Ouest.

Ce courant vient frapper la saillie du Brésil; il détache vers la *mer des Antilles* et le *golfe du Mexique* un embranchement dont les eaux, portées à une haute température, traversent l'Atlantique du Sud-Ouest au Nord-Est, allant baigner les côtes d'Europe. C'est le **Gulf-Stream**.

L'océan Atlantique découpe bien plus profondément ses rivages que le Grand Océan. Il insinue dans le Nouveau, et surtout dans l'Ancien Continent, des mers plus ou moins intérieures : **mer des Antilles, golfe du Mexique**, en Amérique; *Manche, mer du Nord, mer Baltique*, **mer Méditerranée**, en Europe.

Par contre il a très peu d'îles, et celles qu'il possède se trouvent dans le voisinage des continents et sont peu étendues. Il est donc à tous les points de vue différent de l'océan Pacifique.

281. **L'Océan Indien**, séparé de l'océan Atlantique par l'Afrique, de l'océan Pacifique par les archipels malais et par l'Australie, s'ouvre largement vers l'océan Glacial Antarctique.

Il découpe l'Asie méridionale en péninsules, l'**Arabie**, l'**Inde** et l'**Indo-Chine**, et en mers intérieures, **mer**

Exercices : Tracez la forme et la disposition des grands océans, avec les continents qui les bordent. — Indiquez dans quelle direction se trouvent ces océans par rapport à l'endroit que vous habitez. — Quel est l'océan le plus rapproché du Caire?

Rouge, *mer d'Oman*, golfe du Bengale.

L'océan Indien est chaud et les cyclones y sont d'une grande violence.

Questionnaire.

Comment est composée la surface du Globe? — Y a-t-il plus de terre que d'eau? — Quelle est la proportion? — Où sont surtout les eaux? — les terres? — Combien y a-t-il d'océans? — Sont-ils nettement séparés l'un de l'autre? — Que savez-vous des Océans polaires? — En quoi diffèrent-ils? — Que savez-vous de l'océan Pacifique? — Donnez une idée de ses dimensions. — Quels courants le parcourent? — Quelles mers forme-t-il?

Quelles particularités caractérisent l'océan Atlantique? — Distinguez-le de l'océan Pacifique. — Parlez de ses courants, — des mers qu'il forme. — Comparez les îles du Pacifique et celles de l'Atlantique.

Qu'est-ce que l'océan Indien? — Délimitez-le. — Comment découpe-t-il ses côtes?

Conseils aux maîtres. — Faites comparer entre eux les différents océans en vous servant du globe. Faites faire la carte de l'océan Atlantique. Faites citer les principaux courants et montrer leur influence sur les climats et sur la navigation.

TRENTE-SEPTIÈME LEÇON. — **Division des terres.**

282. L'ensemble des terres se divise en trois continents : l'**Ancien Continent**, le **Nouveau Continent**, le **Continent austral**.

L'Ancien Continent s'appelle ainsi parce qu'il est le premier que nos ancêtres aient connu. C'est le plus grand et le plus peuplé.

Il s'étend entre l'*océan Glacial Arctique* au Nord, l'*océan Pacifique* à l'Est, l'*océan Indien* au Sud, l'*océan Atlantique* à l'Ouest.

Le **Nouveau Continent**, ainsi appelé parce qu'il n'est connu des Européens que depuis une époque assez récente (en 1492), s'étend entre l'*océan Glacial Arctique* au Nord, l'*océan Atlantique* à l'Est, l'*océan Glacial Antarctique* au Sud, l'*océan Pacifique* à l'Ouest.

Le **Continent austral** est le plus petit et le moins peuplé de tous; son nom vient de ce qu'il est tout entier dans l'hémisphère austral. Il est situé entre l'*océan Pacifique* au Nord et à l'Est, et l'*océan Indien* à l'Ouest et au Sud.

Tous les continents sont entourés par la mer et ne sont en réalité que des îles *très vastes*.

283. Les continents sont divisés en cinq parties du monde :

L'**Europe**, l'**Asie**, l'**Afrique**, l'**Amérique**, l'**Océanie**.

L'*Ancien Continent* comprend l'Europe à l'Ouest, l'**Asie** à l'Est, l'**Afrique** au Sud-Ouest.

Le *Nouveau Continent* se compose de l'**Amérique**, divisée en *Amérique du Nord* et *Amérique du Sud*.

Le *Continent austral* ou *Australie* n'est que la plus grande île de l'**Océanie**, qui comprend en outre la plupart des îles du Pacifique.

Remarques. — L'**Équateur** traverse l'*Amérique du Sud* et l'*Afrique*.

L'*Amérique du Nord*, l'*Asie* et l'*Europe* sont tout entières au nord de l'équateur, c'est-à-dire dans l'**hémisphère boréal**.

L'*Australie* est tout entière dans l'**hémisphère austral**.

L'*Amérique du Sud* et l'*Afrique* sont en partie dans l'hémisphère **austral**, en partie dans l'hémisphère **boréal**.

284. L'**Ancien Continent** *s'étend parallèlement à l'Équateur*; le **Nouveau Continent** *s'allonge*, au contraire, *du Nord au Sud*.

Dans l'Ancien Continent, l'*Afrique* participe aux deux directions : au nord de l'Équateur, c'est l'orientation d'Est en Ouest qui domine; au sud, c'est la disposition Nord-Sud.

Il en est de même du relief du sol. Dirigé dans le sens de l'Équateur dans l'Ancien Continent, il est *perpendiculaire* à cette ligne dans le Nouveau Monde.

L'Ancien et le Nouveau Continent *s'élargissent dans leur partie septentrionale*. Il en résulte un *rapprochement* graduel de leurs extrémités occidentale et orientale. L'Asie n'est séparée de l'Amérique que par la passe étroite de Béring.

Au Sud, par contre, ces continents *s'amincissent* de plus en plus, jusqu'à se terminer par des pointes effilées.

C'est l'Ancien Continent qui se rapproche le plus du pôle Nord (cap *Tcheliouskin* en Asie). C'est le Nouveau qui projette sa saillie la plus prononcée vers le pôle Sud (*île et cap Horn*).

Les deux isthmes principaux, celui de **Panama**, entre l'*océan Pacifique* et la mer *des Antilles*, et celui de **Suez**, entre la Méditerranée et la mer Rouge, se trouvent tous deux au nord de l'Équateur.

L'*Océanie* n'est pas, à vrai dire, un monde unique : elle comprend des îles de toutes dimensions et de toutes natures.

L'Australie et les archipels qui relient le continent austral à l'Asie sont des dépendances de l'*Ancien Continent*, au même titre que l'Afrique. C'est l'*Australasie*.

285. Le nord de l'*Amérique Méridionale*, le centre de l'*Afrique*, le sud de l'*Asie*, le nord de l'*Australie* sont dans la *zone tropicale*.

Les régions septentrionales de l'*Asie* et de l'*Amérique* et une très petite partie de l'*Europe* appartiennent à la *zone glaciale*.

Le reste des continents se trouve dans la *zone tempérée*.

Une région de *déserts* s'étend, de l'Ouest à l'Est, en *Afrique* (*Sahara*) et en *Asie* (déserts de l'*Iran*, de *Gobi*).

286. **Terres polaires.** — Les régions du Globe situées aux environs des deux pôles sont encore aujourd'hui fort peu connues. Aucun voyageur n'a pu arriver ni au pôle Nord, ni au pôle Sud.

Aux environs du pôle Nord s'éten-

Vue prise au Spitzberg.

dent les **Terres arctiques**, et aux environs du pôle Sud les **Terres antarctiques**.

Les **Terres arctiques** comprennent dans le voisinage de l'Amérique un grand nombre d'îles, séparées par des détroits presque toujours glacés. Le passage du *Nord-Ouest*, découvert par de hardis explorateurs, est impraticable pour le commerce.

Le **Groenland** fait partie des Terres arctiques; il est séparé de l'Amérique par le **détroit de Davis** et la mer de **Baffin**.

Les côtes seules du Groenland sont visitées; l'intérieur est couvert de glace, et l'on ignore jusqu'où il se prolonge dans la direction du pôle.

La partie méridionale appartient au *Danemark*.

Les habitants indigènes portent le nom d'*Esquimaux*.

Au nord de l'Europe, s'étendent la **Terre François-Joseph**, découverte en 1873 seulement, et le **Spitzberg**.

Les **Terres** et les **mers antarctiques** sont moins connues même que celles du pôle Nord; les glaces y sont beaucoup plus étendues et présentent de tous côtés une barrière qui semble infranchissable. Les glaçons flottants atteignent plusieurs fois la hauteur des mâts des navires. Ce sont de véritables montagnes, qui s'en vont à la dérive en suivant les courants.

Au milieu des Terres antarctiques s'élèvent plusieurs grands volcans, couverts à la fois de fumée et de neige.

Questionnaire.

Citez les continents et caractérisez chacun d'eux. — Comment sont-ils divisés? — Comment se trouvent les continents par rapport à l'Équateur? — Quelle est leur orientation? — Quelle forme prennent-ils vers le nord? — vers le sud? — Que présentent de particulier les principaux isthmes? — Qu'est-ce que l'Océanie? — l'Australasie? — Pourquoi ce nom? — Faites la part des différentes zones climatiques. — Que savez-vous des Terres polaires?

CONSEILS AUX MAITRES. — Faites faire à vos élèves de nombreux exercices sur le globe et la mappemonde. Par exemple, faites citer les pays traversés par l'équateur, le tropique du Cancer, le tropique du Capricorne, le 45° degré de latitude Nord; le 30° degré de longitude Est de Paris, etc. Faites faire le croquis des terres comprises dans la zone glaciale du Nord.

TRENTE-HUITIÈME LEÇON. — **Races humaines. — Histoire de la découverte de la Terre.**

RACES.

287. Les hommes qui habitent la Terre appartiennent à différentes races,

Race blanche.

qu'on désigne généralement d'après la couleur de la peau.

On compte ordinairement sur le Globe quatre grandes **races** : la race blanche, la race **jaune**, la race **noire**, la race rouge.

Les hommes de la **race blanche**, à

Race jaune.

laquelle nous appartenons, ont le teint, les yeux et les cheveux plus clairs

Race noire.

que les autres races; ils habitent surtout l'*Europe* et l'*Asie occidentale*,

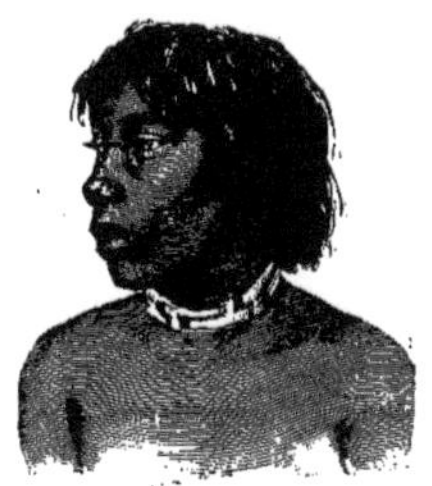

Race rouge.

mais par l'émigration ils se sont répandus dans le monde entier. Dans l'Amérique du Nord et dans l'Australie, ils ont presque entièrement remplacé les hommes des autres races.

Les hommes de la **race jaune** ont la figure aplatie, les yeux bridés, les cheveux très noirs et laineux. Ils habitent surtout l'*Asie centrale* et *orientale*.

Les hommes de la **race noire**, ou *nègres*, ont le nez épaté, les cheveux crépus. Ils habitent surtout l'*Afrique*.

Les hommes de la **race rouge** ont le nez busqué, le visage long, la barbe rare. Ils habitent l'*Amérique*; leur nombre diminue chaque jour.

La race blanche et la race jaune sont les plus civilisées; la race noire et la race rouge sont encore en grande partie sauvages.

HISTOIRE DE LA DÉCOUVERTE DE LA TERRE.

288. Les anciens, *Grecs*, *Romains*, *Phéniciens*, etc., connaissaient une très petite partie du monde, et presque uniquement les contrées situées **autour de la Méditerranée**, c'est à-dire le sud, l'ouest et le centre de l'Europe, le nord de l'Afrique, l'ouest de l'Asie. Ils étaient loin de connaître en entier ce qu'on appelle l'*Ancien Continent*.

Au moyen âge, les *Arabes* furent pendant longtemps les seuls explorateurs et les seuls géographes.

C'est après les croisades que recommencèrent les voyages de découvertes faits par des Européens. Le Vénitien *Marco-Polo* parcourut l'*Asie* pendant vingt-cinq ans, de 1271 à 1296, et visita la *Chine*.

Cependant jusqu'au XV° siècle on ne connaissait que l'*Europe*, le nord de l'*Afrique*, l'*Asie occidentale* : la **Méditerranée était encore la seule route du commerce maritime et le centre du monde**. On n'avait pas beaucoup dépassé le cercle des régions explorées dans l'antiquité.

289. C'est au XV° siècle que s'ouvre la période des voyages modernes. Les *Portugais* et les *Espagnols* furent les promoteurs des plus grandes découvertes géographiques qui aient jamais été accomplies.

Le Génois *Christophe Colomb*, au service de l'Espagne, rencontra l'**Amérique** (1492) en cherchant à arriver dans l'**Inde** *par l'Ouest*. Le Portugais *Vasco de Gama* doubla le *cap de Bonne-Espérance* (1497) en cherchant à arriver dans l'*Inde par l'Est*.

Le Portugais *Magellan* entreprit de faire le tour de la Terre, et son équi-

---

EXERCICES : Marquez sur une carte sommaire de l'Ancien Continent les parties habitées par les hommes des diverses races. — Marquez sur un planisphère les parties du monde connues dans l'antiquité par les Égyptiens, les Phéniciens ou les Grecs. — Marquez la direction des voyages de Christophe Colomb, de Vasco de Gama.

page réussit à l'accomplir après sa mort (1521).

Ainsi, on avait trouvé un *nouveau continent*, de *nouvelles routes maritimes*, et acquis la preuve de la *rondeur de la Terre*.

Dès lors la *Méditerranée* fut délaissée pour l'*Atlantique*, et la puissance navale passa aux Espagnols et aux Portugais, puis plus tard aux Anglais, aux Français et aux Hollandais.

Fernand Cortez et *Pizarre* découvrirent et conquirent pour l'Espagne le *Mexique* (1521) et le *Pérou* (1534). Les Portugais allèrent jusqu'au *Japon*. Les Français s'établirent au *Canada*, les Anglais dans l'*est de l'Amérique du Nord*.

Au XVIIIe siècle, l'Anglais *Cook*, de 1768 à 1778, explora l'*Océanie*. Il eut pour émules les Français *Bougainville* et *La Pérouse*.

290. Dans le XIXe siècle, les grandes entreprises maritimes ont été l'*exploration des mers polaires* et le *percement de l'isthme de Suez*.

Les Anglais (*Mac-Clure*) ont découvert, en 1853, le *passage du Nord-Ouest* au nord de l'Amérique; ils se sont, ainsi que les *Américains*, avancés à 7 degrés du pôle Nord.

En 1878, le Suédois *Nordenskiöld* a parcouru l'océan Glacial au nord de l'Asie et il a trouvé le *passage du Nord-Est*.

Sur terre on a pénétré fort loin dans l'intérieur des continents. C'est l'**Afrique** qui a été le principal champ d'exploration des voyageurs du XIXe siècle.

L'Anglais *Livingstone* a le premier visité tout le *bassin du Zambèze* et traversé l'Afrique australe de l'Ouest à l'Est (1846-73). D'autres Anglais (*Speke*) ont découvert (1860-63) les **sources du Nil**, cherchées en vain depuis l'antiquité.

L'Américain *Stanley* a fait connaître (1876-89) le cours et le bassin du *Congo*, ou fleuve Livingstone, et les Européens se sont établis dans le vaste bassin de ce fleuve.

Des Français, des Allemands, des Portugais ont aussi beaucoup contribué à faire connaître le continent africain.

L'intérieur de l'Australie n'est pas encore entièrement exploré; le continent a été traversé par les Anglais *Burke* (1861) et *Stuart* (1863), suivis depuis par un grand nombre de hardis explorateurs.

Les seules parties complètement inconnues du Globe sont donc les *régions* voisines *des deux pôles*, et quelques parties *aujourd'hui fort restreintes* de l'*Afrique*, de l'*Asie*, de l'*Australie*, etc.

Questionnaire.

Quelles sont les principales races? — Décrivez les hommes de la race blanche. — Où habitent-ils? — A quelle race appartenons-nous? — Décrivez les hommes de la race jaune. — Où habitent-ils? — Les hommes de la race noire. — Où habitent-ils? — Les hommes de la race rouge. — Où s'en trouve-t-il? — Quelles sont les races les plus civilisées?

Quelles étaient les parties du monde connues dans l'antiquité? — au moyen âge? — Citez le nom d'un grand voyageur du moyen âge. — Quelle était la route du commerce maritime? — Parlez des découvertes du XVe siècle; de Christophe Colomb, de Vasco de Gama, de Cortez, de Pizarre, de Magellan. — Parlez de quelques grands voyageurs du XVIIIe siècle. — Quels sont les grands voyages du XIXe siècle, sur mer ou à l'intérieur des continents? — Quelle est surtout la partie du monde où les voyageurs se sont portés? — Citez les noms des grands voyageurs en Afrique. — Citez les noms des grands voyageurs dans les régions polaires.

CONSEILS AUX MAÎTRES. — Faites énumérer à vos élèves les pays peuplés par des hommes de race blanche, de race noire, de race jaune, de race rouge.

Faites faire des croquis sur lesquels les élèves marqueront d'une façon très sommaire l'état des connaissances géographiques à l'époque de Jésus-Christ, à l'époque de l'hégire, en l'an 1600, et en l'an 1800.

CHAPITRE VIII

EUROPE. — CONTRÉES DE L'EUROPE. LEUR POSITION SUR LA CARTE. IMPORTANCE DE CHACUNE. LEURS CAPITALES.

TRENTE-NEUVIÈME LEÇON. — **Europe.** — **Situation.** — **Bornes.** — **Côtes et mers.**

SITUATION. — BORNES.

291. L'**Europe** est située dans l'*hémisphère boréal*, et presque tout entière dans la zone tempérée.

C'est la plus petite des parties du monde.

Elle est bornée à l'Est par les monts *Oural* et la mer **Caspienne**; au Sud, par le **Caucase**, la **mer Noire**, la mer **Méditerranée**; à l'Ouest, par l'**océan Atlantique**; au Nord, par l'**océan Glacial Arctique**.

CÔTES ET MERS.

292. Aucune partie du monde n'a des *côtes* aussi découpées que l'Europe; l'Océan y forme un grand nombre de *mers secondaires*, d'îles et de presqu'îles.

L'**océan Glacial**, presque toujours chargé de glaces, baigne le Nord de l'Europe. Il forme la **mer Blanche** et contient quelques îles inhabitables. Les plus grandes sont les terres de la *Nouvelle-Zemble* et le *Spitzberg*.

293. L'**océan Atlantique** borde les côtes d'Europe au Nord-Ouest et à l'Ouest.

Il forme la mer **Baltique**, la **mer du Nord**, la **Manche**, la mer **d'Irlande** et le **golfe de Gascogne**.

Il baigne la presqu'île de **Scandinavie**; plus à l'Ouest, les **îles Britanniques** (*Grande-Bretagne* et *Irlande*), environnées des *Hébrides*, des *Orcades*, des *Shetland*, des *Færoer*; et au Nord-Ouest, l'*Islande*.

Au Sud s'étend la **presqu'île Ibérique**, baignée d'un côté par l'Atlantique, de l'autre par la Méditerranée.

Les caps les plus importants sont : le *cap Nord*, au nord de l'Europe; le *cap Lindesnæs*, au sud-ouest de la Scandinavie; le *cap Land's End*, au sud-ouest de la Grande-Bretagne; le *cap Finisterre*, au nord-ouest de la presqu'île Ibérique, et le *cap Saint-Vincent*, au sud-ouest.

294. La mer **Baltique** communique avec la mer du Nord par les détroits de **Sund**, du *Cattégat* et du *Skager-Rack*. Elle forme les golfes de *Botnie*, de **Finlande**, de *Riga*. Ses principales îles sont *Dago*, *Œsel*, **Rügen**, **Gotland**, **Seeland** et **Fionie**.

Les eaux de la Baltique gèlent pendant l'hiver dans la partie septentrionale.

La **mer du Nord** forme le golfe du **Zuyderzée** et communique avec la **Manche** par le *Pas de Calais*.

La *mer d'Irlande* s'étend entre la Grande-Bretagne et l'Irlande.

295. Les côtes de l'Atlantique, en *Scandinavie* et au nord des *Îles Britanniques*, sont bordées d'îlots ou d'écueils et découpées de golfes profonds qui en Norvège se nomment *fiords*. Les côtes méridionales de la mer du Nord sont absolument plates (*Pays-Bas*); on les protège par des *digues* contre l'envahissement des eaux.

Plus au Sud, sur l'Atlantique, la côte est composée de rochers et de plages sablonneuses.

EXERCICES: Résumez les grands voyages d'exploration du XIXe siècle : dans les régions polaires; aux sources du Nil; vers le Congo. — Que présentent de particulier les voyages du XIXe siècle? — En quoi diffèrent-ils de ceux qu'on faisait autrefois? — Fait-on le tour du monde plus facilement qu'il y a quatre cents ans? — Pourquoi?

296. La **Méditerranée** (ou mer *au milieu des terres*) communique avec l'Atlantique par le détroit de Gibraltar, et avec l'océan Indien par le canal de Suez. Elle s'étend entre l'*Europe*, l'*Asie* et l'*Afrique*.

Elle forme les deux golfes du *Lion* et de *Gênes* et plusieurs mers secondaires : la mer *Tyrrhénienne*, la mer *Ionienne*, la mer **Adriatique**, la mer de l'*Archipel*, la mer de *Marmara*, la mer **Noire** et la mer d'*Azov*.

297. Les principales presqu'îles sont : l'Italie, la péninsule des **Balkans**. Celle-ci projette au Sud la presqu'île de **Morée**, qui lui est rattachée par l'*isthme de Corinthe*.

Les principales *îles* sont : de l'Ouest à l'Est : les *Baléares*, la **Corse** et la **Sardaigne**, la **Sicile**, *Malte*, la **Crète** (ou *Candie*). Toutes ces presqu'îles et îles sont montagneuses.

Le principal *détroit* est celui de **Messine**, entre l'*Italie* et la *Sicile*.

Les caps principaux sont : la pointe de *Tarifa*, au sud de l'Espagne; le cap *Passaro*, au sud de la Sicile; le cap *Matapan*, au sud de la Morée.

La Méditerranée est tiède et bleue. Le soleil y est éclatant, les pluies y sont rares, les marées insensibles.

298. La mer **Adriatique** est un vaste golfe entre l'*Italie* et la presqu'île *des Balkans*. On y pénètre par le *canal d'Otrante*.

La mer **Ionienne** est située entre l'*Italie* et la *Grèce*. On y trouve les golfes de *Tarente*, de *Lépante* et les îles **Ioniennes**.

La mer de l'**Archipel**, entre la presqu'île *des Balkans* et l'*Asie*, tire son nom d'îles nombreuses; les principales sont l'*Archipel des Cyclades*, et *Eubée* ou *Négrepont*.

299. La mer **Noire** est plus grande que les précédentes. On y arrive de l'Archipel par le détroit des *Dardanelles*, la petite mer de *Marmara*, et le **Bosphore** ou détroit de *Constantinople*.

Elle baigne la presqu'île de **Crimée**, rattachée au continent par l'isthme de *Pérékop*. A l'est de la Crimée s'ouvrent le détroit de *Kertch* et la mer d'*Azov*.

300. La **mer Caspienne** est séparée des autres mers. Sa surface est à 26 mètres *au-dessous du niveau des Océans*.

Questionnaire.

Où est située l'Europe? — Quelles sont ses limites? Sont-elles toutes naturelles? — Quelle est la situation de l'Europe par rapport à l'Asie? — Comparez l'étendue de l'Europe à celle des autres parties du monde. — Quels avantages possède l'Europe?

Quels caractères présentent les côtes européennes? — Sur quelles mers s'étendent-elles? — Décrivez le littoral de l'océan Glacial, — de l'Atlantique. — Quelles sont les mers intérieures? — les presqu'îles et îles principales? — Quels sont les golfes? — les caps? — Décrivez la mer Baltique, — la mer du Nord. — Comment ces deux mers communiquent-elles? — Comment la mer du Nord communique-t-elle avec la Manche? — Décrivez les îles Britanniques. — Qu'est-ce qu'un fiord? — Où se trouvent les fiords? — Quel est l'aspect de la côte au sud de la mer du Nord?

Quelle est la situation de la Méditerranée? — Quelles sont les mers formées par la Méditerranée? — Quels sont les golfes? — Quelles sont les presqu'îles et îles principales? — Quels sont les caps? — Comment passe-t-on de la Méditerranée dans l'Atlantique? — dans l'océan Indien? — Décrivez la mer Adriatique, la mer Ionienne, l'Archipel. — Décrivez la mer Noire. — Comment passe-t-on de l'Archipel dans la mer Noire? — Quelle presqu'île la mer Noire contient-elle?

Décrivez d'une façon générale l'aspect de la Méditerranée, de ses côtes et de ses îles. — Décrivez la mer Caspienne.

CONSEILS AUX MAITRES. — Faites faire les croquis sommaires des côtes de la Baltique, de la mer du Nord, de l'Océan et de la Méditerranée en Europe. Faites énumérer par écrit tous les caps, les golfes, les détroits, les îles, les presqu'îles de l'Europe en indiquant leur position sur la carte.

QUARANTIÈME LEÇON. — **Relief du sol.** **Orographie. — Hydrographie.**

RELIEF DU SOL. — OROGRAPHIE.

301. Le sol de l'Europe se divise en deux parties bien distinctes : une partie **Nord-Est**, où dominent les plaines, une partie **Sud-Ouest**, où dominent les montagnes.

La **plaine** du Nord-Est comprend plus de la moitié de l'Europe. C'est un immense espace plat, à peine accidenté par quelques plateaux, dont le principal, le **plateau de Valdaï**, ne s'élève qu'à 350 mètres.

302. Le centre des **montagnes** de la partie Sud-Ouest est le massif des **Alpes**.

Les **Alpes** sont les montagnes les plus remarquables de l'Europe par leur hauteur, par leurs énormes glaciers, par leurs neiges perpétuelles, leurs sommets de roches dénudées, leurs pentes couvertes de pâturages ou de sapins, et les grands lacs qui s'étendent à leur pied. — Le plus haut sommet des Alpes et de l'Europe centrale est le **Mont-Blanc** (4 810 mètres).

303. A l'*ouest des Alpes* s'élève le **Massif central** français; au sud-ouest, les **Pyrénées** et les **monts Ibériques**.

Les **Pyrénées** vont de la Méditerranée à l'Atlantique. Elles sont moins hautes que les Alpes; leur point culminant, le *Pic d'Aneto* ou de *Néthou*, a 3 404 mètres.

Les **monts Ibériques** forment un vaste plateau entrecoupé de chaînes de montagnes. Au sud se dresse la *Sierra-Nevada*, la chaîne la plus élevée de toute la péninsule (pic de *Mulahacen*, 3 481 m.).

304. Au *sud des Alpes* commencent les **Apennins**, qui s'étendent le long de l'*Italie*. Les Apennins n'arrivent pas tout à fait à 3 000 mètres.

A l'ouest de cette chaîne et près de la mer s'élève un volcan, le **Vésuve**.

Les *montagnes de Sicile* ont pour point culminant le volcan de l'Etna (3 300 m.).

305. Au *sud-est des Alpes* s'étendent les **Balkans** et les monts **Helléniques**.

A l'Est des Alpes, sont les **Carpates**, qui ne dépassent guère 2 600 mètres.

Au *nord des Alpes*, se groupent des chaînes secondaires, le Jura, les Vosges, les monts de la Forêt-Noire, les monts d'Allemagne, les monts de la Bohême.

306. Entre les chaînes de montagnes qui couvrent le Sud et l'Ouest de l'Europe, s'étendent de grandes vallées et de vastes plaines : les vallées du **Danube**, du **Rhin**, du **Rhône**, ouvrent de grandes voies naturelles de communication.

Au Sud s'étend la plaine du Pô; à l'*Est*, la plaine de Hongrie.

307. *Chaînes isolées.* — Les monts **Scandinaves**, ou *Kiœlen*, dans la presqu'île *Scandinave*, les montagnes d'Angleterre et d'Écosse, les montagnes d'Islande, les monts Oural et le **Caucase** sont tout à fait à part de la grande masse montagneuse de l'Europe.

Les **monts Scandinaves** n'ont que 2 600 mètres; mais, comme ils se trouvent près des régions polaires, ils portent des neiges et des glaciers.

L'Islande a plusieurs volcans, dont le plus connu est l'*Hekla*.

Les montagnes d'Angleterre et d'Écosse sont peu élevées (1 300 mètres).

Les **monts Oural** sont un *dos de pays* élevé de 1 200 à 1 600 mètres, entre l'*Europe* et l'*Asie*.

EXERCICES : Tracez le contour général de la mer Méditerranée et des mers secondaires qui l'entourent. — Nommez-les. — Marquez autour de cette mer l'emplacement des principales chaînes montagneuses.

Gravé par Mme Perrin.   Ch. Bonnesseur, del^t

Le **Caucase** appartient à l'*Asie* autant qu'à l'*Europe*; son principal sommet, l'Elbrouz, dépasse 5600 mètres.

HYDROGRAPHIE.

308. L'Europe reçoit partout des pluies. Aussi est-elle parcourue par de nombreux cours d'eau, facilement navigables.

La plupart des grands fleuves descendent de deux *centres* principaux : le premier **au milieu des Alpes**, le second aux **environs du plateau de Valdaï**.

Autour de ces points se trouvent presque tous les lacs. Dans les Alpes, les lacs de **Constance**, de *Zurich*, des *Quatre-Cantons*, **Léman** ou *de Genève*, **Majeur**, de **Côme**, de **Garde**. — Près du plateau de Valdaï, les lacs **Ladoga**, **Onéga**, *Ilmen*, *Peïpous*. — En dehors de ces deux régions, la Suède a les lacs **Wenern**, *Wetters*, *Mœlar* ; la Hongrie a le lac *Balaton*.

309. Les cours d'eau européens se partagent entre les *versants* du **Nord-Ouest** et du **Sud-Est**.

Le premier comprend les fleuves qui se jettent dans l'**océan Glacial** et dans l'**océan Atlantique**.

Le second, ceux qui se jettent dans la **Méditerranée**, l'**Adriatique**, la mer Noire et la **mer Caspienne**.

310. *Versant du Nord-Ouest.* — L'**océan Glacial** reçoit des cours d'eau considérables, mais souvent gelés.

Les principaux sont la **Petchora** et la **Dvina**.

L'**océan Atlantique** reçoit *indirectement* :

La **Néva**, la *Duna*, le *Niemen*, la **Vistule** et l'**Oder**, tributaires de la *mer Baltique*;

L'**Elbe**, la *Weser*, le **Rhin**, la **Meuse**, l'*Escaut* et la **Tamise**, tributaires de la *mer du Nord*;

La **Seine**, tributaire de la *Manche*.

Il reçoit *directement* : la **Loire**, la **Garonne**, le *Douro*, le **Tage**, le *Guadiana* et le **Guadalquivir**.

311. La **Néva** écoule les eaux des lacs *Onéga*, *Ilmen*, *Ladoga*.

L'**Elbe** coule d'abord au milieu des monts de Bohême, puis à travers de grandes plaines.

Le **Rhin**, célèbre dans l'histoire de l'Europe, prend sa source dans les Alpes et coule comme un torrent jusqu'au *lac de Constance*. Puis ses eaux se précipitent par la *cataracte de Schaffhouse*. Ses principaux affluents sont : le *Mein*, rive droite; la *Moselle*, rive gauche.

Le **Rhin** est peu navigable. A son embouchure, il se confond à peu près avec la **Meuse**, au milieu de marécages et d'îles, dont les principales sont les *îles de Zélande*.

La **Tamise** est profonde et porte de grands navires.

La **Loire** descend du Massif Central. La **Garonne** descend des Pyrénées; son estuaire est appelé **Gironde**.

Le **Tage**, dans sa partie supérieure, parcourt un plateau aride; à son embouchure il forme un large estuaire.

312. *Versant du Sud-Est.* — La **Méditerranée** reçoit *directement* : l'**Èbre**, le **Rhône**, le *Tibre*.

Elle reçoit *indirectement* : le **Pô**, tributaire de l'Adriatique; le **Danube**, le **Dniestr**, le **Dniepr**, tributaires de la *mer Noire*; le **Don**, tributaire de la *mer d'Azov*.

313. L'**Èbre** descend du versant méridional des Pyrénées.

Le **Rhône** vient des Alpes, où ses sources sont voisines de celles du *Rhin*. Il traverse le *lac Léman*.

Le *Tibre* est un bien petit fleuve; mais il passe à *Rome*, théâtre des plus grands événements de l'histoire.

Le **Pô**, tributaire de la mer Adriatique, coule au sud des Alpes, dans une vaste plaine. A son embouchure il forme un vaste *delta*, qui avance continuellement.

314. Le **Danube** est, *après la Volga*, le plus grand fleuve de l'Europe. Il court de l'Ouest à l'Est, traverse un pays accidenté, puis la plaine de Hongrie et se jette par trois embouchures dans la *mer Noire*.

Les principaux affluents du Danube sont : l'**Inn**, la *Drave* et la *Save*, rive droite; la *Morava* et la **Theiss** ou Tisza, rive gauche.

Le **Dniepr** descend du plateau de Valdaï.

315. La **mer Caspienne** reçoit la **Volga** et l'**Oural**.

La **Volga** est le plus long fleuve de l'Europe. Ses principaux affluents sont l'*Oka* (rive droite) et la *Kama* (rive gauche). L'embouchure du fleuve forme un delta.

L'**Oural** est la limite conventionnelle entre l'*Europe* et l'*Asie*.

Nota. — La plupart des fleuves de la Méditerranée se terminent par un *delta* ensablé ou vaseux. La cause de cet ensablement est l'absence de marée.

Questionnaire.

Comment peut-on diviser le sol de l'Europe au point de vue de son relief? — Où sont les Alpes? Quel est leur centre? — Décrivez les Alpes. — Quelle est l'importance des Alpes au point de vue hydrographique? — Quels massifs sont à l'ouest et à l'est des Alpes? — Que savez-vous des Apennins? — des montagnes de la péninsule des Balkans? — Citez les hauteurs au nord des Alpes. — Quelles vallées ou plaines s'ouvrent dans la masse montagneuse du Centre et du Sud? — Que savez-vous de la grande plaine du Nord-Est? — Quelles sont les masses montagneuses isolées? — Dites ce que vous savez de chacune d'elles. — Résumez le relief européen et caractérisez-le. — L'Europe est-elle riche en cours d'eau? — Pourquoi? — Ces cours d'eau sont-ils navigables? — Quels sont les deux principaux centres d'où rayonnent les cours d'eau? — Où sont la plupart des lacs? — Énumérez les principaux. — Quels sont les deux grands versants d'Europe? — A quelles mers aboutit le versant Nord-Ouest? — le versant Sud-Est? — La ligne de partage des eaux est-elle partout très bien marquée? — Quels sont les fleuves tributaires de l'océan Glacial? — Décrivez-les. — Énumérez les fleuves tributaires de l'Atlantique, en distinguant ceux qui se jettent dans la mer Baltique, la mer du Nord, la Manche, l'océan Atlantique proprement dit. — Décrivez la Néva, la Vistule, l'Elbe. — Décrivez le Rhin et ses embouchures. — Quels sont ses principaux affluents? — Décrivez la Tamise, le Tage.
Énumérez les fleuves tributaires de la Méditerranée, en distinguant ceux qui se jettent dans la Méditerranée proprement dite, dans l'Adriatique, dans la mer Noire. — Décrivez le Rhône. — Parlez du Tibre. — Décrivez le Pô. — Quels sont ses affluents? — Qu'y a-t-il près des embouchures du Pô? — Décrivez le Danube. — Quels sont ses affluents? — Décrivez la Volga. — Quelle remarque peut-on faire sur les embouchures des fleuves de la Méditerranée? — Quel est le plus long des fleuves que vous avez énumérés? — le plus court?

CONSEILS AUX MAITRES. — Faites dessiner les croquis des plus grands fleuves de l'Europe, Volga, Danube, Rhin. Comparez ces fleuves au Nil. Comparez ces fleuves entre eux. Faites énumérer les fleuves en groupant : 1° ceux qui naissent dans la même région; 2° ceux qui sont tributaires de la même mer. Faites citer les lacs en les groupant par régions.

QUARANTE ET UNIÈME LEÇON. — **Climat de l'Europe. — Productions. — Carte de l'Europe.**

CLIMAT.

316. L'Europe est dans la zone tempérée ; de plus, elle est entourée par la mer, sauf à l'Est, et celle-ci pénètre profondément le continent, au moins dans sa moitié occidentale. Elle y fait sentir presque partout son action modératrice et bienfaisante.

Aussi, dans l'ensemble, le climat de l'Europe est **tempéré**, c'est-à-dire qu'il ne se produit nulle part de chaleurs ni de froids extrêmes, et qu'en général il n'existe pas un écart trop grand entre la température de l'été et celle de l'hiver.

Mais les diverses parties du continent présentent des différences assez sensibles. Ainsi l'**Est** et le **Nord**, exposés sans obstacle aux vents du pôle et éloignés de l'Océan, sont plus froids. Le long de l'océan Glacial, on retrouve même le climat polaire, et les arbres n'y peuvent plus croître.

L'**Ouest** est plus doux et plus humide.

Au **Sud**, le rivage de la Méditerranée est assez chaud pour permettre aux orangers, aux palmiers d'y végéter en pleine terre.

Dans le **Centre**, le thermomètre descend rarement à 20 degrés au-dessous de zéro, et ne dépasse guère 30 degrés au-dessus.

EXERCICES : Expliquez pourquoi le climat de l'Égypte ne ressemble pas à celui de l'Europe. — Dites pourquoi les fleuves d'Europe n'ont pas d'inondation annuelle comme le Nil.

PRODUCTIONS.

317. L'Europe n'a ni l'abondance ni la variété infinie des productions de l'Asie et de l'Amérique, mais elle fournit les végétaux les plus utiles à l'alimentation et les matières nécessaires à l'industrie.

Son sol et son climat sont propres aux **céréales**, aux **vignes**, aux **prairies** et au **bétail**.

Pour l'industrie, le sol fournit la **houille** et les **métaux**, principalement le *fer*. Il donne également les *pierres à bâtir* et les *marbres*, les *bois de construction*; le *lin* et le *chanvre* pour la filature et le tissage, etc.

Les seules régions absolument improductives sont celles de l'extrême Nord, que baignent l'océan Glacial et la mer Blanche.

Un grand nombre de productions naturelles viennent des autres parties du monde sous la forme de *matières premières*, et sont transformées en Europe par l'industrie.

Questionnaire.

Quel est le climat moyen de l'Europe? — Quels sont les climats de l'Est et du Nord? du Sud? de l'Ouest? du Centre? — Comparez le climat de l'Europe à celui des autres parties du monde.

De quelle région notre climat se rapproche-t-il le plus?

Les productions de l'Europe sont-elles aussi variées que celles de l'Asie ou de l'Amérique? — Quelles sont les principales? — D'où l'Europe reçoit-elle beaucoup de matières premières? — Qu'en fait-elle?

Notre pays a-t-il toutes les productions indiquées ici?

CARTE DE L'EUROPE. — Pour faire dessiner aux élèves le croquis de l'Europe, le maître devra tracer ce croquis lui-même au tableau noir, en procédant de la manière suivante : Tirer une ligne verticale AB. Le point A sera le *cap Nord* et le point B, le *cap Matapan*. Cette ligne passe par les golfes de Botnie, de Finlande et de Riga. Du milieu C de AB, mener les lignes CD, CE perpendiculaires à AB et égales à $\frac{AB}{2}$.

Le point D sera le *cap Land's End* et le point E le *fleuve Oural*. La ligne CD passe par les golfes de Poméranie et de Zuiderzée. Du milieu F de CB, mener les lignes FG, FH, aussi perpendiculaires à AB et égales à $\frac{AB}{2}$. Le point G sera le *golfe de Gascogne* et le point H la *mer Caspienne*. Le point K, milieu de FH, sera le sud de la Crimée. Le golfe de Venise est sur FG à une distance de F égale à $\frac{FG}{3}$. Tracer AG du cap Nord au golfe de Gascogne. Le point M, milieu de AG, est le *cap Lindesnæs* au sud de la Norvège. Prolonger AG d'une longueur GP égale à $\frac{AG}{4}$. Le point P sera le *détroit de Gibraltar*. Mener la ligne KB de la Crimée au cap Matapan. Le point L, milieu de cette ligne, est le centre de la *mer de Marmara*. Enfin la ligne DB, du cap Land's End au cap Matapan, donnera la direction des côtes de l'Italie.

Tous ces points de repère ainsi déterminés, le croquis de l'Europe est relativement facile, et il devient très possible de le retenir par cœur.

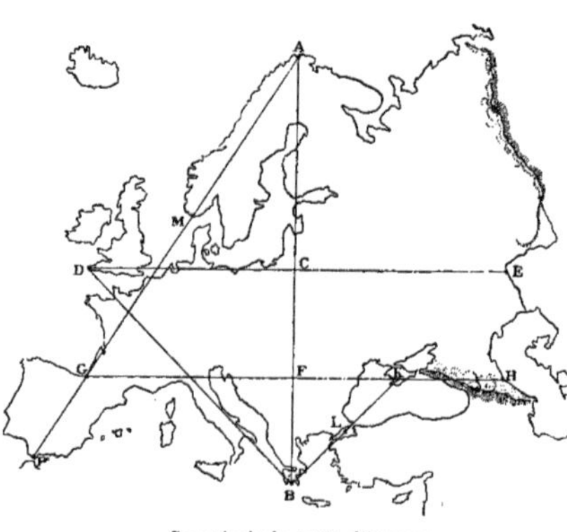

Croquis de la carte d'Europe.

QUARANTE-DEUXIÈME LEÇON. — **Europe politique. — Races. — Langues. — Religions. — États. — Systèmes de gouvernement.**

RACES, LANGUES, RELIGIONS.

318. L'Europe contient 357 *millions* d'habitants : plus d'un cinquième de la population totale du Globe.

Ils appartiennent presque tous à la **race blanche**.

Ils composent plusieurs familles de peuples; les principales sont celles des **Slaves**, des **Germains**, des **Latins**.

Ces trois principaux groupes comptent : les Slaves pour 100 millions, les Germains pour 120 millions, les Latins pour 110 millions.

Les **Slaves** se trouvent surtout dans l'*Est* (Russie, Autriche, Turquie, etc.): — les **Germains**, au *Centre* et dans le *Nord* (Allemagne, etc.); — les **Latins**[1], surtout dans l'*Ouest* et le *Sud-Ouest* (France, Italie, Espagne, etc.). Aux Germains se rattachent plus ou moins les *Anglais*, les *Scandinaves*, etc.

Les *Hongrois* ou *Magyars*, en Hongrie, les *Ottomans*, en Turquie, sont des peuples venus de l'Asie à une époque plus récente.

Il y a des familles de langues comme il y a des familles de peuples; les **langues slaves** se parlent dans l'*Est*; les **langues germaniques**, dans le *Centre*, dans le *Nord* et le *Nord-Ouest*; les langues dites **latines**, dans l'*Ouest* et le *Sud-Ouest*.

Le *français* est une langue d'origine latine.

319. *Religions*. — Les principales religions entre lesquelles se partage l'Europe sont : le **catholicisme**, le **protestantisme**, la **religion grecque**, la **religion musulmane**.

----

1. Ces peuples portent le nom de Latins, parce qu'ils ont reçu jadis la civilisation latine de Rome.

EXERCICES : Cherchez à placer sur une carte d'Europe les principales races qui sont énumérées dans cette page.

Le *catholicisme* domine surtout dans les pays de l'*Ouest* et du *Sud-Ouest*, comme en France, en Espagne, en Italie, en Belgique.

Le *protestantisme* domine surtout

ÉTATS, SYSTÈMES DE GOUVERNEMENT.

320. L'Europe, si variée dans sa configuration, est partagée en un nombre

321. L'Europe contient 20 États et 4 petits territoires indépendants.

Les États sont : au Nord, la *Suède-Norvège* ;

A l'Est, la *Russie*, la *Roumanie* ;

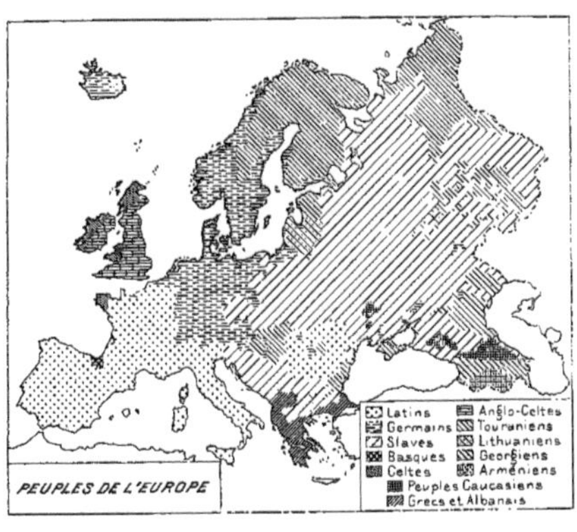

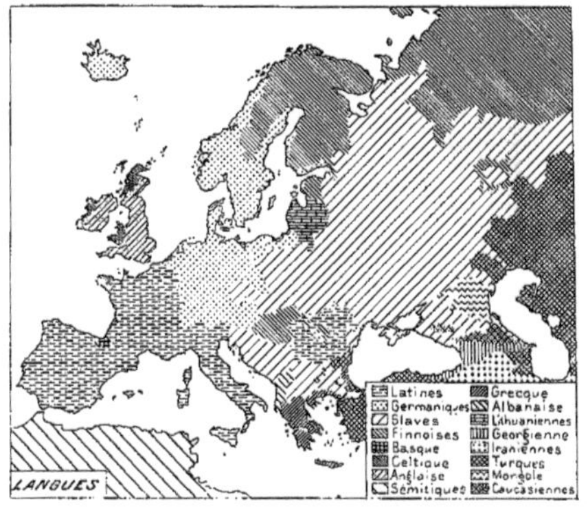

dans les pays du *Centre*, du *Nord* et du *Nord-Ouest*, comme en Allemagne, en Angleterre, en Suède et Norvège.

La *religion grecque* domine dans les pays de l'*Est*, en Russie, en Grèce. La Turquie est surtout *musulmane*.

assez considérable d'États, qui correspondent pour la plupart aux *divisions naturelles* du continent.

Les mers découpent des péninsules et des îles, les montagnes enferment des vallées et des plaines, qui sont autant de cadres pour la formation de *nations*.

L'Europe orientale fait exception : là, une plaine immense, indéfinie à l'Ouest comme à l'Est, s'est prêtée à l'établissement d'un empire énorme.

Mais si la structure de l'Europe permet aux différents peuples un développement indépendant, elle ne les isole pas. Bien au contraire, les vallées transversales des montagnes, les grandes artères fluviales, les découpures multiples des côtes ont invité les hommes à entrer en relations suivies. C'est ce qui a amené la constitution d'une civilisation européenne unique.

Au Centre, la *Suisse*, l'*Autriche-Hongrie*, l'*Allemagne*, le *Danemark*, les *Pays-Bas* ;

A l'Ouest, la *Belgique*, le *Luxembourg*, les *Iles Britanniques*, la *France*, l'*Espagne*, le *Portugal* ;

Au Sud, l'*Italie*, la *Serbie*, le *Monténégro*, la *Turquie*, la *Bulgarie*, la *Grèce*.

Ces États sont de grandeur et d'importance très inégales : le plus grand, la *Russie*, occupe plus de la moitié du continent et compte 96 millions d'habitants; le plus petit, le *Monténégro*, occupe à peine la millième partie de l'Europe et n'a que 272 000 habitants.

Les six principaux sont : la *Russie* (96 millions d'hab.); l'*Allemagne* (49 millions); l'*Autriche-Hongrie* (42 millions); la *France* (38 millions); les *Iles Britanniques* (38 millions); l'*Italie* (30 millions).

Le plus peuplé par rapport à son étendue est la *Belgique*, qui, sur un territoire 180 fois plus petit que la Russie, compte près de 6 millions d'habitants.

La plupart des États de l'Europe ont adopté le système de la *monarchie constitutionnelle* ou *parlementaire*, dont l'*Angleterre* offre le type le plus remarquable.

Un seul, la *Russie*, conserve le gouvernement absolu.

La *France* et la *Suisse* ont le gouvernement républicain.

Les *juifs*, au nombre de 5 millions environ, sont répandus dans toute l'Europe.

Les Ottomans (en Turquie) professent la religion *musulmane*.

Questionnaire.

Combien y a-t-il d'habitants en Europe ? — A quelle race appartiennent-ils ? — Quelles sont les principales familles ? — Où se trouve surtout chacune d'elles ? — D'où sont venus les Magyars et les Turcs ? — Où habitent-ils ? — Où se trouvent les Juifs ?

Quelles sont les principales familles de langues parlées en Europe ? — Où est surtout parlée chacune d'elles ? — A quelle famille appartient la langue française ? — D'où vient le nom de Latins ?

Quelles sont les trois grandes religions pratiquées en Europe ? — Où domine le catholicisme ? le protestantisme ? la religion grecque ? — Quelle religion professent les Ottomans ?

Quelles sont les divisions politiques de l'Europe ? — Pourquoi l'Europe est-elle divisée en beaucoup d'États ? — Énumérez-les. — Quel est le plus grand État ? le plus petit ? — Quels sont les six principaux États de l'Eu-

C'est le pays le plus brumeux, le plus arrosé, le plus verdoyant de l'Europe.

La *Grande-Bretagne* (Angleterre, Écosse, Pays de Galles) produit du **bétail**, de la **houille**, des **métaux**. Les habitants sont surtout des industriels, des manufacturiers, des négociants, des marins.

La *houille* et les *mines* donnent à l'Angleterre la puissance industrielle ; ses *colonies* lui fournissent les *matières premières* et ouvrent des débouchés à ses *produits manufacturés* ; la population a un grand esprit d'initiative. Ainsi s'explique l'immense richesse de la Grande-Bretagne.

envoie cette ville. Presque tous ses habitants sont industriels ou ouvriers.

Birmingham (478 000 hab.) et **Sheffield** (324 000) produisent le fer et l'acier sous toutes les formes : machines, outils, etc.

Leeds (367 000 hab.) a les fabriques de drap les plus importantes du monde. Manchester, Birmingham, Sheffield, Leeds sont situées à peu près au Centre de l'Angleterre.

Newcastle, sur la mer du Nord, exporte d'énormes quantités de houille.

Les grandes villes d'**Écosse** sont **Édimbourg** (263 000 hab.), *capitale*, à l'Est, et **Glasgow**, au Nord de la mer d'Irlande (658 000), qui est presque un second Liverpool.

L'Irlande a pour capitale **Dublin** (345 000 hab.), port sur la mer d'Irlande.

L'Angleterre est avant tout une puissance commerçante, maritime et coloniale. Elle a une armée de terre peu nombreuse, mais sa flotte compte 80 000 matelots ou soldats.

323. *Colonies et possessions.* — L'Angleterre possède en Europe les *îles Anglo-Normandes*, **Gibraltar**, **Malte**.

Ses **colonies** occupent une surface presque *égale à la sixième partie de tous les continents*, et contiennent 280 *millions* d'habitants. Les principales sont :

En Asie, *Chypre*, *Aden*, l'**Inde Anglaise**, *Ceylan*, *Singapour*, *Hong-Kong* ;

En Océanie, l'**Australie**, la *Tasmanie*, a *Nouvelle-Zélande*, la *Nouvelle-Guinée*, es *îles Fiji* ;

En Afrique, la **Colonie du Cap**, l'*île Maurice*, *Natal* en *Cafrerie britannique* ;

En Amérique, les **Possessions du Canada**, *Terre-Neuve*, la *Jamaïque* et plusieurs des petites Antilles.

Londres : le Parlement.

rope ? — Quel est le plus peuplé par rapport à son étendue ? — Quels sont les différents systèmes de gouvernement ? — Citez le gouvernement de différents pays.

Conseils aux maîtres. — Faites dessiner des croquis de l'Europe et indiquer par des teintes différentes les races, les langues parlées, les religions.

QUARANTE-TROISIÈME LEÇON.
**Royaume-Uni
de Grande-Bretagne et d'Irlande.**

322. Le **Royaume-Uni**, appelé aussi **Angleterre**, comprend les *Iles Britanniques*. Les divisions politiques sont : l'**Angleterre**, séparée de la France par le détroit du *Pas de Calais*, l'**Écosse** au Nord, le **Pays de Galles** au Sud-Ouest, l'**Irlande** à l'Ouest. Les divisions administratives portent le nom de *comtés*.

L'*Irlande* est fertile, mais peu cultivée.

On compte dans le Royaume-Uni 30 villes qui dépassent 100 000 habitants.

En **Angleterre**, les principales sont : **Londres, Liverpool, Manchester, Birmingham, Sheffield, Newcastle, Bristol, Leeds, Southampton**.

Londres (*London*, en anglais), sur la *Tamise*, est la capitale de tout le royaume ; elle a près de 5 millions d'habitants. Il n'y a pas pour ainsi dire un coin de la Terre où ne parviennent ses navires et ses produits. C'est la plus *grande ville du Globe*.

Liverpool (517 000 hab.), sur la *mer d'Irlande*, est le port le plus fréquenté du monde avec Londres et New York.

Manchester (505 000 hab.), tout près de Liverpool, travaille le coton que lui

Questionnaire.

Que comprend le Royaume-Uni de Grande-Bretagne et d'Irlande ? — Comment est-il appelé plus simplement ? — Quelles sont ses divisions politiques ? — Quel est le caractère du pays ? — Quelles sont ses productions ? — Combien y a-t-il de villes ayant plus de 100 000 habitants ? — Quelles sont les principales villes d'Angleterre ? — Décrivez-les. — Quelles sont les grandes villes d'Écosse ? — Quelle est la capitale de l'Irlande ? — Par quoi surtout l'Angleterre est-elle puissante ? — Quelles sont ses possessions en Europe ? ses colonies en Asie, en Océanie, en Afrique, en Amérique ? — Quelle en est la population totale ? — Quel parti l'Angleterre tire-t-elle de ses colonies ? — Quelle est la population du Royaume-Uni ?

Conseils aux maîtres. — Faites faire le croquis des Iles Britanniques (géographie physique, politique, économique).

Exercices : Tracez la forme générale de l'Angleterre, et marquez-y Londres. — Indiquez autour de Londres, par des flèches, la direction des diverses colonies anglaises.

QUARANTE-QUATRIÈME LEÇON. — **Empire d'Allemagne**.

(49 millions d'habitants.)

324. L'**Allemagne** va des *Alpes* à la *mer du Nord* et à la *Baltique*. Elle confine à trois des plus grands États de l'Europe : la *Russie* à l'Est, l'*Autriche* au Sud, la *France* à l'Ouest. Elle confine aussi à de petits États, comme le *Danemark* au Nord, les *Pays-Bas*, le *Luxembourg* et la *Belgique* au Nord-Ouest, la *Suisse* au Sud-Ouest.

Elle est montagneuse dans le Sud, où s'élèvent les terrasses septentrionales des *Alpes*, la *Forêt-Noire*, les *monts de Thuringe*, etc.; plate et sablonneuse dans toute la partie septentrionale.

Grands fleuves : la *Vistule*, l'*Oder*, l'*Elbe*, le *Rhin*, le *Danube*.

Aucun de ces fleuves n'est entièrement allemand. L'Allemagne n'a de la *Vistule* que le cours inférieur, de l'*Elbe* que le cours moyen et inférieur, du *Rhin* que le cours moyen, du *Danube* que le cours supérieur.

L'Empire d'Allemagne, un peu plus vaste que la France, a 91 habitants au kilomètre carré.

De nombreux émigrants quittent chaque année l'Allemagne pour chercher fortune en d'autres pays, surtout en Amérique.

L'Allemagne s'est, dans ces dernières années, constitué un domaine colonial de quelque importance dans l'*Afrique* et en *Océanie*.

Elle est très richement dotée de *productions minières*. Elle extrait beaucoup de **houille**. Sa production en *fer* est considérable.

La *betterave* pour le sucre, le *houblon* pour la *bière*, y sont cultivés sur une grande échelle.

Le *bétail* y est abondant.

L'Allemagne a une industrie développée, surtout pour le *fer*, l'*acier*, les *étoffes*; mais c'est avant tout une puissance *militaire*.

Après l'Angleterre et l'Autriche, c'est la France qui fait le plus de commerce avec l'Allemagne.

L'Empire est formé d'une confédération de 26 États, gouvernés par le *roi de Prusse*, qui a le titre héréditaire d'Empereur d'Allemagne.

Les principaux États sont : les royaumes de **Prusse**, de **Bavière**, de **Saxe**, de Wurtemberg; le grand-duché de Bade.

Royaume de Prusse.

325. Le **royaume de Prusse** compte à lui seul 29 millions d'habitants. Il occupe le Nord de l'Allemagne; c'est surtout un État militaire.

Il est partagé en 11 provinces. La *Prusse* (province), la *Silésie*, le *Brandebourg*, la *Westphalie*, la province *Rhénane* sont les plus importantes.

La capitale est Berlin ; grandes villes : **Breslau**, **Kœnigsberg**, *Danzig*, à l'Est; **Magdebourg**, *Hanovre*, au Centre ; **Cologne**, *Elberfeld*, *Aix-la-Chapelle*, *Mayence*, **Francfort-sur-le-Main**, à l'Ouest.

Berlin (1 579 000 hab.) est situé

Hambourg.

entre l'Elbe et l'Oder, sur la *Sprée*, au milieu de plaines de sable, de marais, de forêts de sapins. C'est la capitale de la *Prusse* et de l'*Empire*. Elle a pris aujourd'hui un grand développement.

Breslau (300 000 hab.) fabrique du fer, des étoffes de laine.

Kœnigsberg et *Danzig* sont des places fortes et des ports de commerce sur la Baltique.

Cologne (en allemand *Köln*), sur le Rhin, est le centre d'une région couverte de *filatures*, de *hauts fourneaux*.

A l'Est s'étendent *Elberfeld* et *Barmen*, qui sont une agglomération de fabriques, avec 210 000 habitants. Au Nord, *Essen* fabrique des canons pour la plupart des États de l'Europe.

Mayence est une des villes les plus fortes de l'Allemagne.

Francfort-sur-le-Main est une ville de commerce et de banque.

Autres États allemands.

326. La Bavière, au Sud, est parcourue par le *Danube* et le *Main*. Elle a pour capitale **Munich** (350 000 hab.), pour ville principale *Nuremberg*.

La Saxe, au Nord, est parcourue par l'*Elbe*. Elle a pour capitale **Dresde** (289 000 hab.), et pour ville principale Leipzig, qui est, avec Paris, le centre du commerce des livres en Europe.

Le Wurtemberg a pour capitale *Stuttgart*.

Le *grand-duché de Bade* a pour capitale *Carlsruhe*.

L'Alsace-Lorraine a pour villes principales : Strasbourg, près du Rhin, et Metz, sur la Moselle.

Hambourg, sur l'*Elbe*, et Brême, sur la *Weser*, font partie de l'Empire, mais avec une administration libre. Hambourg (569 000 hab.) est le plus grand *port* de l'Allemagne et le point de départ des nombreux émigrants qui vont s'établir surtout dans l'Amérique du Nord.

Questionnaire.

Quelles sont les bornes de l'Empire d'Allemagne? — A quels grands États touche-t-il? — Décrivez l'Allemagne. — Montagnes? —

Fleuves? — Quelles sont ses sources de richesse? — En quoi consiste surtout la puissance de l'Allemagne? — Comment est constitué l'Empire? — Quel en est le chef? — Quels en sont les principaux États? — Où est le royaume de Prusse? — Combien a-t-il d'habitants? — Combien de provinces? — Quelles sont les principales? — Énumérez les grandes villes. — Parlez de Berlin, de Breslau, de Kœnigsberg et Danzig, de Cologne et de ses environs. — Parlez de la Bavière et de ses villes; de la Saxe et de ses villes; du Wurtemberg. — Parlez de Hambourg.

CONSEILS AUX MAITRES. — Faites dessiner le croquis de l'Allemagne. Faites aussi dessiner le bassin du Rhin.

QUARANTE-CINQUIÈME LEÇON. — Empire d'Autriche-Hongrie.

(42 millions d'habitants.)

327. L'Autriche-Hongrie est surtout un État *continental* : elle ne touche que par un côté étroit à la mer *Adriatique*.

Les quatre plus grands États auxquels elle confine sont : la *Russie* à l'Est, l'*Allemagne* au Nord, l'*Italie* à l'Ouest, la *Turquie* au Sud.

Le relief de l'Autriche-Hongrie est formé de trois groupes de hauteurs : les *Alpes orientales*, les *Karpates* et le *Système bohémien*, entre lesquels s'étend la vaste plaine de *Hongrie*.

Les pluies sont abondantes dans les Alpes, dans les Karpates, en Bohême. La plaine de Hongrie a un climat continental; elle passe des chaleurs extrêmes à des froids excessifs, et se trouve sujette à des sécheresses.

C'est le Danube qui sert de lien aux différentes régions de l'Autriche-Hongrie et fait l'unité de l'Empire. Son affluent, la *Tisza* ou *Theiss*, recueille les eaux des Karpates et traverse la plaine hongroise.

D'autres fleuves, l'*Elbe*, la *Vistule*, ont *seulement leur cours supérieur* sur le territoire autrichien.

Les ressources minérales de l'Autriche-Hongrie sont considérables. La *houille* est abondante, surtout en Bohême et en Moravie. Les mines de *sel* sont importantes.

Les forêts couvrent un quart de la surface de l'Empire.

L'Autriche-Hongrie est avant tout un pays agricole. La plaine hongroise est une des contrées les plus riches en blé. La Hongrie compte quelques *vignobles* renommés. Le *bétail* est nombreux et les chevaux hongrois sont célèbres. L'industrie, encore peu développée, est pourtant en progrès.

L'Autriche-Hongrie n'a pas de colonies.

Presque toutes les races et les langues de l'Europe se trouvent rassemblées en Autriche-Hongrie : il y a des *Allemands*, des *Hongrois* ou *Magyars*, des *Slaves*, des *Italiens*, etc.

Les **Slaves** forment le groupe le plus nombreux; puis viennent les *Allemands* et les **Hongrois**.

L'empire austro-hongrois se compose de deux pays : l'*Autriche (pays cisleithans*, ou en deçà de la *Leitha*, affluent de droite du Danube) et la *Hongrie (pays transleithans*, au delà de la *Leitha* par rapport à *Vienne*).

Les deux pays forment un seul empire, avec deux gouvernements distincts. Pour l'armée, les finances, la politique extérieure, il y a une administration unique.

La capitale est **Vienne**. Les villes principales sont **Prague** et **Trieste**.

Vienne (1 200 000 hab.), sur le Danube, est un des principaux entrepôts du commerce de l'Europe et une des villes les plus somptueuses et les plus animées. Le Danube est pour ainsi dire sa grande route vers l'Orient et vers l'Occident.

Prague est la capitale de la Bohême. **Trieste**, sur la mer Adriatique, fait presque tout le commerce maritime de l'Autriche. C'est un des plus grands ports de la Méditerranée. *Fiume*, plus au Sud, fait tout le commerce de la Hongrie, en concurrence avec Trieste.

Autres grandes villes : *Gratz*, au sud; *Brünn*, au nord du Danube; *Cracovie* et *Lemberg*, au nord des Karpates.

La **Hongrie** est peuplée surtout de *Magyars*. La capitale est **Budapest** (360 000 hab.), formée de deux villes, de Buda et de Pest, situées sur les deux rives du large Danube.

Une des villes importantes est *Szegedin*, sur la Tisza.

L'Autriche-Hongrie occupe la *Bosnie* et l'*Herzégovine*, anciennes provinces de la Turquie.

Questionnaire

Que présente de particulier la situation géographique de l'Autriche-Hongrie? — Quels sont les grands États auxquels elle confine? — Que présente de particulier sa constitution politique? — Y a-t-il en Autriche une race unique d'hommes? — Quel est le grand fleuve de l'Autriche-Hongrie? — Décrivez l'Autriche et la Hongrie? — Citez une des grandes provinces de l'Autriche? — Production principale de la Hongrie? — Capitale de l'Autriche? — Décrivez Vienne. — Parlez de Prague, de Trieste. — Quelles sont les autres villes? — Capitale de la Hongrie? — Quelle est la population de l'Autriche-Hongrie? — Quelles provinces turques occupe-t-elle?

CONSEILS AUX MAITRES. — Faites dessiner le croquis de l'Autriche-Hongrie. Faites dessiner le bassin du Danube.

QUARANTE-SIXIÈME LEÇON. — Empire Russe.

(107 millions d'habitants.)
(Russie d'Europe, 96 millions d'habitants.)

328. L'Empire Russe comprend la **Russie d'Europe** et un immense territoire en *Asie*.

La **Russie d'Europe** se rattache par l'Est à l'Asie; elle s'étend entre l'*océan Glacial* au Nord et la *mer Noire* au Sud; elle touche par l'Ouest à la *Scandinavie*, à la *mer Baltique*, à l'*Allemagne*, à l'*Autriche*, à la *Roumanie*.

La superficie de la Russie d'Europe est supérieure à celle de *tous* les autres États d'Europe réunis.

C'est, d'un bout à l'autre, une plaine basse, où soufflent les vents froids du pôle; les différents versants de son système hydrographique ne sont séparés que par de très faibles collines.

Les mers septentrionales restent longtemps embarrassées de glaces.

Au Sud, la Caspienne est un lac intérieur; la mer Noire ne communique avec la Méditerranée que par les Dardanelles et le Bosphore, qu'il est très facile de fermer aux navires russes. Le réseau fluvial vaut mieux que les côtes. Les fleuves atteignent des dimensions considérables.

Les principaux sont : la *Dvina*, la *Néva*, la *Duna*, au Nord; le *Dniestr*, le *Dniepr*, le *Don*, la *Volga*, au Sud. Les lacs *Onéga*, *Ladoga* se groupent au Nord-Ouest.

Ces fleuves, longs et abondants, forment un excellent réseau de voies de communication naturelles.

La plaine Russe, très peu pénétrée par la mer, éloignée de l'océan Atlantique par la masse de l'Europe occidentale, séparée de l'océan Pacifique par toute l'épaisseur de l'Asie, et largement ouverte aux vents du Nord, a un *climat continental*. Le froid et la chaleur y sont également excessifs.

Pendant l'hiver, le pays n'est qu'un champ de neige, où glissent les traîneaux. Au moment de la fonte des neiges, les fleuves se gonflent et peuvent porter de gros bateaux d'un bout

---

EXERCICES : Tracez le cours du Danube. — Indiquez les principales villes qu'il touche, les États qu'il traverse, la mer où il aboutit. — Dites quels détroits vous franchiriez pour venir de l'embouchure du Danube à Port-Saïd.

à l'autre du pays. L'été est chaud, mais fort court.

La Russie possède de grandes richesses minérales encore mal exploitées, surtout dans les monts Oural. Autour de Moscou s'étend un riche bassin houiller. Elle a, au Nord, des forêts de sapins; au Sud et à l'Est, des *steppes* ou grandes plaines herbeuses; au Centre, dans ce qu'on appelle la *Terre Noire*, de très belles cultures en blé.

Productions principales : le **blé** dans la Terre Noire; le *bois*, le bétail.

Les trois grandes divisions politiques sont : la **Russie** proprement dite, la **Finlande** et la **Pologne**.

La capitale est **Saint-Pétersbourg**; les villes principales sont : **Moscou, Varsovie, Riga, Odessa**.

Saint-Pétersbourg (1 003 000 hab.), sur le golfe de Finlande, à l'embouchure de la Néva, n'existe que depuis 1703. Elle a été construite par le tsar Pierre le Grand sur le modèle des villes européennes. C'est la capitale la plus septentrionale du monde.

Le port fortifié de *Kronstadt*, dans le golfe de Finlande, défend les approches de Saint-Pétersbourg.

Moscou (822 000 hab.), au milieu du pays, est la vieille ville russe, l'ancienne capitale nationale. Le palais du *Kremlin* est comme le centre et le cœur de la Russie.

Varsovie (455 000 hab.), sur la Vistule, fut jadis la capitale du royaume indépendant de Pologne.

Riga, sur la Baltique, est un port de commerce. — **Odessa**, sur la mer Noire, expédie le blé des plaines méridionales.

Autres grandes villes : *Nijnii-Novgorod, Kiiev, Kichinev,* au Sud; *Kharkov,* dans la Terre Noire. — *Arkhangelsk,* sur la mer Blanche, *Astrakhan,* sur la mer Caspienne, sont les ports les plus avancés vers le Nord et vers l'Asie.

La Russie est gouvernée par un empereur, qui porte le titre de *tsar.* C'est le seul pays d'Europe qui ait encore le gouvernement absolu.

Questionnaire.

Que comprend l'Empire Russe? — Quelles sont les limites de la Russie d'Europe? — Décrivez la Russie. — Quels en sont les fleuves? — Quelles en sont les divisions politiques? — Productions? — Grandes villes? — Parlez de Saint-Pétersbourg, de Moscou. — Quel titre porte le souverain de Russie? — Quel caractère présente le gouvernement? — Quelle est la population de la Russie d'Europe?

Conseils aux maîtres. — Faites dessiner le croquis sommaire de la Russie d'Europe. Faites énumérer les cours d'eau et dessiner le bassin de la Volga.

QUARANTE-SEPTIÈME LEÇON. — République française.

(Population : 38 millions d'habitants.)

329. La France est à la fois un État continental et maritime. Quatre mers baignent ses rivages : la mer du Nord et la Manche au Nord, l'océan Atlantique à l'Ouest et la mer Méditerranée au Sud.

Elle est bornée au Nord par la Belgique, à l'Est par l'empire d'Allemagne, la Suisse et l'Italie, au Sud par l'Espagne.

La chaîne du Jura la sépare de la Suisse; les Alpes la séparent de l'Italie, et les Pyrénées la séparent de l'Espagne.

330. Le sol de la France est assez accidenté. Le *Nord* et l'*Ouest* sont surtout composés de *plaines entrecoupées de collines,* tandis que le *Centre,* l'*Est* et le *Sud* sont presque partout *montagneux.*

La France est ainsi divisée en deux parties d'aspect bien différent.

Les principaux systèmes de montagnes sont : au Sud-Est, les **Alpes**; à l'Est, le **Jura** et les **Vosges**; au Sud-Ouest, les **Pyrénées**; vers le milieu du pays, le **Massif central**.

331. Les **Alpes** s'étendent entre la *France* et l'*Italie,* de la *Méditerranée* au *lac de Genève.* Leur *masse de hautes terres* est plus considérable que celle de tout autre système européen; leurs *pics* sont aussi les plus élevés de l'Europe. Une grande quantité de *neiges* couvre perpétuellement leurs sommets, et des *glaciers* immenses remplissent le haut de leurs vallées.

La plus haute cime de toutes les Alpes, le **Mont-Blanc**, se dresse en

France, à près de 5 000 mètres au-dessus de la mer.

332. Le **Jura** s'étend au nord des Alpes, entre la *France* et la *Suisse.* C'est un grand *plateau* incliné vers le Nord-Ouest, et qui sert de piédestal à une série de *chaînes parallèles,* dont les plus hautes sont sur la frontière de Suisse.

333. Les **Vosges**, qui s'élèvent au nord du Jura, entre la *France* et l'*Alsace,* sont encore moins hautes que lui.

Cirque de Gavarnie (Pyrénées).

334. Les **Pyrénées** sont séparées des autres groupes montagneux de la France. Elles se dressent, entre la *France* et l'*Espagne,* de l'*océan Atlantique* à la *Méditerranée,* comme une véritable muraille.

Les hautes régions des Pyrénées sont couvertes de *neiges* et de *glaces* sur bien des points, mais on n'y voit pas de *glaciers* comparables aux glaciers alpestres. Parfois les sommets

Le Puy de Dôme dans les monts d'Auvergne.

Exercices : Cherchez à vous rendre compte des différences qu'il y a entre la Russie et l'Égypte : pour le climat; pour les cultures; pour les mers; pour les habitants.

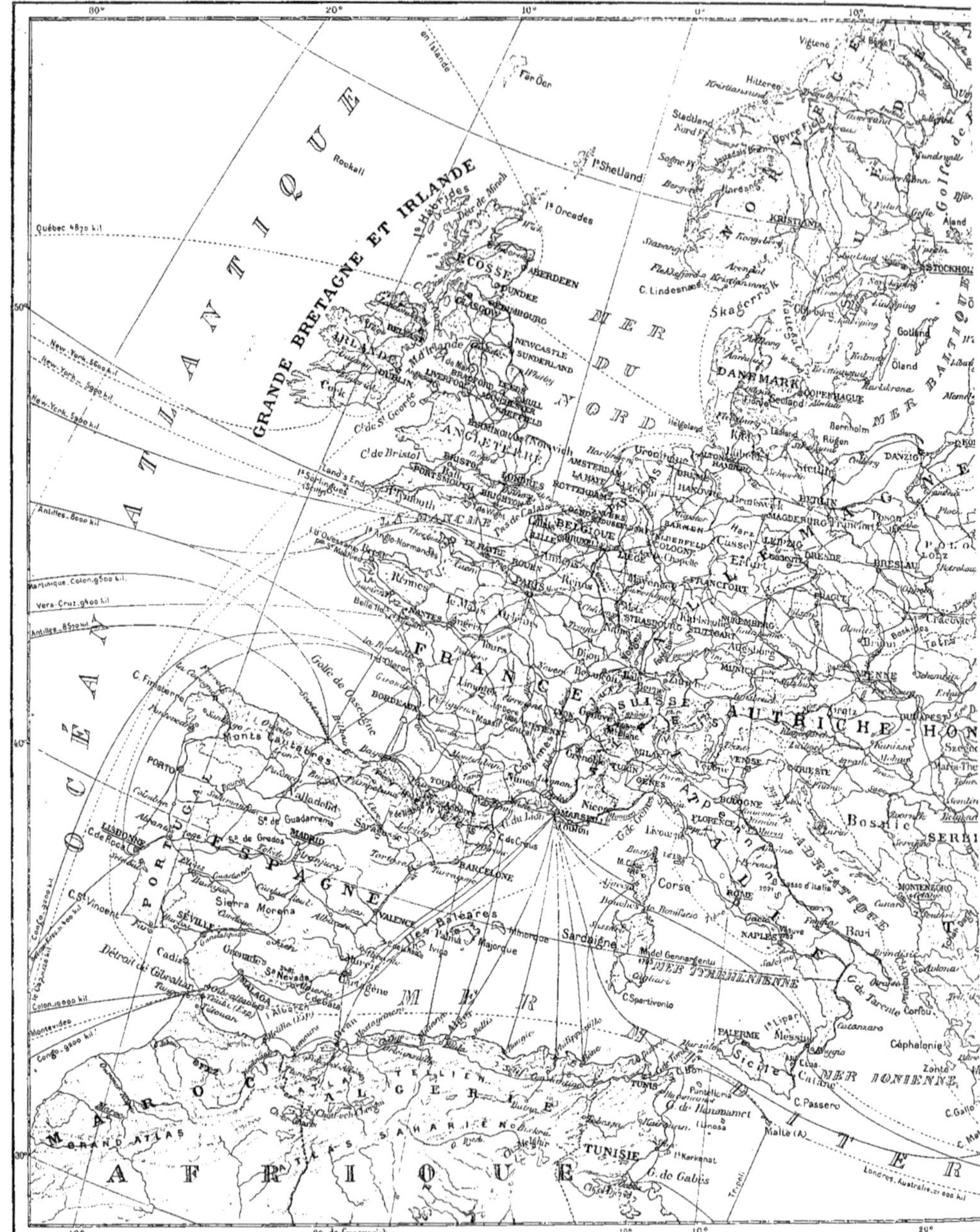
GRANDE BRETAGNE ET IRLANDE
OCÉAN ATLANTIQUE
MER DU NORD
NORVÈGE
DANEMARK
ALLEMAGNE
FRANCE
PORTUGAL
ESPAGNE
ITALIE
SUISSE
AUTRICHE-HONGRIE
AFRIQUE
MAROC
ALGÉRIE
TUNISIE
MER MÉDITERRANÉE
MER TYRRHÉNIENNE
MER ADRIATIQUE
MER IONIENNE
KRISTIANIA
STOCKHOLM
COPENHAGUE
BERLIN
DRESDE
BRESLAU
PRAGUE
VIENNE
MUNICH
NUREMBERG
STUTTGART
STRASBOURG
FRANCFORT
LEIPZIG
HAMBOURG
HANOVRE
COLOGNE
BRUXELLES
BELGIQUE
LILLE
LE HAVRE
ROUEN
PARIS
RENNES
NANTES
BORDEAUX
TOULOUSE
MARSEILLE
NICE
TURIN
GÊNES
FLORENCE
ROME
NAPLES
PALERME
MESSINE
SICILE
SARDAIGNE
Corse
TUNIS
ÉCOSSE
ABERDEEN
DUNDEE
GLASGOW
ÉDIMBOURG
IRLANDE
DUBLIN
NEWCASTLE
SUNDERLAND
LIVERPOOL
MANCHESTER
ANGLETERRE
LONDRES
BRISTOL
PORTSMOUTH
BRIGHTON
Plymouth
AMSTERDAM
LA HAYE
ROTTERDAM
MADRID
LISBONNE
PORTO
SÉVILLE
VALENCE
BARCELONE
Cadix
Iles Baléares
Majorque
Détroit de Gibraltar
C. Finistère
Golfe de Gascogne
MER BALTIQUE
Gotland
DANZIG
Québec 4870 kil.
New-York 5500 kil.
Iles Shetland
Iles Orcades
Iles Hébrides
Rockall
Malte (A)
Gravé par Erhard & Cie
0° de Greenwich
0° de Paris

ONALE.

Arkhangelsk
Vologda
Velikii Oustioug
Perm
Iekaterinbourg
Zlatooust
Oufa
Verkhne-Ouralsk
Kazan
Nijni-Novgorod
Iaroslav
Rybinsk
Vladimir
MOSCOU
S^T PETERSBOURG
Lac Ladoga
L. Onéga
L. Peipous
Novgorod
Hauteurs de Valdaï
Vitebsk
Smolensk
Minsk
VILNA
Mohilev
Bobrouisk
Orel
Toula
Kalouga
Riazan
Penza
Syzran
Samara
Orenbourg
Orsk
Ouralsk
Saratov
Kamychin
Voronej
Koursk
Belgorod
KHARKOV
Poltava
KIEV
Jitomir
Berditchev
Marais de Pinsk
Pinsk
Tarnopol
Ielizavetgrad
Kremenchoug
Iekaterinoslav
Nikolaiev
Kherson
ODESSA
KICHINEV
Iassi
Galatz
BUKAREST
Varna
Crimée
Sebastopol
M. d'Azov
Taganrog
Rostov
Novo-Tcherkassk
Tsaritsyn
Sarepta
Collines d'Ergeni
Astrakhan
Stavropol
Anapa
Kertch
Poti
Batoum
Koutaïs
TIFLIS
Derbent
Petrovsk
Pr. Mangichlak
Alexandrovsk
Oust-Ourt
Mer d'Aral
G. Kara Bougaz
Krasnovodsk
C A U C A S E
MER CASPIENNE
MER NOIRE
Bosphore
CONSTANTINOPLE
SCUTARI
Gallipoli
Brousse
Angora
Ala Dagh
Sinope
Samsoun
Trébizonde
Erzeroum
Arménie
Ararat
L. de Van
L. d'Ourmiah
TEBRIZ
Demavend
TEHERAN
Astrabad
Barfrouch
P E R S E
ASIE MINEURE
SMYRNE
Samos
Rhodes
Karpathos
Crète
Chypre (A)
Alep
DAMAS
Beïrout
Tripoli
Sporades
Tarsous
Lemnos
Mytilène
Ile des Serpents
Volga
Kama
Oural
Emba
Tobol
Irtych
Tobolsk
Petropavlovsk
Tcherdyn
Kontchakov
Noumea Singapour
Chemins de Fer
Lignes de Paquebots français
Lignes de Paquebots étrangers
Echelle de 1:15.000.000^e
30°
40°
50°
60°
70°

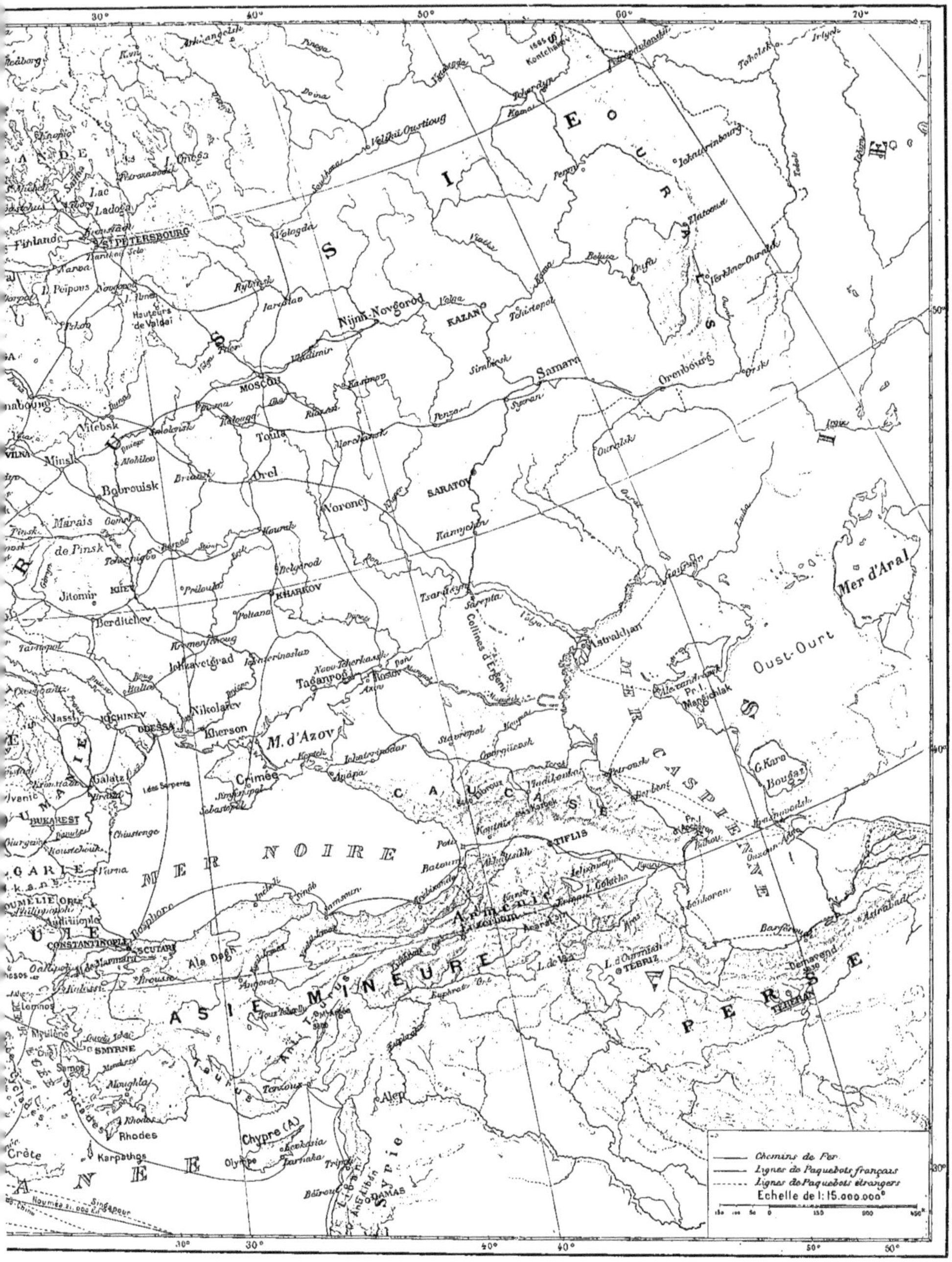

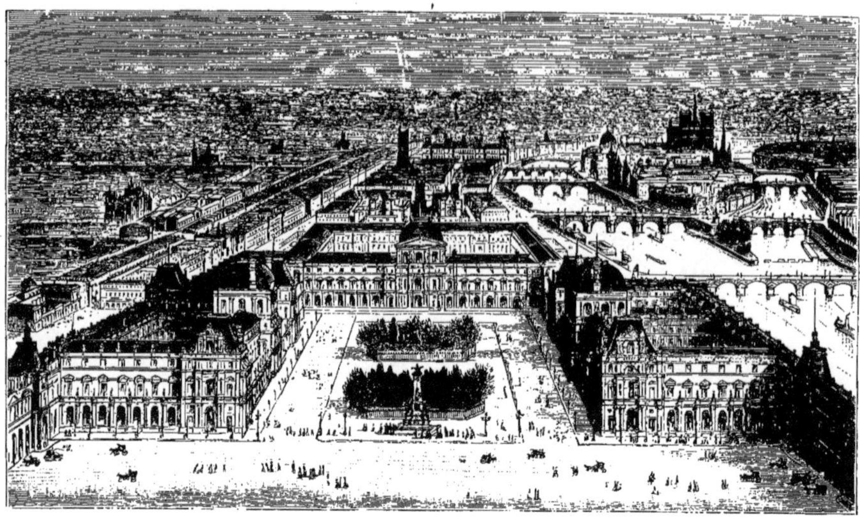

Vue de Paris.

sont disposés en amphithéâtres, qui portent le nom de *cirques*.

335. On appelle **Plateau Central** ou *Massif central* le groupe de hautes terres qui s'élève au milieu de la France.

Le plateau s'adosse au Sud-Est à une chaîne qu'on appelle **Cévennes** : il s'incline vers le Nord-Ouest et le Sud-Ouest. Il est dominé par *trois principales rangées de montagnes*, dont les plus importantes sont les **monts d'Auvergne**, au Nord-Ouest.

336. On distingue ainsi *deux versants* principaux :

Le **versant du Nord-Ouest**, qui s'incline vers la mer du Nord, la Manche et l'Atlantique;

Le **versant du Sud-Est**, qui s'incline vers la Méditerranée.

Le *versant du Nord-Ouest*, le plus vaste, contient trois bassins principaux : ceux de la **Seine**, de la **Loire**, de la **Garonne**;

Le *versant du Sud-Est* ne contient qu'un seul bassin, celui du **Rhône**.

D'autres fleuves, la **Meuse** et l'**Escaut**, n'appartiennent à la France que par une petite portion de leur cours.

Le **Rhin** lui appartient par la **Moselle**, son affluent.

337. Le climat de la France est tempéré et très agréable.

Les pluies sont assez abondantes; cependant le ciel est généralement clair. L'air est très salubre.

338. Le sol de la France est généralement fertile. Les forêts couvrent le septième du pays.

339. La France est moins riche que l'Angleterre en minéraux utiles; elle possède cependant des mines de *houille* assez importantes dans le Nord et dans le Centre et des mines de fer dans le Centre et dans l'Est. Ses *eaux minérales* sont abondantes et renommées.

340. La France est un pays agricole et industriel. Elle produit surtout des *céréales*, de la *vigne*, des arbres fruitiers et des prairies. Le bétail est très abondant.

341. L'industrie de la France est très développée, ses *draps* et ses *soieries* sont renommés dans le monde entier.

342. Le commerce de la France est le plus important de l'Europe après celui de l'Angleterre.

343. Le gouvernement de la **France** est une république. Elle est divisée en 89 départements.

Les villes les plus importantes sont *Paris, Lyon, Marseille, Bordeaux, Toulouse, Lille, Nantes, Saint-Étienne, le Havre, Rouen, Roubaix, Reims.*

344. La capitale de la France, **Paris**, a une population de 2 500 000 habitants. C'est une ville d'industrie et de commerce. Elle est surtout remarquable par la beauté de ses monuments. C'est la cité des lettres, des sciences et des arts, et le rendez-vous des étrangers.

Lyon (416 000 hab.) est situé au confluent du Rhône et de la Saône. L'industrie de la soie y occupe 250 000 personnes.

Marseille (403 000 hab.), port sur la Méditerranée, est le premier port commercial de la France et l'un des plus considérables du monde. Elle fait un grand commerce avec tout l'Orient et particulièrement avec l'Égypte.

Non loin de Marseille se trouve *Toulon*, le port de guerre le plus important de toute la France.

Bordeaux (233 000 hab.) est un port

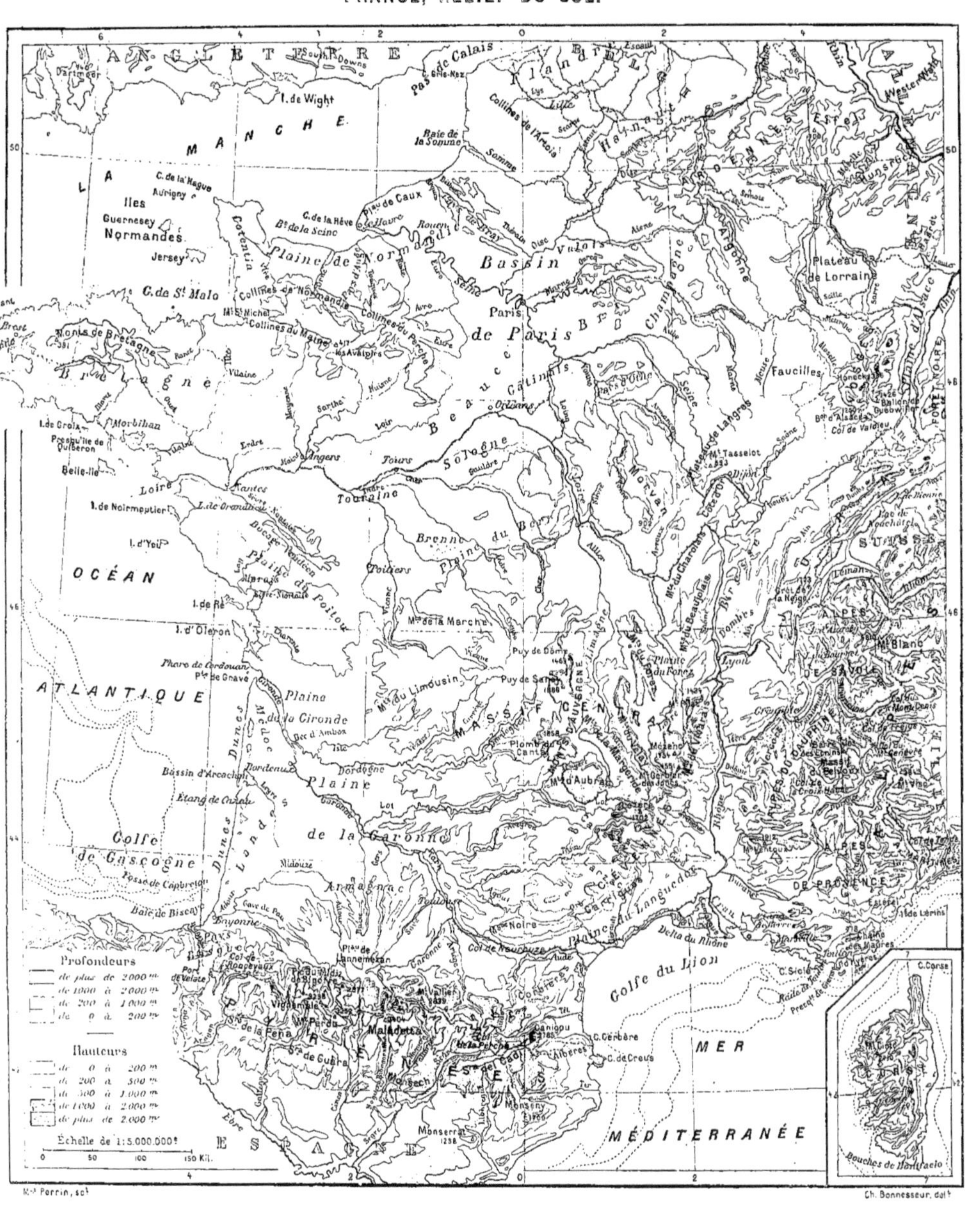

Mr Perrin, sct.   Ch. Bonnesseur, delt.

situé sur l'estuaire de la Garonne. Son commerce le plus important est celui des vins célèbres qui portent son nom.

Lille (200 000 hab.), dans le nord de la France, est une ville d'industrie produisant des machines, des objets en fer de toute sorte, des étoffes, du sucre, de la bière.

Toulouse (150 000 hab.), sur la Garonne, est le siège de grands établissements d'instruction.

Saint-Étienne (133 000 hab.) est situé au centre d'une région minière importante. Son industrie consiste en armes, machines et rubans.

Nantes (122 000 hab.) est un port de commerce sur l'estuaire de la Loire.

Le Havre (116 000 hab.), sur l'embouchure de la Seine, est en quelque sorte le port de Paris et le grand intermédiaire entre la France, l'Angleterre et l'Amérique du Nord.

Roubaix (114 000 hab.), non loin de Lille, fabrique d'immenses quantités de draps et d'étoffes diverses.

Rouen (112 000 hab.) est situé sur la Seine, à une assez grande distance de la mer; les gros navires peuvent cependant y arriver et il fait un grand commerce. C'est aussi une ville d'industrie : elle possède de nombreuses fabriques de toile et de cotonnades.

Reims (105 000 hab.) fabrique des lainages. C'est le centre de commerce des vins de Champagne.

345. La France possède d'importantes colonies; les principales sont :

En Afrique, l'*Algérie*, la *Tunisie*, la *Sénégambie*, le *Congo français*, *Obok*, l'île de la *Réunion* et *Madagascar*.

En Amérique, la *Guyane française*, la *Martinique* et la *Guadeloupe* dans les Petites-Antilles.

En Asie, l'*Annam*, le *Tonkin*, la *Cochinchine*, le *Cambodge* et quelques ports sur la côte de l'Hindoustan.

En Océanie, la *Nouvelle-Calédonie*, *Tahiti* et les îles de la *Société* et quelques autres archipels.

Questionnaire.

Quelles sont les bornes de la France? — A quels grands États touche-t-elle? — Montagnes? — Fleuves? — Climat? — Minéraux? — Agriculture? — Industrie? — Commerce? — Villes remarquables? — Parlez de Paris, Lyon, Marseille, Bordeaux, Lille, Toulouse, Saint-Étienne, Nantes, le Havre, Rouen, Roubaix, Reims. Énumérez les colonies de la France.

CONSEILS AUX MAITRES. — Faites dessiner le croquis de la France. Comparez la France à l'Angleterre, à l'Allemagne, à la Russie, à l'Autriche-Hongrie.

QUARANTE-HUITIÈME LEÇON.
Royaume d'Italie.

(Population : 30 millions d'habitants.)

346. **L'Italie** est dans sa partie méridionale une péninsule, où les *Apennins* se prolongent comme une grande arête; dans sa partie septentrionale, c'est une plaine dominée par les *Alpes*.

Elle est bornée à l'Ouest par la *mer Tyrrhénienne*, à l'Est par l'*Adriatique*.

Par le Nord, elle confine à la *France*, à la *Suisse*, à l'*Autriche*.

Les deux îles de *Sicile* et de *Sardaigne* appartiennent à l'Italie.

Le climat est *chaud*, le ciel bleu et pur. Les pluies, abondantes au Nord, le sont beaucoup moins dans la péninsule.

Le *Pô* est le seul fleuve considérable.

L'Italie est très pauvre en substances minérales. La *houille* fait défaut; le *soufre* seul est activement exploité.

Les cultures sont variées. La Lombardie est fertile en *céréales*; la péninsule a l'*oranger*, l'*olivier*, la **vigne**, qui donne un *vin* abondant, mais de qualité médiocre.

L'industrie, privée de houille, n'est pas et ne peut pas être intense, et le commerce, malgré l'admirable position de l'Italie au centre de la Méditerranée, est encore peu actif.

La population est dense en Italie, surtout dans la plaine lombarde.

Les grandes villes sont nombreuses, elles possèdent presque toutes de belles œuvres d'art. Aussi le pays est-il un des plus visités par les étrangers.

347. L'Italie a été jusqu'à ces derniers temps composée de plusieurs États, qui ne sont plus aujourd'hui que des groupes de divisions administratives. Les principaux étaient :

Le *royaume de Naples et de Sicile*, au Sud; les *États Pontificaux* et la *Toscane*, au Centre; le *royaume de Piémont*, la *Lombardie* et la *Vénétie*, au Nord.

La capitale est **Rome**. Les villes principales sont : **Naples, Palerme**, au Sud; **Florence**, au Centre; **Milan**, **Turin**, **Gênes, Venise**, au Nord.

Rome (440 000 hab.), sur le Tibre, est à la fois la *capitale du royaume* et le *séjour du Pape*. Rome est la ville la plus célèbre du monde. Nulle part on ne trouve autant de monuments et de ruines du passé.

Naples (510 000 hab.) est située sur un admirable golfe, au pied du Vésuve et au bord de la Méditerranée.

Palerme (273 000 hab.) est la grande ville et le port principal de la Sicile.

Florence attire beaucoup d'étrangers par la douceur de son climat, la beauté de ses monuments et de ses musées.

Milan (426 000 hab.), dans la plaine du Pô, et Turin (330 000 hab.), à la descente des Alpes, sont commerçantes et industrielles.

Venise est une agglomération de maisons et de palais bâtis sur pilotis, au milieu des lagunes. Les canaux y remplacent les rues, et des bateaux, appelés *gondoles*, servent de voitures.

Gênes est un port commerçant sur la Méditerranée.

Autres villes : *Bologne*, au nord des Apennins; *Messine*, en Sicile; *Brindisi*, au sud-est de l'Adriatique, grand port d'embarquement pour l'Orient.

L'Italie a entrepris d'acquérir des colonies en Afrique, dans le voisinage de la *mer Rouge*

Questionnaire.

Décrivez l'Italie. — Quelles sont ses montagnes? — Quels sont ses fleuves? — Quels sont les anciens États de la péninsule? — Quelles sont ses productions? — Quelles îles possède l'Italie? — Y a-t-il beaucoup de villes en Italie? — Pourquoi les étrangers y viennent-ils? — Villes principales? — Parlez de Naples, de Rome, de Florence, de Milan, de Venise. — Quelle est la population de l'Italie?

CONSEILS AUX MAITRES. — Faites dessiner le croquis de l'Italie et de ses îles. Faites sommairement l'historique de l'Italie.

QUARANTE-NEUVIÈME LEÇON. — Empire Ottoman. Espagne et Portugal.

EMPIRE OTTOMAN

(24 millions d'habitants.)
(Turquie d'Europe, 5 750 000 habitants.)

348. **L'Empire Ottoman** comprend la Turquie d'Europe et la Turquie d'Asie.

La **Turquie d'Europe** est un pays montagneux, avec des vallées fertiles.

Elle touche à l'*Adriatique*, à l'*Archipel*, à la *mer Noire*; elle confine à l'*Autriche*, à la *Serbie*, à la *Grèce*; elle possède l'île de **Crète** dans la Méditerranée.

Elle a perdu depuis 1878 une grande partie de son territoire.

La *Bulgarie* est indépendante. — La *Bosnie* et l'*Herzégovine* sont occupées par l'Autriche.

La plus grande partie de la population est composée de *Slaves* et de *Grecs*; les *Turcs* sont en minorité.

EXERCICES : Où est l'Italie par rapport à l'Égypte? — Qu'y a-t-il entre les deux pays? — Comment va-t-on de l'une à l'autre? — Tracez de mémoire la forme de l'Italie; marquez les plus grandes villes. — Tracez la Turquie d'Europe. — Indiquez de mémoire la position de Constantinople, du Bosphore, de la mer de Marmara.

M'le Perrin, sc!

Ch. Bonnesseur, del!

La capitale est **Constantinople** (873 000 hab.), dans une admirable position sur le Bosphore, qui ressemble à une rivière dont une rive serait asiatique, l'autre européenne.

Les villes principales sont : *Andrinople*, dans l'intérieur ; *Salonique*, port sur l'Archipel.

Le chef de l'Empire Ottoman porte le titre de *Sultan*.

(Pour la Turquie d'Asie, voir p. 74.)

L'Empire Ottoman possède en Afrique la *Régence de Tripoli* et un droit de suzeraineté sur l'*Égypte*.

ROYAUME D'ESPAGNE.

(17 millions d'habitants.)

349. **L'Espagne**, au sud de la *France*, entre l'*Atlantique* et la *Méditerranée*, se compose principalement d'un vaste plateau, coupé de hautes montagnes et peu arrosé.

Fleuves : le *Douro*, le *Tage*, le *Guadiana*, le *Guadalquivir*, l'*Èbre*.

Le climat est rude, si ce n'est au bord de la mer. Les écarts excessifs de chaleur et de froid atteignent leur maximum sur le plateau de Castille. Mais certaines vallées sont extrêmement fertiles.

Les formes massives de l'Espagne, son climat, ses fleuves intermittents rappellent en certains points l'Afrique du Nord.

L'Espagne possède de grandes richesses minérales : de la *houille*, du *fer*, du **cuivre**, du **plomb**, du **mercure**, etc., mais les exploite mal.

Elle produit beaucoup de **vin**, mais en général cultive peu son sol. Ses moutons *mérinos* sont célèbres. C'est avec la France que l'Espagne commerce le plus activement.

La capitale est **Madrid** (470 000 hab.), sur un plateau, au centre de la péninsule. Les hivers y sont froids, les étés très chauds.

Les villes principales sont : **Barcelone**, *Valence*, *Cadix*, *Séville*, *Malaga*.

Barcelone (272 000 hab.), sur la Méditerranée, est le plus grand port de commerce et la plus grande ville industrielle de l'Espagne.

Les *Baléares*, dans la *Méditerranée*, et les *îles Canaries*, dans l'*Atlantique*, appartiennent à l'Espagne.

Ses principales colonies sont : **Cuba** en Amérique, dans les Antilles, les *Philippines* en Océanie.

Gibraltar, place forte au sud de l'Espagne, appartient à l'Angleterre.

ROYAUME DE PORTUGAL.

(4 300 000 habitants.)

350. Le **Portugal**, à l'ouest de l'*Espagne*, occupe le versant océanique du plateau ibérique. Son relief est constitué par les dernières ramifications des montagnes espagnoles. Ces hauteurs arrêtent les nuées apportées par les vents humides qui soufflent de l'Océan. **Les pluies sont abondantes.** Le climat est chaud et plus égal que celui de l'Espagne.

Le Portugal possède le cours inférieur du *Douro*, du *Tage*.

Ses ressources minérales sont négligées et son agriculture reste arriérée. On y cultive l'*oranger*, le *citronnier*, la *vigne*.

Les grandes villes sont **Lisbonne** et *Oporto* ou *Porto*.

Lisbonne, capitale (245 000 hab.), est un grand port sur une des plus belles rades du monde, à l'embouchure du Tage.

Les *Açores* et l'*île Madère*, dans l'Atlantique, appartiennent au Portugal.

Ses principales colonies sont : en Afrique, le *Moçambique* et l'*Angola* ; en Asie, *Goa* et *Macao*.

Questionnaire.

Que comprend l'Empire Ottoman ? — Quelles sont les limites de la Turquie d'Europe ? — Quelle grande île possède-t-elle ? — Décrivez la Turquie d'Europe. — Est-elle demeurée intacte ? — Quelle en est la capitale ? — Décrivez-la. — Villes principales ? — Quel titre porte le chef de l'Empire Ottoman ? — Quelles sont les possessions de l'Empire Ottoman en Afrique ?

Où est l'Espagne ? — Décrivez-la. — Quels sont ses fleuves ? — Que produit-elle ? — Capitale ? — Villes principales ? — Parlez de Barcelone. — Colonies ? — Quel est le point important au sud de la péninsule ? — Où est le Portugal ? — Capitale ? — Grande ville ? — Décrivez Lisbonne. — Possessions et colonies ?

Constantinople : Vue prise de la Corne d'Or.

CONSEILS AUX MAÎTRES. — Faites dessiner le croquis de la presqu'île Ibérique et de la presqu'île des Balkans.

CINQUANTIÈME LEÇON. — **États secondaires de l'Europe.**

SUÈDE ET NORVÈGE.

(6 800 000 habitants.)

351. La **Suède** et la **Norvège** occupent la presqu'île Scandinave et

forment deux royaumes réunis sous un même roi.

Les Norvégiens sont surtout pêcheurs et marins. La Suède produit du *fer* et du bois.

La capitale de la Suède est **Stockholm**, port sur la Baltique. La capitale de la Norvège est *Christiania*.

DANEMARK.

(2 millions d'habitants.)

352. Le **Danemark**, situé au nord de l'Allemagne, a pour capitale **Copenhague**. L'*Islande* lui appartient.

PAYS-BAS.

(4 500 000 habitants.)

353. Les **Pays-Bas**, appelés aussi Hollande, sont bordés par la *mer du Nord*, et bornés à l'Est par l'*Allemagne*. La Hollande est un pays essentiellement *commerçant* et agricole.

La capitale est **Amsterdam** (330 000 hab.), mais La Haye est le siège du gouvernement.

Les Hollandais ont des colonies importantes : Sumatra, Java, *Bornéo*, les **Moluques**.

BELGIQUE.

(6 millions d'habitants.)

354. La **Belgique**, située au nord de la *France* et à l'ouest de l'*Allemagne*, est un pays de plaines fertiles, avec d'importantes mines de **houille**. On y fabrique surtout le *fer*, l'*acier*, les **tissus**.

Bruxelles (183 000 hab.) est la capitale du royaume. Anvers, sur l'*Escaut*, est un grand port.

SUISSE.

(3 millions d'habitants.)

355. La **Suisse** est à peu près au centre de l'Europe, entre l'*Autriche*, l'*Allemagne*, la *France*, l'*Italie*. C'est une république fédérale ; la grande richesse du pays est le *bétail*.

La capitale est *Berne* ; les villes principales sont *Zurich*, *Bâle*, *Genève*.

ROYAUME DE ROUMANIE.

(5 millions d'habitants.)

356. La Roumanie est une plaine fertile qui descend des Karpates au

Danube. Elle occupe en grande partie les bouches du fleuve. Elle se compose de la *Valachie* et de la *Moldavie* réunies.

La Roumanie forme un royaume.

La capitale est **Bukarest** (250 000 hab.).

Ville principale : *Iassi*.

ROYAUME DE SERBIE.

(2 millions d'habitants.)

357. La **Serbie**, au sud du *Danube*, entre l'*Autriche* et la *Turquie*, a pour capitale *Belgrade*, sur le Danube.

PRINCIPAUTÉ DE MONTÉNÉGRO.

(272 000 habitants.)

358. Le **Monténégro**, sur l'*Adriatique*, a pour capitale *Cettinyé*.

BULGARIE ET ROUMÉLIE ORIENTALE.

(3 300 000 habitants.)

359. La **Bulgarie** et la **Roumélie** orientale s'étendent entre le *Danube* et les *Balkans* jusqu'à la *mer Noire*.

Les deux pays, devenus indépendants, sont gouvernés par un *Prince* élu.

Les capitales sont *Philippopoli* pour la Roumélie orientale, et *Sofia* pour la Bulgarie.

ROYAUME DE GRÈCE.

(2 200 000 habitants.)

360. La **Grèce** est le pays le plus méridional de l'Europe.

Elle confine au Nord à la *Turquie*

La Grèce est découpée à l'infini, toute en presqu'îles montagneuses ou en îles semées dans la Méditerranée. Les îles *Ioniennes* à l'Ouest, l'*Eubée* et les *Cyclades* à l'Est, lui appartiennent.

Le sol, peu fertile, ne se prête qu'à la culture de l'*olivier* et de la *vigne*.

Mais la position de la Grèce, au point de l'Europe le plus rapproché de l'isthme de Suez, peut en faire la tête de ligne d'un grand transit d'Orient en Occident.

La Grèce n'a que deux millions d'habitants, mais les Grecs fixés à l'étranger et fidèles à la mère patrie sont quatre fois plus nombreux.

La capitale est **Athènes**, qui a pour port le *Pirée*. Athènes a été dans l'antiquité le centre des arts. Le plateau de l'*Acropole* qui domine la ville, contient les restes des plus beaux monu-

ments de l'architecture et de la sculpture.

Syra, dans les Cyclades, est un port commerçant.

Questionnaire.

CINQUANTE ET UNIÈME LEÇON. — **Commerce et voies de communication de l'Europe.**

COMMERCE ET COMMUNICATIONS

361. Le commerce par terre et par mer est très actif entre les différents pays d'Europe. Cela se comprend, puisque cette partie du monde est civilisée partout, et est celle qui offre les communications les plus faciles d'une extrémité à l'autre.

La France, l'Angleterre, l'Allemagne, la Belgique, l'Autriche, c'est-à-dire les pays de l'*Ouest* et du *Centre*, fournissent surtout des objets fabriqués ; la Suède-Norvège, la Russie, la Hongrie, la Turquie, l'Italie, fournissent surtout des productions naturelles ou *matières premières*.

Tous les États d'Europe sont aujourd'hui pourvus de lignes ferrées, et *toutes* les grandes villes de l'Europe continentale sont reliées à l'ensemble du réseau des chemins de fer. On peut ainsi aller de *Cadix* ou de *Lisbonne*, sur l'Atlantique, à *Orenbourg*, sur le fleuve Oural, ou bien au pied du *Caucase*, c'est-à-dire aux portes de l'Asie.

Entre les pays du Nord et du Sud, les voies ferrées sont encore plus nombreuses, surtout dans l'Europe centrale.

Pour faciliter l'établissement de chemins de fer entre la France, l'Allemagne, l'Autriche et l'Italie, trois tunnels

---

ont été percés à travers les Alpes : l'un *près du Mont-Cenis* (13 kilomètres de long), l'autre au *Saint-Gothard* (15 kilomètres); un troisième à l'*Arlberg* (10 kilomètres), au sud-est du lac de Constance.

362. Les communications maritimes ne sont pas moins importantes. Elles ont trois centres principaux :

La mer Baltique (ports de premier ordre : *Stockholm, Saint-Pétersbourg, Riga, Danzig, Copenhague*) et la mer du Nord (ports de premier ordre : Hambourg, *Brême*, Amsterdam, Rotterdam, Anvers, Londres, *Newcastle*);

L'océan Atlantique (ports de premier ordre : Glasgow, Liverpool, *Dublin, Southampton*, Le Havre, Bordeaux, *Lisbonne, Cadix*);

La Méditerranée (ports de premier ordre : *Barcelone*, Marseille, *Gênes, Palerme*, Trieste, *Constantinople, Odessa*).

L'Europe fait aussi un commerce considérable avec les autres parties du monde. Les *États de l'Atlantique* font surtout le commerce avec l'*Amérique*; les États de la *Méditerranée* avec le nord de l'Afrique, l'*Asie* et l'*Extrême Orient*.

Dans ce commerce, l'Europe fournit surtout les objets fabriqués, comme les *machines*, les *ustensiles* et *armes*, les *vêtements*, les articles de *luxe*.

Elle reçoit les matières premières ou les produits pour l'alimentation, comme l'*or* et l'*argent*, le *cuivre*, le *pétrole*, les *bois*, le *coton*, la *laine* et le *cuir*, les *drogueries*, le *sucre*, le *café*, le *thé*, le *blé*, les *viandes* conservées.

Le percement du canal de Suez a singulièrement facilité les rapports avec l'Asie et l'Océanie. En suivant le canal, au lieu de contourner l'Afrique, on abrège le trajet des deux tiers. Ainsi, on va aujourd'hui de Marseille au Japon en moins de deux mois; il en eût fallu autrefois près de cinq.

Les relations des États de l'Europe entre eux ou avec les autres parties du monde sont facilitées par un réseau de lignes télégraphiques, qui parcourt toute l'Europe, et par l'établissement de *câbles sous-marins*.

Les principaux relient : l'*Europe* à l'*Amérique du Nord* et à l'*Amérique du Sud*, à travers l'Atlantique; à l'*Afrique du Nord*, à travers la Méditerranée; à l'*Asie* et à l'*Océanie*, par la Méditerranée, l'océan Indien, l'océan Pacifique.

L'Angleterre est au *premier rang* pour la puissance industrielle; ensuite viennent la *France*, l'*Allemagne*, la *Belgique*.

L'Angleterre est également au premier rang pour la puissance commerciale et maritime; ensuite viennent la *France*, l'*Allemagne*, la *Hollande*, la *Suède-Norvège*, l'*Italie*.

Questionnaire.

Quels sont les pays d'Europe qui fournissent plutôt des objets fabriqués? — plutôt des matières premières? — Parlez des communications par chemins de fer. — Où y a-t-il de grands tunnels? — Quelle est leur utilité? — Quels sont les trois grands centres du commerce maritime? — Quels sont les ports de premier ordre sur la Baltique? — sur la mer du Nord? — sur l'Atlantique? — sur la Méditerranée? — Avec quels pays commercent surtout les États de l'Atlantique? — ceux de la Méditerranée? — Quels sont les principaux câbles sous-marins reliant l'Europe aux autres parties du monde? — Quels objets l'Europe fournit-elle surtout aux autres parties du monde? — Quels objets reçoit-elle? — Quels sont les avantages du percement de l'isthme de Suez? — Quels sont les États européens au premier rang pour l'industrie? — pour le commerce?

CONSEILS AUX MAÎTRES. — Faites dessiner le croquis de l'Europe et indiquer les principaux ports et les voies de communication. Sur un autre croquis de l'Europe faites marquer tous les principaux centres de production industrielle.

CHAPITRE IX

ASIE. — AFRIQUE. — AMÉRIQUE. OCÉANIE.

CINQUANTE-DEUXIÈME LEÇON. — **Asie physique.**

SITUATION. — BORNES.

363. L'**Asie** est la plus vaste et la plus peuplée des cinq parties du monde.

Elle est située en entier dans l'*hémisphère boréal*. L'Europe n'en forme, pour ainsi dire, que la pointe occidentale.

L'Asie est bornée au Nord par l'océan Glacial arctique; à l'Est, par l'océan Pacifique; au Sud, par l'*océan Indien*; au Sud-Ouest, par la *mer Rouge*; à l'Ouest, par la **mer Méditerranée**, la *mer Noire*, la *mer Caspienne*, les monts *Oural*.

CÔTES ET MERS.

364. La côte *septentrionale* de l'Asie, tournée vers l'**océan Glacial**, est presque toujours bordée de glaces.

Elle forme les golfes de l'Obi et de l'Iéniséi, le cap Tcheliouskin, et elle se termine au cap Oriental, à l'entrée du détroit de Béring, en face de l'*Amérique*.

La côte *orientale*, qui longe l'**océan Pacifique**, s'étend du cercle polaire à l'équateur. A son extrémité nord, elle est toujours sous la glace; à l'autre extrémité, elle n'a jamais d'hiver.

365. Cette côte est pour ainsi dire *doublée d'archipels*. Entre ces archipels et le continent, des mers intérieures communiquent avec l'océan Pacifique.

En partant du Nord, on rencontre : la **presqu'île du Kamtchatka** et l'archipel du Japon; la presqu'île de Corée, l'*île Formose* et l'Archipel des Philippines; l'île de Bornéo; la presqu'île d'Indo-Chine et celle de Malacca, terminée par le **cap Romania**, entre l'océan Pacifique et l'océan Indien.

Entre ces deux océans s'étendent les îles de **Sumatra**, **Java**, qui dépendent autant de l'*Asie* que de l'*Océanie*.

Presque toutes ces îles renferment des volcans; le plus beau est le *Fousi-Yama*, au Japon.

Les mers intérieures sont : la mer de Béring, la mer d'Okhotsk, la mer du Japon, la mer Jaune et la mer de Chine.

Dans la mer de Chine s'ouvrent les deux golfes de *Tonkin* et de *Siam*.

Le détroit de Malacca réunit l'*océan Pacifique* à l'*océan Indien*.

366. Les côtes *méridionales* longent l'**océan Indien** ou *mer des Indes*, du *cap Romania* à l'Est jusqu'à l'*Arabie* à l'Ouest.

Elles forment le golfe du Bengale, la presqu'île de l'Inde, terminée au Sud par le cap Comorin, le golfe d'Oman et le **golfe Persique**, reliés par le détroit d'Ormuz.

Plus à l'Ouest, on rencontre la presqu'île d'Arabie, puis le détroit de Bab-el-Mandeb, qui unit la *mer des Indes* à la *mer Rouge*.

La seule grande île est Ceylan, au sud-est de l'Inde.

La mer Rouge, très étroite, séparée de la Méditerranée par l'*isthme de Suez*, s'allonge entre l'*Asie* et l'*Afrique*.

367. Sur la **Méditerranée** s'étendent la *côte de* Syrie, les *îles de* Chypre et *de Rhodes*, et les côtes de l'Asie Mineure, que longent aussi l'*Archipel* et la *mer Noire*.

La mer Caspienne n'est qu'un bassin d'eau salée, sans communication avec les océans.

RELIEF DU SOL. — OROGRAPHIE.

368. L'Asie possède les plus hautes montagnes et les plateaux les plus élevés du Globe.

Le centre du continent est formé d'un vaste enchevêtrement de monta-

gnes, dont le nœud central porte le nom de **Pamir**.

Le Pamir projette plusieurs chaines vers les extrémités de l'Asie, et la divise ainsi en régions distinctes. Pour passer d'une région à l'autre, il faut toujours franchir quelque grande *chaine de montagnes.*

Pays à l'ouest du Pamir. — A l'ouest du Pamir, une rangée de plateaux ou de chaines va toucher à la Méditerranée. Ce sont le **plateau de l'Iran**, le **plateau d'Asie Mineure** et la chaine du **Caucase.**

369. *Pays au sud-est du Pamir.* — Au sud-est du Pamir commence une triple

Exercices : Tracez la forme générale de l'Asie et les grandes chaines de montagnes qui la parcourent. — Expliquez pourquoi il doit faire plus froid sur le Thibet qu'au Caire, quoique la latitude des deux points soit la même

chaîne, *qui domine toutes les autres montagnes du monde* : les monts **Himalaya**, **Karakorum**, **Kouen-Lun**. Le point culminant est le *Gaourisankar* (8840 mètres), dans l'Himalaya. Certains glaciers de l'Himalaya ont plus de 50 kilomètres de longueur.

Entre l'Himalaya, le Kouen-Lun et le Karakorum s'étend le **plateau du Thibet**, haut de 5000 mètres et comme isolé du reste de la Terre.

370. *Pays au nord-est du Pamir.* — Au *nord-est* du Pamir, une troisième suite de chaînes aboutit à l'extrémité nord-est de l'Asie. Les principales sont :

Les monts Tian-Chan.

les monts **Thian-Chan**, les monts **Altaï**, les *monts Stanovoï* et les volcans du *Kamtchatka*.

Entre les monts Thian-Chan, Altaï et Kouen-Lun s'ouvre le **Turkestan oriental** ou **Kachgarie**. C'est un immense espace de terrain enfermé de tous côtés. Au Nord-Est, il prend le nom de **Gobi** ou **Chamo**.

Au *nord* des monts Thian-Chan et Altaï, jusqu'à l'océan Glacial, est la grande **plaine de Sibérie**.

371. *Pays au nord-ouest du Pamir.* — Au *nord-ouest* et à l'*ouest* du Pamir s'étend la plaine du **Turkestan occidental**.

Le *sud* du continent offre quelques plateaux isolés : le *plateau d'Arabie* et le *plateau du Dekkan*.

HYDROGRAPHIE.

372. L'Asie se partage en trois grands versants extérieurs : ceux de l'**océan Glacial**, du **Pacifique** et de la **mer des Indes**, et en plusieurs grands *bassins intérieurs ou fermés* : ceux de la mer Caspienne, du lac d'Aral, du Lob-Nor (lac Lob).

Bassins fermés. — La mer Caspienne reçoit l'**Oural** entre l'Europe et l'Asie. Le lac d'Aral reçoit le Syr-Daria et l'Amou-Daria. Le Lob-Nor reçoit le *Tarim*.

Tout à fait à l'ouest de l'Asie, près de la Méditerranée, un lac salé, la mer Morte ou lac Asphaltite, à 400 mètres au-dessous des mers, reçoit le *Jourdain*.

Dans ces bassins intérieurs, les eaux sont peu abondantes, à cause de la rareté des pluies, et se perdent souvent dans les sables.

373. *Bassins extérieurs.* — Les bassins extérieurs reçoivent, au contraire, des pluies ou des neiges abondantes, et sont très arrosés.

Versant de l'océan Glacial. — Les trois principaux cours d'eau sont l'**Obi**, l'**Iéniséi** et la **Léna**.

L'Obi forme à son embouchure un golfe étendu. Son plus grand affluent est l'*Irtych*.

L'Iéniséi reçoit l'*Angara*, sortie du lac Baïkal.

Ces fleuves sont chargés de glace pendant les trois quarts de l'année. Leurs rives, boisées ou cultivées vers le Sud, deviennent désertes au Nord.

374. **Versant du Pacifique.** — Les principaux fleuves sont : l'**Amour**, le **Hoang-Ho**, le **Yang-tsé-Kiang**, le **Mé-Kong**.

L'Amour se jette au sud de la mer d'Okhotsk.

Le Hoang-Ho, ou *fleuve Jaune*, se jette dans la *mer Jaune*. Il change parfois d'embouchure, en détruisant tout sur son passage.

Le Yang-tsé-Kiang traverse un pays très riche et très peuplé, et se jette au sud de la mer Jaune.

Le Mé-Kong ou *Cambodge* se jette dans la *mer de Chine*.

375. **Versant de l'océan Indien.** — Les principaux fleuves sont : l'**Irraouaddi**, le **Gange** avec le **Brahmapoutra**, l'**Indus**, le **Tigre** avec l'**Euphrate**.

L'Irraouaddi se jette dans le *golfe du Bengale*.

Le Gange et le Brahmapoutra descendent des monts Himalaya. Ils forment ensemble un vaste delta et se jettent dans le *golfe du Bengale*.

L'Indus ou *Sindh* se jette dans le *golfe d'Oman*. — Le Tigre et l'Euphrate forment le **Chatt-el-Arab**, qui se jette dans le *golfe Persique*.

Questionnaire sur l'Asie.

Dans quel hémisphère est l'Asie? — Quelles sont ses bornes? — L'Asie touche-t-elle à l'Europe?

Décrivez la côte de l'océan Glacial. — Décrivez la côte du Pacifique. — Quelles sont ses îles et presqu'îles? — Quelles sont ses mers principales? — Citez des îles qui appartiennent autant à l'Asie qu'à l'Océanie.

Caps, golfes ou mers de l'océan Indien? — Grandes presqu'îles? — Décrivez la mer Rouge. — L'Asie touche-t-elle à la Méditerranée et à la mer Noire?

Où sont les plus hautes montagnes et les plus hauts plateaux du monde? — Quel est le centre de l'Asie? — Quels sont les plateaux ou chaînes à l'ouest du Pamir? — Au sud-est? — Décrivez l'Himalaya; le plateau du Thibet. — Quels sont les plateaux ou chaînes au nord-est du Pamir? — Où est la plaine de Sibérie? — Y a-t-il quelques plateaux à part?

Combien y a-t-il en Asie de grands versants extérieurs? — de grands bassins fermés? — Indiquez les fleuves des bassins de la mer Caspienne; du lac d'Aral; du Lob-Nor; de la mer Morte. — Que présentent de particulier ces fleuves? — Fleuves de l'océan Glacial? — Fleuves du Pacifique? — Fleuves de l'océan Indien?

CARTE DE L'ASIE. — Pour dessiner de mémoire le croquis de l'Asie, on peut procéder de la manière suivante. Tracer une ligne horizontale AB. Le point A sera la côte de l'Asie Mineure et le point B la côte de la Corée. Par le point C, milieu de AB, élever les perpendiculaires CD à peu près égale à AC et CE égale aux deux tiers de AC. Le point D sera le cap Comorin et le point E le golfe de l'Obi. Du point F, milieu de CB, mener les perpendiculaires FG égale à AC et FH égale aux trois quarts de AC. Le point G sera l'isthme de Kraw et le point H les bouches de la Léna. Tracer la ligne EHK, égale à AC. Le point K sera le golfe d'Anadyr. Par le point L situé aux deux tiers de CD, à partir de C, mener LM égale à un peu plus des trois quarts de AC, et LN égale aux deux tiers de AC. Le point M sera la côte d'Arabie sur la mer Rouge et le point N le golfe du Tonkin. Cette ligne passe en outre par la presqu'île de Goudjerat et le delta du Gange. Le nord de la mer Caspienne se trouve en P milieu de AC. Un arc de cercle mené par les points KRN détermine la direction générale de la côte orientale de l'Asie. Ces points de repère sont faciles à déterminer si l'on remarque que AC ou $\frac{AB}{2}$ est notre unité de mesure, et que toutes les lignes tracées sont égales à cette ligne, ou aux deux tiers ou trois quarts de cette ligne.

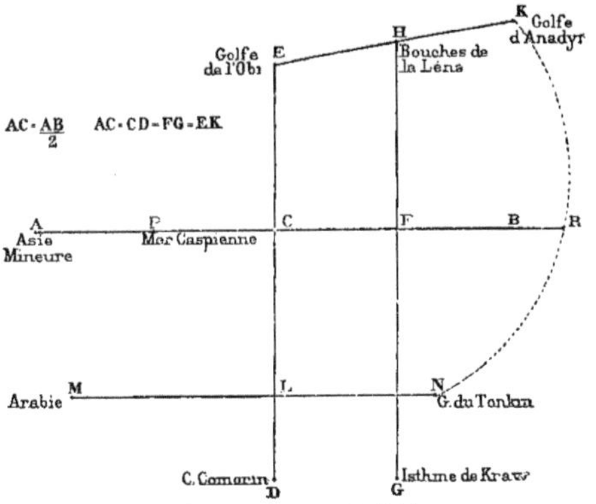

Croquis pour la carte d'Asie.

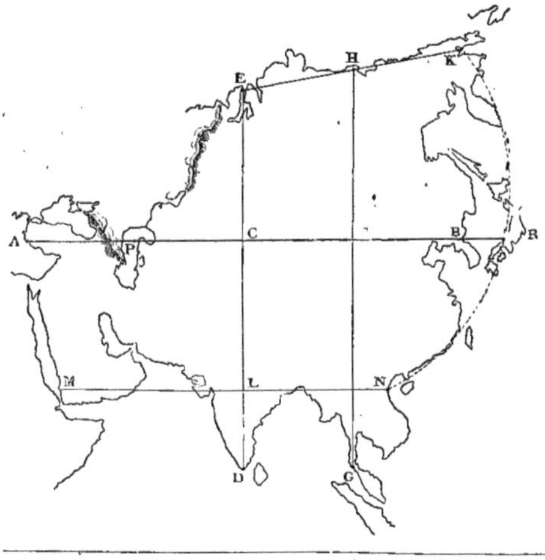

CINQUANTE-TROISIÈME LEÇON. — Asie politique.

GÉOGRAPHIE POLITIQUE ET ÉCONOMIQUE.

376. Les habitants indigènes de l'Asie appartiennent dans l'*Est* à la **race jaune**, dans le *Sud* et l'*Ouest* à la **race blanche**.

Les trois religions dominantes sont : le mahométisme dans le Sud et l'Ouest, le brahmanisme dans le Sud, le bouddhisme dans l'Est.

La moitié du sol de l'Asie est possédée par des nations européennes; mais la partie demeurée indépendante renferme la plus grande population.

377. 1° *Pays de la mer Caspienne et de l'océan Glacial.* — L'**Empire Russe** s'étend, en Asie, de la *mer Noire* à l'*océan Pacifique*, et du plateau de *Pamir* à l'*océan Glacial*. Il ne cesse pas de s'agrandir vers le centre du continent.

La Russie d'Asie se compose de la **Sibérie**, du **Turkestan occidental**, de la **Lieutenance du Caucase**; elle n'a que 14 millions d'habitants, sur un espace beaucoup plus grand que l'Europe.

Il y a en Sibérie des mines d'*or* et d'*argent*, où travaillent les déportés. Les villes principales sont *Irkoutsk* à l'Est et *Tobolsk* à l'Ouest.

La Lieutenance du Caucase a pour capitale *Tiflis*.

378. 2° *Pays de l'océan Pacifique.* — L'**Empire Chinois** occupe la partie centrale de l'Asie, et s'étend, à l'Est, le long du *Pacifique*. Il comprend la *Mandchourie*, la *Mongolie*, le *Thibet*. La *Corée* est tributaire de cet empire.

La partie la plus riche est la **Chine**, proprement dite, bordée par l'océan Pacifique.

La Chine produit le **thé** et la soie. Les Chinois sont habiles aux ouvrages délicats; ils fabriquent la **porcelaine** et travaillent le *bois*.

Leur civilisation est une des plus anciennes du monde; mais elle s'est pendant longtemps isolée du reste de la Terre.

La population de l'Empire Chinois approche de 400 *millions* d'habitants, qui appartiennent à deux familles faisant partie de la race jaune : la famille Tartare ou **Mandchoue**, et la famille **Chinoise**. Les Chinois ont la peau jaune, les yeux obliques; ils portent les cheveux réunis en une grande tresse et sont vêtus d'une longue robe.

379. C'est la Chine qui, après l'Europe, a les plus grandes villes. Mais la plupart sont peu connues, et leur population n'est évaluée qu'approximativement. Parmi les principales villes sont **Pékin** (1 300 000 à 1 600 000 hab.), capitale de l'Empire, et Canton.

La Chine a été longtemps fermée aux étrangers, qui aujourd'hui sont admis dans vingt ports environ. Le plus important est Chang-Haï.

La Chine n'a pas encore de chemins de fer. Ses grands chemins sont ses fleuves, larges et profonds. Le canal impérial met en communication le Nord et le Sud.

380. Le **Japon** est un archipel sur le Pacifique. La plus grande île est Nipon.

Les productions principales sont le thé, la soie. Les Japonais sont très intelligents, artistes, ingénieux. Ils

---

EXERCICES : Marquez approximativement sur un croquis de l'Asie la place des régions de déserts. — Résumez les principales productions naturelles de l'Asie. — Les races en Asie. Les hommes pouvaient-ils se grouper de la même façon qu'en Europe? Énumérez les États asiatiques indépendants. — Croquis très sommaire de l'Empire Russe.

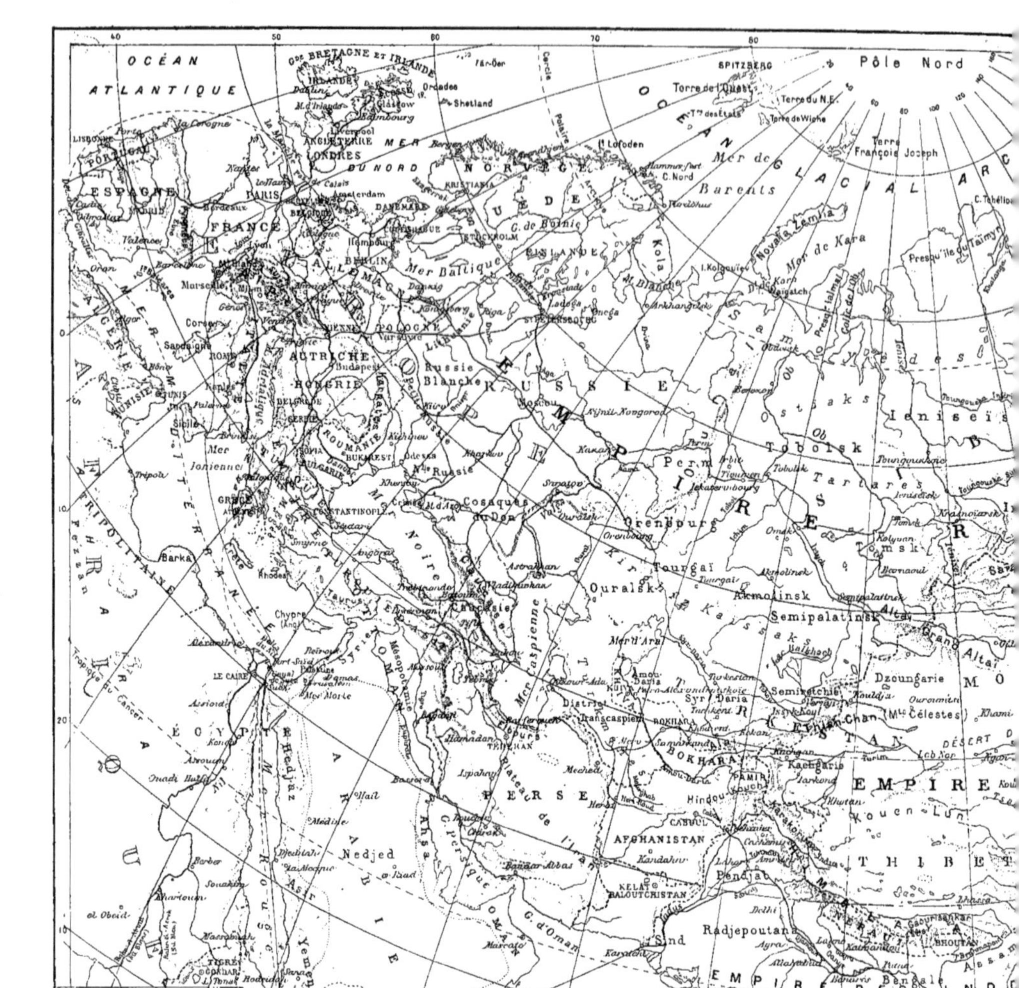

OCÉAN ATLANTIQUE
Pôle Nord
SPITZBERG
OCÉAN GLACIAL ARCTIQUE
Gde BRETAGNE et IRLANDE
IRLANDE
LONDRES
ANGLETERRE
MER DU NORD
NORVÈGE
SUÈDE
FINLANDE
DANEMARK
PORTUGAL
LISBONNE
ESPAGNE
FRANCE
PARIS
ALLEMAGNE
BERLIN
Mer Baltique
AUTRICHE
HONGRIE
POLOGNE
ROUMANIE
BULGARIE
GRÈCE
Mer Ionienne
TURQUIE
RUSSIE
Russie Blanche
Moscou
St PÉTERSBOURG
EMPIRE RUSSE
Mer Noire
CONSTANTINOPLE
Smyrne
Chypre
Beyrouth
Damas
Jérusalem
LE CAIRE
ÉGYPTE
Mer Rouge
Médine
Nedjed
Yémen
G. d'Aden
MER D'OMAN
Mer Caspienne
Mer d'Aral
PERSE
Téhéran
AFGHANISTAN
Caboul
Kandahar
BALOUTCHISTAN
BOKHARA
Syr Daria
TURKESTAN
PAMIR
Hindou Kouch
EMPIRE CHINOIS
THIBET
Kouen-Lun
Grand Altaï
Semipalatinsk
Tobolsk
Tomsk
Orenbourg
Ouralsk
Delhi
EMPIRE DES INDES
CALCUTTA
Bombay
Madras
GOLFE DU BENGALE
Ceylan
C. Comorin
Iles Maldives (Ang)
Iles Laquedives (Ang)
OCÉAN INDIEN
MER DE CHINE
BORNÉO
CÉLÈBES
INDES NÉERLANDAISES
Mer de Java
BATAVIA
JAVA
M. de Banda
Flores
TIMOR
Mer de Timor
Équateur
Principaux Chemins de fer
Principales Routes
Lignes de Paquebots français
Lignes de Paquebots étrangers
Échelle de 1:40.000.000e
0   500   1000 kil.

excellent à fabriquer la **porcelaine**, la **laque**, et à travailler le **bronze**. Ils ont adopté en partie la civilisation européenne.

La population est de 40 millions d'habitants.

La capitale est **Yeddo** ou **Tokio** (1 160 000 habitants).

Les principaux ports ouverts aux Européens sont *Yokohama* et *Nagasaki*.

381. L'**Indo-Chine**, située au sud-est de l'Asie, est un pays chaud et couvert de vastes forêts. Les principaux États sont :

Le royaume de **Siam**, capitale *Bangkok* ;

La **Birmanie**, capitale *Mandalé* ;

La **Cochinchine française**, dont la capitale est *Saïgon* ; le **Tonkin**, capitale *Hanoï* ; l'**Annam**, capitale *Hué*.

Exercices : Croquis très sommaire de l'Empire Chinois. — Résumez tout ce que vous savez sur la géographie physique, économique et politique de la Chine. — Même devoir pour le Japon. — Comparez le Japon et la Chine. — L'Indo-Chine ; géographie physique ; États qui la composent.

382. 3° *Pays de la mer des Indes et de la Méditerranée.* — L'**Angleterre** est la puissance dominante dans le *Sud* de l'Asie (comme la **Russie** dans le *Nord*, la **Chine** dans l'*Est*). Elle possède le grand **Empire des Indes**, qui s'étend entre l'*océan Indien* et l'*Himalaya*, avec l'île de **Ceylan**.

383. L'**Inde** a un grand nombre de productions naturelles : le *riz*, l'*indigo*, le *coton*, l'*opium*, les *bois*, les *diamants*. La population, qui dépasse 250 *millions* d'habitants, est soumise à un vice-roi anglais, représentant la reine d'Angleterre, impératrice des Indes.

Les plus grandes villes sont : dans le Nord, **Calcutta**; à l'Ouest, **Bombay**; au Sud-Est, **Madras**.

Bombay, *Madras* et *Calcutta* sont reliées par des chemins de fer.

384. L'**Afghanistan**, le *Béloutchistan*, la **Perse**, occupent le plateau de l'Iran, de la *Caspienne* à la *mer d'Oman*.

L'Afghanistan a pour villes principales *Hérat* et *Caboul*. Il est important par sa situation entre les possessions russes et anglaises.

385. La **Perse** a pour capitale *Téhéran*; pour ville principale *Tauris*.

Questionnaire.

Comment est divisée l'Asie pour la géographie politique? — Que comprend l'Empire Russe en Asie? — Villes? — Quels pays comprend l'Empire Chinois? — Quelles sont ses industries? — La Chine est-elle civilisée depuis longtemps? — Population de l'Empire? — Grandes villes? — Les étrangers sont-ils admis en Chine? — Où est le Japon? — Parlez des Japonais. — Capitale? — Villes ouvertes aux Européens?

Où est située l'Indo-Chine? — Quels sont les grands États et leurs capitales? — Les colonies européennes? — Qu'est-ce que l'Empire des Indes? — Où s'étend-il? — Productions de l'Inde? — Population? — Quelles sont les grandes villes? — L'Inde a-t-elle des chemins de fer? — Quelles sont les autres possessions des Anglais en Asie? — Énumérez les États du plateau de l'Iran avec leurs villes.

Conseil aux maîtres. — Faites dessiner le croquis de l'Asie et indiquer la position des différents États et des villes principales.

CINQUANTE-QUATRIÈME LEÇON. — **Asie politique.** — **Turquie d'Asie.** — **Arabie.** — **Climats de l'Asie et productions.** — **Voies de communication.**

386. L'**Empire Ottoman** possède la **Turquie d'Asie** et l'**Arabie**.

Cet ensemble de pays comprend, au Nord, l'*Asie Mineure*; au Centre, la *Mésopotamie*, la *Syrie* et la *Palestine*; au Sud, une partie de l'*Arabie*.

L'**Asie Mineure** est un plateau qui se rattache par les montagnes d'Arménie au relief asiatique. Ce plateau, comme celui de l'Iran, a des vallées très fertiles dans les montagnes qui le traversent. Mais le centre est sec et aride.

La **Mésopotamie** est une plaine arrosée par le *Tigre* et l'*Euphrate*. Sans ces deux fleuves elle ne serait qu'un désert. Elle a une certaine importance commerciale comme *grande voie de communication* entre la Méditerranée et le golfe Persique.

La **Syrie** et la **Palestine** sont des pays accidentés, très chauds dans les vallées, fertiles dans le voisinage des cours d'eau.

L'**Arabie** est un plateau, remarquable par sa ressemblance avec le Sahara africain. Toute la partie centrale est un vaste désert, avec quelques oasis.

L'Empire Turc en Asie est plus de trois fois grand comme la France.

La population ne dépasse pas 17 millions d'habitants.

Seules les côtes de la Méditerranée sont fréquentées; là se trouvent les nombreux ports appelés *Échelles du Levant*.

Les villes principales de la Turquie d'Asie sont : **Smyrne** et *Beïrout* (ports sur la Méditerranée) ; *Jérusalem* ; *Damas*; *la Mecque* (le lieu de pèlerinage des musulmans).

387. L'**Angleterre** possède aussi en Asie *Aden* et l'*îlot de Périm*, à l'entrée de la mer Rouge.

La **France** possède dans l'Inde cinq villes, dont la principale est *Pondichéry*.

Goa, dans l'Inde, et *Macao*, en Chine, appartiennent au **Portugal**.

CLIMATS. — PRODUCTIONS.

388. Comme l'Asie est voisine du *pôle* au Nord, et de l'*équateur* au Sud, elle offre plusieurs *climats* très différents, depuis l'hiver qui dure presque toute l'année jusqu'à l'été continuel. En général, les climats y sont *extrêmes*, c'est-à-dire ou très froids ou très chauds.

La **Sibérie** est une des régions les plus froides du Globe, parce qu'elle est septentrionale et que rien ne la protège du côté du pôle.

Les plateaux du **Pamir** et du **Thibet** sont froids ; mais certaines parties produisent de l'herbe en été et nourrissent des troupeaux.

Les deux plaines du **Turkestan** sont en grande partie privées de végétation, à cause du manque de pluies. En hiver, il y fait presque aussi froid que sur les bords de l'océan Glacial; en été, la chaleur est étouffante, et l'air toujours plein d'une poussière fine soulevée par le vent.

Les plateaux de l'**Iran** et de l'**Asie Mineure** ont également un climat assez inégal en chaleur et en froid et renferment des *déserts*.

Dans l'**Arabie**, l'**Inde**, l'**Indo-Chine**, il fait toujours chaud.

L'*Arabie* est plutôt sèche et assez saine, mais en grande partie rocheuse et déserte.

L'*Inde* et l'*Indo-Chine*, au contraire, sont très fertiles, mais brûlantes, humides et malsaines pour les Européens. Des vents réguliers, qu'on appelle *moussons*, y soufflent, en venant de la terre pendant la moitié de l'année, et de la mer pendant l'autre moitié. Aussi l'année y est-elle partagée

EXERCICES : Faites le tracé de la presqu'île de l'Inde, de l'Arabie. — Croquis de l'Empire Ottoman en Asie. — Résumez tout ce que vous savez sur l'Empire Ottoman en Europe, en Asie, en Afrique (voir le texte de ces différentes parties du monde). — Comparez la situation des Russes et celle des Anglais en Asie. — Croquis de la Méditerranée orientale, en indiquant à quels États appartiennent les côtes et les îles principales.

en deux saisons, l'une où il ne pleut presque jamais, l'autre où il pleut presque toujours.

La **Chine** et le **Japon** jouissent d'un climat tempéré, à cause du voisinage du Pacifique. Cependant la côte chinoise est, à latitude égale, plus froide que les côtes européennes.

389. Les *productions* de l'Asie varient suivant les régions.

La **Sibérie** a des forêts de sapins et de bouleaux, des mines de *métaux précieux*; dans le Sud, elle produit même des grains. Les principaux animaux sont le *renne* et les quadrupèdes à riche *fourrure*.

La **Chine** et le **Japon** produisent le riz, qui est la principale nourriture de leurs habitants, le thé, et un grand nombre de *plantes* et de *bois précieux*, particulièrement le *bambou*.

L'**Inde**, l'**Indo-Chine** et les îles avoisinantes sont d'une étonnante fertilité; elles produisent le *riz*, le *sucre*, l'*indigo*. On y trouve beaucoup d'animaux sauvages : éléphants, tigres, serpents.

L'*Arabie* produit moins que l'Inde, et ses productions sont peu exploitées; mais on y récolte le meilleur café, celui de *Moka*.

Dans le **Turkestan**, le plateau de l'Iran et l'Asie Mineure, il n'y a de végétation qu'au bord des rivières. Les eaux courantes sont dirigées par des canaux innombrables à travers les terres et les transforment en jardins remplis d'arbres fruitiers.

VOIES DE COMMUNICATION.

390. Dans l'intérieur de l'Asie les communications sont très difficiles, à cause des déserts ou des hautes chaînes de montagnes, et le commerce se fait encore aujourd'hui par caravanes. L'*Inde* seule possède plusieurs grandes lignes de chemins de fer.

C'est la *mer* qui est le lien entre l'*Asie* et les autres parties du monde, surtout depuis le percement du canal de Suez.

Entre l'*Europe* et l'*Asie*, les principaux ports intermédiaires sont : *Bombay*, Pointe de Galle (dans l'île de Ceylan), *Madras*, *Calcutta*, *Singapour*, *Saïgon*, *Hong-Kong*, *Chang-Haï*, *Yokohama*.

La **Chine** et le **Japon** ont des relations actives avec l'Amérique du Nord, et surtout avec **San-Francisco**.

391. *Importance de l'Asie dans la géographie et dans l'histoire.* — L'Asie est le pays du monde qui offre les plus grands contrastes : l'extrême froid et l'extrême chaud, la plus grande pauvreté du sol et les plus riches productions, les plaines les plus basses et les montagnes les plus hautes.

C'est de l'Asie que sont parties les grandes émigrations et les grandes invasions en Europe. Aujourd'hui encore le centre est occupé par des millions d'hommes nomades et à demi barbares.

Questionnaire.

Que possède en Asie la Turquie? — Décrivez le territoire. — Quelles sont les villes? — Quelle est l'importance des Échelles du Levant?

Que présente de particulier le climat de l'Asie? — Montrez à quoi tiennent ces particularités. — Décrivez le climat de la Sibérie; des deux Turkestans; de l'Arabie; de l'Inde; de l'Indo-Chine; de la Chine et du Japon. — La côte chinoise est-elle partout très chaude? — Qu'est-ce que les moussons? — Quel est le résultat des moussons?

Productions de la Sibérie? de la Chine et du Japon? de l'Inde et de l'Indo-Chine? de l'Arabie? du Turkestan, de l'Iran et de l'Asie Mineure?

Les communications sont-elles faciles en Asie? — Où y a-t-il des chemins de fer? — Par où se font surtout les communications avec l'Europe? — Quels sont les principaux ports? — Importance de l'isthme de Suez pour la facilité des communications? — Y a-t-il des communications commerciales à travers le Pacifique?

Résumé. — Quels sont les deux États de l'Europe qui possèdent en Asie les plus grands territoires? — Montrez comment ces territoires sont placés l'un par rapport à l'autre. — Quelles sont les possessions de la France? du Portugal? de l'Empire Ottoman? — Reprenez l'énumération des possessions de l'Angleterre dans les différentes parties de l'Asie. — Quels sont les deux États les plus importants parmi les États indépendants? — Montrez les contrastes géographiques que présente l'Asie. — Indiquez le rôle qu'ont joué ses peuples dans l'histoire du monde.

CONSEILS AUX MAÎTRES. — Faites dessiner le croquis de l'Asie et marquer sommairement la place des États et des principales villes. Faites faire le croquis de la Turquie d'Asie et de l'Arabie. Faites énumérer les possessions anglaises en Asie, les possessions russes et les possessions françaises et portugaises.

CINQUANTE-CINQUIÈME LEÇON. — **Afrique physique**.

SITUATION. — BORNES.

392. L'**Afrique** est située au sud-ouest de l'Ancien Continent.

L'équateur *la traverse*. Elle est trois fois plus grande que l'Europe, mais moins grande que l'Asie ou l'Amérique.

L'**Afrique** est rattachée à l'Asie par l'isthme de Suez. Elle est bornée au Nord par la **mer Méditerranée**; à l'Ouest, par l'**océan Atlantique**; à l'Est, par l'**océan Indien**, la **mer Rouge**, et l'*isthme de Suez*.

CÔTES ET MERS.

393. Les côtes de l'Afrique sont fort peu découpées. Cette partie du monde est la plus massive de toutes.

Sur le littoral de la **Méditerranée** se trouvent les *golfes de la Sidre* et de *Gabès*, le **cap Bon**, le **cap Blanc de Bizerte**, le **détroit de Gibraltar**.

Sur la côte de l'**Atlantique**, le point le plus avancé *vers l'Ouest* est le **cap Vert**; la partie la plus enfoncée forme le **golfe de Guinée**. Au Sud se trouvent la *baie de la Table*, le **cap de Bonne-Espérance**.

Le littoral de l'**océan Indien** s'étend jusqu'au cap **Guardafui**; puis, par le détroit de **Bab-el-Mandeb** et par la **mer Rouge**, il va rejoindre l'*isthme de Suez*.

394. Les principales îles africaines sont : dans l'Atlantique, les *Açores*, **Madère**, les **Canaries**, les *îles du Cap-Vert*, au Nord-Ouest; *Fernando-Po* et *Saint-Thomas*, dans le golfe de Guinée; l'*îlot de Sainte-Hélène*. Dans l'océan **Indien**, la grande île de Madagascar, séparée du continent par le canal de **Mozambique**; l'île de la Réunion, l'île **Maurice**, l'île de *Zanzibar*, l'île de *Socotora*.

RELIEF DU SOL. — OROGRAPHIE.

395. L'Afrique est encore incomplètement connue. Cependant *on peut la diviser en deux parties* : la **partie septentrionale**, plus large, entre la mer Rouge, la Méditerranée et l'Atlantique; la **partie méridionale**, plus étroite, avec une pointe dirigée vers le Sud. — La partie septentrionale présente surtout des **plaines**; la partie méridionale forme un **plateau**.

Les plus grandes chaînes de montagnes se trouvent sur le *pourtour* de l'Afrique, le long des côtes ou dans les îles. Ainsi, le *Pic de Ténérife* (3700 mètres) se dresse dans les Canaries.

396. Le **plateau équatorial** s'élève entre deux bourrelets de montagnes, à l'Est et à l'Ouest. Celles de l'Est sont les plus élevées; les *monts Kénia* et *Kilima-Ndjaro* (5 à 6000 m.), quoique situés près de l'équateur, portent des neiges perpétuelles. Celles de l'Ouest sont les *monts Cameroun*. Le plateau est fertile et peuplé.

EXERCICES : Le relief de l'Afrique. Comparez-le à celui de l'Europe et à celui de l'Asie. — Faites le croquis du Nil. — Même devoir pour le Congo. — Les fleuves d'Afrique. Valent-ils ceux de l'Asie et de l'Europe? Expliquez votre réponse. — Les déserts d'Afrique et d'Asie.

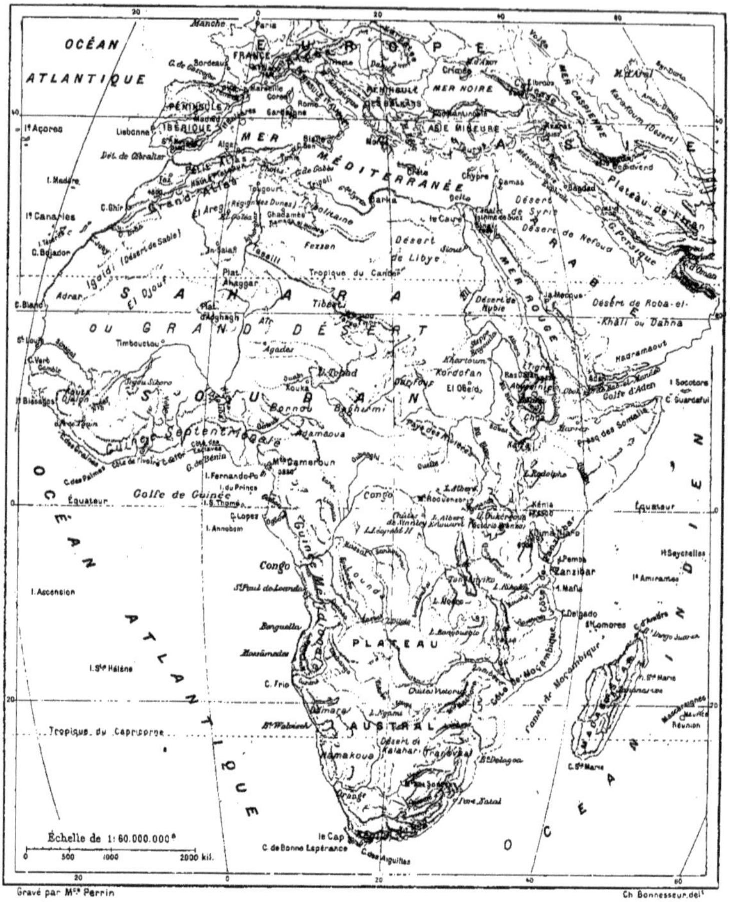

Gravé par Mlle Perrin — Ch Bonnesseur del.

La grande région de plaines au nord de l'équateur n'a que quelques massifs de montagnes, voisins de la mer : les **monts d'Abyssinie** à l'Est, les **monts Atlas** au Nord-Ouest, le **Cameroun** au Sud-Ouest.

Elle se divise en deux parties : au Sud, le **Soudan**, très chaud, mais fertile et peuplé ; au Nord, le **Sahara**.

Le *Sahara*, ou *grand désert*, est aussi étendu que les deux tiers de l'Europe ; il se compose de plaines sablonneuses ou rocheuses, brûlées par le soleil. A de grands intervalles s'étendent des **oasis**, où une source permet aux palmiers de croître et à un petit nombre d'hommes d'habiter.

HYDROGRAPHIE.

397. L'Afrique est inégalement arrosée. Quelques-uns de ses cours d'eau ne coulent que pendant une partie de l'année ; d'autres, surtout dans le *Sahara*, sont souterrains, ou se perdent dans les sables. Les grands fleuves sont entrecoupés de cataractes, qui entravent la navigation. — Le *plateau équatorial*, qui reçoit des *pluies abondantes*, est le point de départ de la plupart des cours d'eau africains.

On y trouve de grands lacs ; les principaux sont : les lacs **Victoria**, **Albert**, **Tanganyka**, **Nyassa**. De là les eaux descendent vers les différentes mers.

398. **Versant de la Méditerranée.** — Le seul grand fleuve est le **Nil**.

Le **Nil**, dont les sources n'ont été découvertes que de nos jours, vient du **lac Victoria** et du *lac Albert*.

Il porte d'abord le nom de *Fleuve Blanc*. Son principal affluent est le *Nil Bleu*. Il descend du plateau équatorial en formant plusieurs *cataractes*, puis il coule entre des rochers et des sables brûlants, mais avec deux rives très fertiles. Dans son cours inférieur, il ne reçoit aucun affluent. Il arrive à la mer en formant un *delta*.

399. **Versant de l'océan Atlantique.** — Fleuves principaux : le *Sénégal*, le **Niger** ou **Djoliba**, le **Congo**, l'*Orange*.

Le *Sénégal* arrose des pays soumis à la France.

Le **Niger** coule dans le *Soudan*, et se jette dans le golfe de Guinée.

Le **Congo** ou *Livingstone*, exploré depuis quelques années seulement, reçoit les eaux du lac **Tanganyka**, puis un nombre considérable de cours d'eau encore mal connus. C'est un des plus grands fleuves du monde ; il forme des cataractes à sa descente du plateau.

L'*Orange* ou *Gariep* est à peine navi-

EXERCICES : Faites le croquis de l'Afrique. — Marquez-y les principales zones de végétation. — Dites pour quelles raisons de climat, de latitude, ces zones ne se ressemblent pas.

galle ; la plupart de ses affluents sont intermittents.

400. Versant de l'océan Indien. — Le plus grand fleuve est le **Zambèze**, qui traverse l'Afrique de l'Ouest à l'Est. Au milieu de son cours, il se précipite dans une profonde fissure du sol : ce sont les célèbres chutes *Victoria*, appelées par les indigènes la *Fumée Tonnante*.

Le lac **Tchad**, dans le Soudan, forme un bassin fermé.

tation est puissante. Dans la région *tempérée du Nord* on cultive les *céréales*, l'*olivier*, l'*oranger*, le *citronnier*, la *vigne*. Les cultures sont les mêmes dans la *zone tempérée du Sud*.

La zone tropicale a des forêts aux arbres énormes, tels que le *baobab*. Dans les oasis du Sahara et dans la région de l'Atlas, le *dattier* donne un fruit qui est l'aliment principal des indigènes. Le *caoutchouc*, la *gomme*, des *huiles* sont fournis par d'autres végétaux.

caines de l'Atlantique? de l'océan Indien? — Comment Madagascar est-elle séparée du continent?

L'Afrique est-elle bien arrosée? — Quels caractères différents ses cours d'eau présentent-ils? — Où est le centre des eaux? — Quels sont les principaux lacs? — Y a-t-il des fleuves dans le Soudan? — Trouve-t-on de l'eau dans le Sahara? — Fleuve du versant de la Méditerranée? — Décrivez son cours. — Fleuves du versant de l'Atlantique? — Décrivez particulièment le Congo. — Grand fleuve du versant de l'océan Indien? — Décrivez son cours. — Qu'est-ce que le lac Tchad?

Quel est le climat de l'Afrique? — Distinguez

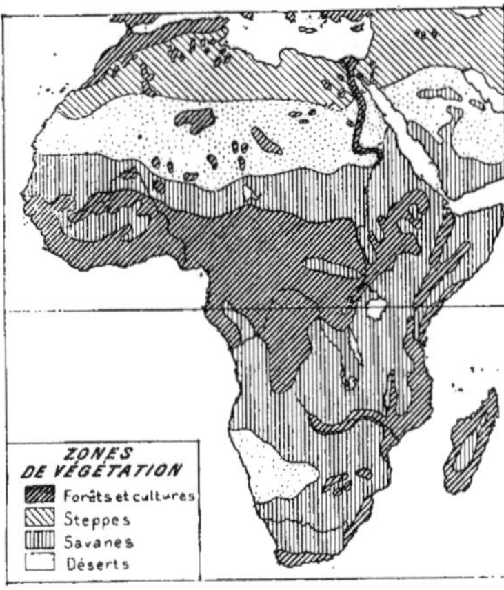

CLIMAT. — PRODUCTIONS.

401. L'Afrique est chaude partout, brûlante même dans beaucoup de parties. Quelques régions, le *Sahara* au Nord et le désert de *Kalahari* au Sud, n'ont *presque jamais de pluie*; d'autres, comme le *plateau équatorial*, ont une saison de pluies continues, qui dure pendant la plus grande partie de l'année.

Dans les régions basses et humides, le climat de l'Afrique est malsain pour les Européens; il est plus favorable dans les régions sèches et élevées; les indigènes, surtout les nègres, y vivent à peu près nus.

L'Afrique n'est pas aussi riche en productions que les autres parties du monde. Cependant elle a de la *houille*, au moins au Sud-Est, du *fer* partout, du *plomb*, de l'*or*, des **diamants** dans le Sud. On ne connaît d'ailleurs que très imparfaitement ses ressources minières.

Partout où il y a de l'eau, la végé-

Les animaux propres à l'Afrique sont : le **dromadaire**, qui se trouve dans le Nord, le *lion*, l'*éléphant*, l'*hippopotame*, le *rhinocéros*, l'*autruche*, la *girafe*, etc.

La mouche *tsétsé*, dont la piqûre est mortelle pour le bétail, est dans beaucoup de régions de l'Afrique tropicale un obstacle redoutable à l'élevage.

Questionnaire.

Où est située l'Afrique? — Quelle est sa position par rapport à l'équateur? — Quelles sont ses bornes?

Donnez une idée de la configuration de l'Afrique et de ses grandes divisions, en ce qui concerne le relief du sol. — Décrivez le plateau équatorial ou austral; — le Soudan; — le Sahara. — Indiquez les montagnes principales de l'Afrique. — Où sont-elles presque toutes placées? — Où sont les monts Kénia et Kilima-Ndjaro? — Où est le désert de Kalahari?

Quels sont l'aspect et la forme des côtes de l'Afrique? — Quels sont les points principaux du littoral de la Méditerranée? — Décrivez le littoral de l'Atlantique, de l'océan Indien. — Quels sont les points tout à fait au sud de l'Afrique? — Quelles sont les îles afri-

différentes régions. — L'Afrique a-t-elle beaucoup de productions? — Quels sont les animaux propres à l'Afrique?

CONSEILS AUX MAÎTRES. — Faites dessiner le croquis de l'Afrique (voir les procédés, 20e leçon, p. 25).

Faites comparer les déserts de l'Afrique et ceux de l'Asie.

CINQUANTE-SIXIÈME LEÇON. — **Afrique politique.**

GÉOGRAPHIE POLITIQUE.

402. Une grande partie de la population se compose d'hommes à la peau noire ou **Nègres**; ils habitent surtout le Centre et l'Ouest. Au Sud se rencontrent les **Cafres** et les **Hottentots**; au Nord-Ouest, des **Berbères**, des **Arabes**, peuples de race blanche; sur certains points du littoral, des **Européens**. — Les indigènes sont *musulmans* ou *idolâtres*.

L'Afrique a peu d'États organisés. Presque partout errent des tribus barbares, occupant des territoires sans limites précises.

EXERCICES : Faites sur un croquis de l'Afrique la répartition des populations principales de cette partie du monde. — Partage politique de l'Afrique; dites quelles races peuplent les différents pays.

Alger.

La population totale ne peut pas être évaluée, même approximativement.

Exception faite de quelques régions du Soudan, de l'Afrique orientale et surtout de l'Égypte, la population paraît être peu dense. La traite des nègres est encore aujourd'hui une terrible cause de dépopulation.

403. *États de la Méditerranée*. — Ce sont : l'**Égypte**, la Régence de Tripoli, la **Tunisie**, l'**Algérie**, le Maroc.

L'**Égypte**, située sur la *Méditerranée* et la *mer Rouge*, possédait autrefois la Nubie au Sud, et s'étendait jusqu'aux lacs d'où sort le Nil.

L'Égypte est un pays riche et fertile le long du *Nil*; elle produit du *blé*, du coton, du sucre.

Sa civilisation est la plus ancienne que nous connaissions et elle a laissé dans toute la vallée du Nil d'admirables monuments.

La capitale est le **Caire**, près de la rive droite du Nil (375 000 hab.).

Le grand port est **Alexandrie**, sur la Méditerranée.

404. La Régence de Tripoli est administrée par le gouvernement turc. C'est un pays composé en majeure partie de déserts. Mais son importance commerciale est assez grande. C'est, en effet, la partie du littoral méditerranéen la moins éloignée du lac Tchad et du Soudan.

Les caravanes font la navette entre *Tripoli* et le lac Tchad, par les oasis, qui marquent leurs étapes et assurent leur ravitaillement.

La capitale de la Tripolitaine est *Tripoli*.

405. La Tunisie, l'Algérie et le **Maroc** forment par l'unité de leur relief un même groupe physique. Le *climat est chaud*; les pluies sont hivernales et peu abondantes, surtout en Algérie. Les deux meilleures parties sont les régions de l'Est et de l'Ouest, exposées aux influences maritimes, avec des *plaines plus vastes* et des vallées mieux ouvertes et arrosées par des cours d'eau plus réguliers.

Les *céréales*, la *vigne*, l'*olivier*, l'*oranger*, les *légumes* dans le Tell, l'*alfa* sur les plateaux, les *palmiers*, *dattiers* dans la zone méridionale, sont les productions principales.

406. Tunisie. La Tunisie, qui confine à l'*Algérie*, et qui est bornée au Nord et à l'Est par la *Méditerranée*, au Sud par la *Régence de Tripoli*, est depuis 1881 sous le *protectorat de la* France.

Les points principaux de la côte sont le *golfe de Gabès*, le *cap Bon*, le *golfe de Tunis*, le *cap Blanc de Bizerte*.

Le plus grand cours d'eau est la *Medjerda*, qui vient d'Algérie.

Les villes principales sont :

La capitale, **Tunis** (150 000 hab.), au fond d'une lagune sablonneuse (le port est à *la Goulette*);

Sfax, port de commerce; *Kairouan*. La population comprend environ 2 millions d'habitants.

La Tunisie n'a encore que 410 kilomètres de chemins de fer.

407. Algérie. L'Algérie est située entre la Tunisie et le Maroc; elle est bornée au Nord par la Méditerranée et au Sud par le désert du Sahara.

L'Algérie est parcourue de l'Est à l'Ouest par les **monts Atlas**, qui se prolongent à l'Ouest sur le Maroc et à l'Est sur la Tunisie.

Les points principaux de la côte sont le *golfe de Bône*, le *cap Boudjaroun* et le *golfe d'Oran*. Le plus grand cours d'eau est le Chéliff.

Les villes principales sont :

La capitale, **Alger** (82 000 hab.), port sur la Méditerranée.

Oran, le grand port de l'Ouest, *Tlemcen*, *Philippeville* et *Constantine*.

L'Algérie appartient à la France.

L'Algérie a 13 000 kilomètres de routes et 3 000 kilomètres de voies ferrées.

La population de l'Algérie est de 4 millions d'habitants environ.

408. Maroc. Le Maroc est situé à l'ouest de l'Algérie. Il est borné au

---

Mᵐᵉ Perrin, sc.ᵗ

Ch. Bonnasseur, del.ᵗ

Nord par la Méditerranée et le détroit de Gibraltar, qui le sépare de l'Espagne; à l'Ouest par l'océan Atlantique, et au Sud par le Sahara.

Le Maroc est convoité par plusieurs puissances européennes, mais jusqu'à présent, il a pu maintenir son indépendance.

L'Espagne possède quelques postes sur les côtes; les principaux sont *Ceuta* sur le détroit de Gibraltar et *Mellila* sur la côte de la Méditerranée.

Le principal cours d'eau est l'*Oued Draa*, qui se jette dans l'Atlantique.

Les principales villes sont :

La capitale, *Fez* (70 000 habitants), *Méquinez*, *Maroc* dans l'intérieur, *Mogador* et *Tanger*, ports sur l'Océan.

La population est de 6 millions d'habitants.

Ville du Cap et montagne de la Table.

Questionnaire.

Parlez des races de l'Afrique. L'Afrique a-t-elle beaucoup d'États organisés? — Quels sont les États de la Méditerranée? — Parlez de l'Égypte. — Capitale? — Villes principales? — Parlez de la Régence de Tripoli. — Parlez de la Tunisie, de l'Algérie, du Maroc.

Conseils aux maîtres. — Faites dessiner le croquis de l'Afrique et indiquer la position des États mentionnés ci-dessus.

CINQUANTE-SEPTIÈME LEÇON. — Afrique politique (suite).

409. *Pays de l'Atlantique et de l'océan Indien.* — Les seuls qui aient quelque importance sont ceux où se trouvent des colonies ou des comptoirs européens.

Les principales **possessions françaises** sont :

Sur l'Atlantique, le Sénégal, riche, mais très chaud et insalubre; les établissements des *Rivières du Sud* et des *côtes de Guinée*; le *Gabon* et le *Congo français*.

Les pays du *Soudan* et du *Sahara*, à l'est du Sénégal et au sud de l'Algérie *jusqu'au lac Tchad, sont dans la zone d'influence française.*

Sur l'océan Indien : l'île de Madagascar, plus grande que la France, est sous le protectorat français; les *îles Comores*, également protégées, commandent le canal de Mozambique; l'île de la Réunion appartient à la France.

La France occupe, plus au Nord, *Obok* et la *baie de Tadjourah*, à la sortie de la mer Rouge.

410. Les principales **possessions portugaises** sont :

Sur l'Atlantique, les *Açores*, l'île *Madère*, les îles du *Cap-Vert*, la *Guinée portugaise*, l'*Angola*.

L'île *Madère* est très peuplée. Elle est riche en fruits et en vins. Les *îles du Cap-Vert* sont loin d'avoir la même valeur.

L'*Angola* comprend les terrasses littorales au sud du Congo et une zone d'influence assez vague à l'intérieur.

Sur l'océan Indien, le *Mozambique*, vaste, doté de richesses minières, est peu prospère.

411. La principale **possession espagnole** est, dans l'Atlantique, l'*archipel des Canaries*.

Les Canaries produisent la canne à sucre, le tabac, le café.

Dans le golfe de Guinée, les Espagnols possèdent également les îles *Fernando-Pó* et *Annobom*.

412. Les principales **possessions anglaises** sont :

Les établissements de la *côte de Guinée*, à l'Ouest; la **colonie du Cap**, au Sud;

Dans l'océan Indien, l'île Maurice;

Une partie de la côte de *Zanzibar* et de la côte des *Somalis*, dans l'Afrique orientale.

Les possessions de la côte de Guinée comprennent la *Gambie*, au sud du Sénégal, et quelques comptoirs.

413. La **colonie du Cap** (2 millions d'hab., 300 000 Européens) est, avec l'Algérie, la principale de toutes les colonies européennes en Afrique.

Elle s'étend sur l'*océan Atlantique* et sur l'*océan Indien*, et comprend plusieurs pays voisins, dont le principal est le Natal.

C'est un pays de hautes montagnes et de prairies; on y élève des *bœufs* et des *moutons*. Au Nord, on exploite des mines de diamants.

La capitale est la *Ville du Cap* (*Capetown*, en anglais), au pied de la haute montagne de *la Table*; c'est le port de relâche pour les navires qui ont à contourner l'Afrique.

Les îles *Amirantes*, *Seychelles* et *Socotora* appartiennent également à l'Angleterre. Elle a récemment placé sous son protectorat l'île *Zanzibar*.

414. Les **possessions allemandes** sont : Sur l'Atlantique, *Togo* et, à l'est du Niger, *Cameroun*, colonie montagneuse; au Sud, les pays des *Damara* et des *Namakoua*;

Sur l'océan Indien, la côte méridionale du *Zanguebar* et les pays de l'intérieur jusqu'aux grands lacs. C'est, semble-t-il, le plus favorisé de tous les établissements allemands.

415. Les **Italiens** ont occupé sur la mer Rouge *Massaouah*, *Adulis*, *Assab* et quelques autres postes. Ils s'efforcent d'étendre leur influence sur l'*Abyssinie*.

L'*État libre du Congo* est colonisé par la **Belgique**.

416. Les autres États de l'Afrique sont :

Sur l'Atlantique, la république de *Libéria*, habitée par d'anciens esclaves nègres, revenus d'Amérique après leur affranchissement;

Dans l'intérieur, les deux républiques d'*Orange* et du *Transvaal*, au Sud; la dernière, sous la suzeraineté nominale des Anglais.

Ces deux États ont pour colons européens les *Boers*, d'origine hollandaise, et un certain nombre d'hommes d'origine française.

Le Transvaal est le plus riche des deux : il a de grandes ressources minières, *diamants, houille, fer, cuivre*, etc. La république d'Orange est plutôt agricole.

Au Nord-Est, l'**Abyssinie** est une région de relief très accentué. Trois zones de climat et, par suite, de productions s'étagent sur les flancs de ses montagnes. La zone inférieure est tropicale; la moyenne ressemble aux pays méditerranéens; la troisième est tempérée.

La population est d'environ 3 millions d'habitants, chrétiens d'une secte particulière.

L'Abyssinie se partage en trois royaumes : le *Tigré* au Nord, l'*Amhara* au Centre, le *Choa* au Sud.

Les plus grandes villes de l'Abyssinie sont *Ankober* et *Gondar*.

La Nubie et les *pays du Nil*, à l'ouest de l'Abyssinie, autrefois rattachés à l'Égypte, se prêtent très bien à l'élevage du bétail.

Le reste du continent est occupé par une foule innombrable de petites peuplades barbares, gouvernées par des souverains indigènes, qui vivent surtout de la guerre et du pillage. A proprement parler, ces peuplades n'ont pas de villes. Elles habitent des huttes basses, réunies auprès de la demeure du chef.

Il en existe un certain nombre dans le Soudan, au sud du Sahara. C'est un pays aussi chaud que ce désert, mais humide. Cette chaleur humide favorise une puissante végétation, mais est très nuisible aux Européens.

Le Soudan produit des *céréales*, des plantes oléagineuses, etc.

Le **bétail** est abondant et les animaux sauvages pullulent. Le plus recherché est l'**éléphant**, à cause de son ivoire.

Les différents peuples européens songent à s'ouvrir un chemin vers le Soudan en prenant leurs colonies comme point de départ.

Le désert du **Sahara** contient aussi quelques petits États groupés autour des oasis. Ces États sont habités par des *Berbères* sédentaires ou nomades. Ces derniers forment souvent des troupes de pillards qui parcourent le Sahara, même dans le voisinage de l'Algérie, et pillent les caravanes. Les *Touaregs*, voisins de l'Algérie, sont au nombre des plus redoutables.

417. L'Afrique n'a que des industries primitives. Le commerce se fait sur les côtes, par les Européens, qui viennent échanger des objets fabriqués contre les produits naturels du pays.

Dans le Sahara, ce sont des *caravanes*, qui, d'oasis en oasis, transportent les marchandises à dos de chameau.

Dans le Centre, le commerce est aux mains des négociants arabes, qui pénètrent jusqu'au cœur du continent, et qui se livrent encore aujourd'hui à la traite des esclaves.

L'Afrique est donc un pays peu avancé, les populations y sont plus barbares et plus malheureuses que partout ailleurs.

Cependant, depuis que les explorations de hardis voyageurs ont fait connaître le continent presque en entier, on peut espérer que des progrès s'accompliront, et que la civilisation européenne y pénétrera, en faisant disparaître l'*esclavage*, avec les horreurs qui l'accompagnent.

Questionnaire.

Quels sont les pays ou îles de l'océan Atlantique et de l'océan Indien qui appartiennent à la France? à l'Espagne? au Portugal? à l'Angleterre? — Parlez spécialement de la Colonie du Cap et de ses annexes. — Que possède l'Allemagne? l'Italie? la Belgique?

Quels sont les principaux États de l'intérieur? — Distinguez les États du Sud, ceux du Nord. — Parlez du Soudan, du Sahara. — Comment vivent les petites peuplades?

L'Afrique a-t-elle des industries? — Comment se fait le commerce? — Parlez des caravanes. — Citez quelques-unes des villes qu'elles rencontrent. — Où les marchands arabes font-ils surtout le commerce?

L'Afrique est-elle aussi avancée que les autres pays? — Peut-on espérer qu'elle fera des progrès?

Résumé et revision générale. — Les principaux golfes, caps de l'Afrique? — Les principaux fleuves? — Les grandes divisions physiques? — Les principaux États? — Comparez l'Afrique à l'Asie. — A-t-elle à peu près la même forme? — A-t-elle d'aussi hautes montagnes? — A-t-elle autant de grands fleuves? — Le climat est-il le même? — Quelle est la plus variée et la plus riche de ces deux parties du monde? — Trouve-t-on en Afrique des villes aussi importantes qu'en Asie? — La population est-elle la même?

CONSEILS AUX MAÎTRES. — Faites faire le croquis de l'Afrique et indiquer la position des pays mentionnés dans la leçon.
Faites faire un voyage de circumnavigation autour de l'Afrique. Faites comparer le Sahara et le Soudan. Croquis de la mer Rouge et du détroit de Bab-el-Mandeb.

CINQUANTE-HUITIÈME LEÇON. — **Continent Américain. — Amérique du Nord physique.**

SITUATION. — BORNES.

418. Le **continent Américain** s'étend entre l'océan Atlantique à l'Est et l'océan Pacifique à l'Ouest. Il est borné au Nord par l'océan Glacial arctique, et se rapproche, au Sud, de l'océan Glacial antarctique. Par l'Ouest il fait face à l'*Asie*, par l'Est à l'*Europe* et à l'*Afrique*.

Il est allongé du Nord au Sud et se compose de deux masses distinctes, l'**Amérique du Nord** et l'**Amérique du Sud**. Entre les deux s'étend une région intermédiaire, l'*Amérique Centrale*.

AMÉRIQUE DU NORD

CÔTES ET MERS.

419. L'**Amérique du Nord** est tout entière dans l'hémisphère boréal.

Elle s'étend sur l'océan Glacial arctique, l'océan Pacifique et l'océan Atlantique.

La côte de l'**océan Glacial** s'étend de la presqu'île du Labrador, à l'Est, jusqu'au détroit de Béring, à l'Ouest.

On y trouve le *détroit d'Hudson* et la baie ou mer d'Hudson. Cette côte est presque partout *encombrée de glaces*. On n'y voit que de rares pêcheurs de baleines.

Le détroit de Béring sépare l'*Amérique* de l'*Asie*. Le continent américain y projette le **cap du Prince de Galles**.

Sur la côte du **Pacifique**, les points principaux sont : la presqu'île d'Alaska, la baie de San-Francisco, la presqu'île de Californie et le golfe de Californie ou *mer Vermeille*. La principale île est **Vancouver**.

420. La côte de l'**Atlantique** forme d'abord le golfe du **Mexique**, à l'est duquel se prolonge la **presqu'île de Floride**.

Plus au Nord, la baie **Chesapeake**, la baie **Delaware**, la *presqu'île de la*

Nouvelle-Écosse, le **golfe du Saint-Laurent** et l'île de **Terre-Neuve**.

Au Sud, le littoral reste plat, marécageux ; vers le Nord, il est très découpé.

Près de *Terre-Neuve* s'étend un vaste banc sous-marin, le **banc de Terre-Neuve**.

Les *glaces* des mers polaires descendent parfois jusque vers la baie Delaware. La rencontre des eaux chaudes venant du golfe du Mexique et des eaux froides venant du pôle produit des *brouillards épais*.

RELIEF DU SOL. — OROGRAPHIE.

421. A l'Ouest, une grande **masse de montagnes** court du Nord au Sud ;

une immense **plaine** s'étend du *golfe du Mexique* à *l'océan Glacial*.

Les deux plus grandes chaînes sont les **Montagnes Rocheuses** et la **Sierra-Nevada**.

Les **Montagnes Rocheuses** dépassent 4 400 mètres.

La **Sierra-Nevada** (chaîne neigeuse) se dresse au bord du Pacifique. Son point culminant, le *mont Whitney*, a 4 511 mètres.

Entre les *Montagnes Rocheuses* et la *Sierra-Nevada* s'étend un **plateau**.

Plus au Sud, de grands volcans, le **Popocatepetl**, le **Pic d'Orizaba**, atteignent 5 400 mètres.

L'**Ouest** de l'Amérique du Nord pré-

sente ainsi un large soulèvement du sol.

La **partie Est**, au contraire, est extrêmement unie, les versants n'y sont séparés que par de faibles pentes.

Les **Alleghanys** ou **Appalaches**, situés le long de l'Atlantique, sont une suite de *chaînons* d'une médiocre altitude.

HYDROGRAPHIE.

422. L'Amérique du Nord reçoit des *pluies abondantes*.

Elle peut être partagée en quatre versants : 1° de l'**océan Pacifique** ; 2° de l'**océan Glacial** ; 3° du **golfe du Mexique** ; 4° de l'**océan Atlantique**.

Versant du Pacifique. — Les principaux cours d'eau sont : le **Rio Columbia** ou **Orégon**, le **Rio Sacramento**, le **Rio Colorado**. — Ces fleuves, dans leur bassin supérieur, coulent au milieu de pays presque déserts, ou serpentent dans les profondes crevasses du plateau.

423. Les *trois autres versants* sont à peine séparés, leurs plus grands fleuves prenant leurs sources presque au même point.

Versant de l'océan Glacial. — Le principal fleuve est le **Mackenzie**. Cet immense cours d'eau parcourt des forêts et des solitudes glacées. Il reçoit les eaux des lacs des *Esclaves* et de l'*Ours*.

424. **Versant du golfe du Mexique.** — Les principaux fleuves sont le **Mississipi** et le **Rio Grande del Norte**.

Le **Mississipi** est un des plus puissants fleuves du monde. Il prend sa source dans le centre de la plaine américaine.

Ses principaux affluents sont : le **Missouri**, l'**Arkansas** et l'**Ohio**.

Le **Missouri**, plus long et plus abondant que le Mississipi, vient des *Montagnes Rocheuses*; ses eaux sont violentes et rapides. L'**Ohio**, au contraire, est paisible et parcourt des contrées peuplées.

A l'embouchure du **Mississipi** se dépose continuellement un *delta* marécageux.

425. Versant de l'Atlantique. — Les principaux fleuves sont : le **Saint-Laurent**, l'*Hudson*, la *Delaware*, le *Potomac*.

Le **Saint-Laurent** n'a pas, pour ainsi dire, de source; il sort de **cinq grands lacs**, qui contiennent la plus grande masse d'eau douce du Globe. Ce sont : les lacs **Supérieur**, **Michigan**, **Huron**, **Erié**, **Ontario**.

Entre les deux derniers se trouvent les célèbres cataractes du **Niagara**.

Le **Saint-Laurent**, sorti du lac Ontario, ressemble à un bras de mer. A son embouchure, il est fréquemment embarrassé par les glaces ou les brouillards.

L'*Hudson*, la *Delaware*, le *Potomac*, petits pour l'Amérique, sont aussi larges et aussi profonds que les fleuves d'Europe.

Les Montagnes Rocheuses.

CLIMAT. — PRODUCTIONS.

426. Le climat de l'Amérique Septentrionale est très varié, puisqu'elle se rapproche par un côté du *pôle* et par l'autre de l'*équateur*. Le **Sud** est très *chaud*, le **Nord** extrêmement *froid*.

La côte de l'Atlantique est, en général, plus froide que celle du Pacifique, parce que les vents y soufflent de la terre, et non de la mer. Elle est, pour la même raison, plus froide que la côte

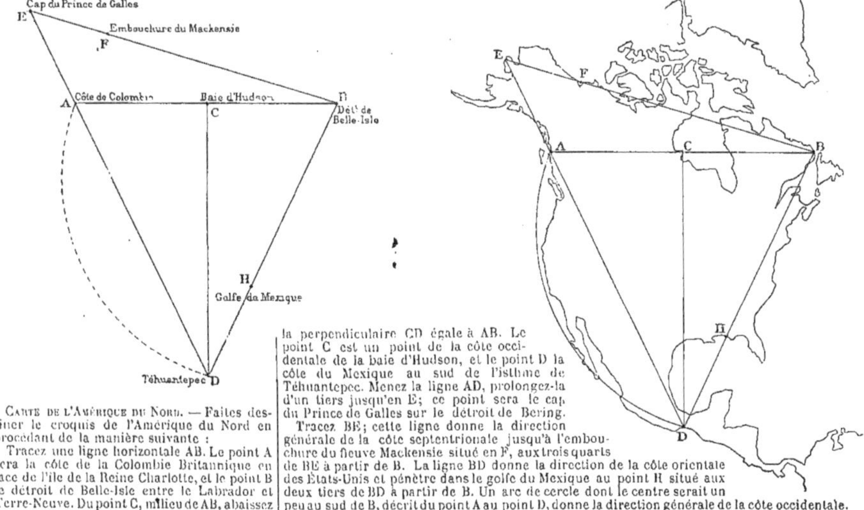

CARTE DE L'AMÉRIQUE DU NORD. — Faites dessiner le croquis de l'Amérique du Nord en procédant de la manière suivante :

Tracez une ligne horizontale AB. Le point A sera la côte de la Colombie Britannique en face de l'île de la Reine Charlotte, et le point B le détroit de Belle-Isle entre le Labrador et Terre-Neuve. Du point C, milieu de AB, abaissez la perpendiculaire CD égale à AB. Le point C est un point de la côte occidentale de la baie d'Hudson, et le point D la côte du Mexique au sud de l'isthme de Téhuantepec. Menez la ligne AD, prolongez-la d'un tiers jusqu'en E; ce point sera le cap du Prince de Galles sur le détroit de Bering.

Tracez BE; cette ligne donne la direction générale de la côte septentrionale jusqu'à l'embouchure du fleuve Mackensie situé en F, aux trois quarts de BE à partir de B. La ligne BD donne la direction de la côte orientale des États-Unis et pénètre dans le golfe du Mexique au point H situé aux deux tiers de BD à partir de B. Un arc de cercle dont le centre serait un peu au sud de B, décrit du point A au point D, donne la direction générale de la côte occidentale.

EXERCICES : Le climat et les productions de l'Amérique du Nord. Quelles sont celles que l'on peut trouver en Europe, en Asie, en Afrique, en France? — Faites le tracé des zones de production de l'Amérique Septentrionale.

occidentale de l'Europe. Ainsi à *New-York* la température est beaucoup plus basse qu'à *Brest*, situé cependant plus au Nord.

Dans les Montagnes Rocheuses et sur le Plateau, le climat est rude, avec des extrêmes de froid et de chaud.

La partie septentrionale de la plaine est également plus froide que les régions correspondantes de l'Europe. C'est qu'elle est ouverte aux vents du pôle.

Les productions principales sont : dans le Sud, le coton, la *canne à sucre*; dans le Centre, les céréales, les *bois*, le bétail, le pétrole, le *fer*, la houille; dans l'Ouest, les bois, les mines d'*or* et d'argent.

L'Amérique du Nord n'a pas beaucoup d'animaux qui lui soient particuliers; les plus remarquables sont les *animaux à fourrure*, le *castor*, l'ours, qui se trouvent dans la région de l'océan Glacial. La *baleine* vit dans les mers septentrionales, la **morue** autour du banc de Terre-Neuve.

Questionnaire.

Quelles sont les bornes du continent américain? Comment est-il placé par rapport aux autres continents ou parties du monde? — Quelle est sa forme? — Comment est-il partagé?

Dans quel hémisphère est l'Amérique du Nord? — Quelles sont ses bornes?

Quelles sont les grandes divisions de l'Amérique pour le relief du sol? — Où sont les Montagnes Rocheuses? — la Sierra-Nevada? — Quel est le point culminant de la Sierra-Nevada? — Qu'y a-t-il entre les Montagnes Rocheuses et la Sierra-Nevada? — Décrivez la grande plaine de l'Amérique du Nord. — Placez et décrivez les monts Alleghanys. — Décrivez la côte de l'océan Glacial; la côte du Pacifique. — Où cesse-t-elle d'appartenir à l'Amérique du Nord? — Décrivez le golfe du Mexique; la côte de l'Atlantique. — Quels sont les principaux caps de l'Amérique du Nord? — Quelles sont les grandes presqu'îles? — Montrez comment elles sont situées. — Quels sont les golfes?

Où sont les plus grands fleuves de l'Amérique du Nord? — Quels sont les versants principaux? — Quels sont les fleuves du versant du Pacifique? — Que présentent de particulier les autres versants? — Quel est le grand fleuve du versant de l'océan Glacial? — Quel est le grand fleuve du versant du golfe du Mexique? — Décrivez le Mississipi et ses affluents. — Qu'y a-t-il à l'embouchure du Mississipi?

Quels sont les principaux fleuves du versant de l'Atlantique? — Décrivez le Saint-Laurent. — Quels sont les grands lacs d'où il sort? — Où est la chute du Niagara? — Les autres fleuves du versant de l'Atlantique sont-ils importants?

Quel est le climat de l'Amérique Septentrionale? — La côte orientale est-elle plus froide que la côte occidentale? — Pourquoi? — Est-elle plus froide que la côte occidentale de l'Europe? — Pourquoi? — Quelles sont les productions de l'Amérique? — Distinguez-les du Nord au Sud. — Où se trouvent les animaux à fourrure?

GÉOGRAPHIE POLITIQUE ET ÉCONOMIQUE.

427. L'Amérique Septentrionale est partagée en trois États : les **possessions Anglaises**, au Nord ; les **États-Unis**, au Centre; le **Mexique**, au Sud.

Les **possessions Anglaises**, ou Puissance du Canada, ou Dominion, occupent presque tout l'espace compris entre l'océan Pacifique à l'Ouest, l'océan Glacial au Nord, l'océan Atlantique à l'Est, les États-Unis au Sud.

Le Canada a de la *houille* en abondance. Le *fer*, l'*argent* et d'autres métaux s'y rencontrent également. Mais c'est avant tout un pays **agricole**. L'exploitation des **forêts**, la culture des *céréales*, l'élevage du *bétail*, la *pêche* dans les eaux des lacs ou sur les côtes, telles sont ses principales ressources.

Dans l'Ouest et le Nord-Ouest, on chasse les animaux à fourrure.

Les États du *Dominion* s'administrent d'une façon presque indépendante. Ils élisent un **Parlement**, qui siège à *Ottawa*.

Les plus grandes villes sont : **Montréal** et **Québec**, *Toronto, Halifax*.

428. *Communications.* — Outre les lignes de navigation du Saint-Laurent, il existe de nombreux chemins de fer dans la région orientale. Depuis 1887, une voie ferrée, le « *Pacifique Canadien* », longue de 4 950 kilomètres, traverse le Dominion de *Québec* à *Vancouver*, sur le *Pacifique*.

Population. — La population est de 5 millions d'habitants; elle se compose d'**Européens** dans le Sud-Est, et de quelques tribus d'**Indiens** et d'**Esquimaux** dans le Nord.

L'île de **Terre-Neuve** appartient aux Anglais; c'est le centre de la *pêche de la morue.*

429. Les **États-Unis** s'étendent entre l'océan Pacifique à l'Ouest, les possessions Anglaises au Nord, l'océan Atlantique à l'Est, le **Mexique** et le golfe du **Mexique** au Sud.

Ils forment une *république fédérative*, partagée en trente-neuf États, et neuf territoires, destinés à devenir plus tard de nouveaux États.

Les États les plus importants sont : l'État de *New-York*, la *Pensylvanie*, l'*Ohio* à l'Est, la *Californie* à l'Ouest, etc.

430. Le **Nord** du pays est riche surtout par l'**agriculture**, l'élevage des **bestiaux**, l'exploitation des *forêts*, les

mines de *houille*, de *fer*, les sources de pétrole, et par l'**industrie**.

Le **Sud**, plus chaud, produit le **coton**, le sucre, le *café*, le **tabac**.

L'**Ouest** a des mines d'*or* et d'argent, de grandes *forêts*.

431. La population des États-Unis se recrute surtout par l'*émigration* européenne. Elle est aujourd'hui de 65 *millions* d'habitants, et les *Anglais*, les *Irlandais* et les *Allemands* y sont en majorité.

Il ne reste plus que fort peu d'*Indiens* indigènes appartenant à la *race rouge*. Dans la Californie, les *Chinois* sont nombreux.

La religion dominante est le *protestantisme*.

432. Les plus grandes villes sont : Sur l'Atlantique, **Boston**, **New-York** (2 500 000 hab. avec Brooklyn), **Philadelphie** (1 050 000 hab.), **Baltimore** (500 000 hab), **Washington**, capitale de la République ;

Sur les grands lacs, **Chicago** (1 100 000 hab.);

Dans le bassin du Mississipi, *Pittsburg*, **Cincinnati**, **Saint-Louis** (450 000 hab.), la **Nouvelle-Orléans** (250 000 hab.);

Sur l'océan Pacifique, **San-Francisco** (240 000 hab.).

433. Les États-Unis ont à eux seuls presque autant de *chemins de fer* que l'Europe. La plus longue ligne est celle qui mène, en sept jours, de New-York à San-Francisco.

Le *Mississipi* est la plus grande voie de communication fluviale. Il est relié par des canaux aux grands lacs du Nord.

Les ports de l'*Atlantique* sont en relation avec l'Europe par de nombreux paquebots et par des câbles télégraphiques sous-marins.

434. En 1783, lorsque l'indépendance des États-Unis fut reconnue, le littoral de l'Atlantique était seul habité. La population totale était de 4 *millions* d'habitants. Depuis cette époque, les colons ont porté en Amérique une activité extraordinaire, et se sont de plus en plus avancés vers l'*Ouest*.

Aujourd'hui, l'industrie et l'agriculture sont en état de faire concurrence à l'Europe. Les États-Unis exportent non seulement le **coton**, le *sucre*, mais le **blé**, le **bétail** et même les *objets manufacturés*, qu'ils recevaient autrefois de l'Angleterre ou de la France.

435. Le **Mexique** s'étend au sud des *États-Unis*, entre l'océan Pacifique à l'Ouest et le golfe du **Mexique** à l'Est.

Exercices : Les possessions anglaises dans l'Amérique du Nord. Géographie physique, politique et économique. — Rappelez (d'après le cours d'histoire) la part prise par la France à l'exploration et à la colonisation de l'Amérique du Nord. — Les États-Unis; dessinez-en les contours, en marquant dans l'intérieur les grands traits du relief et de l'hydrographie.

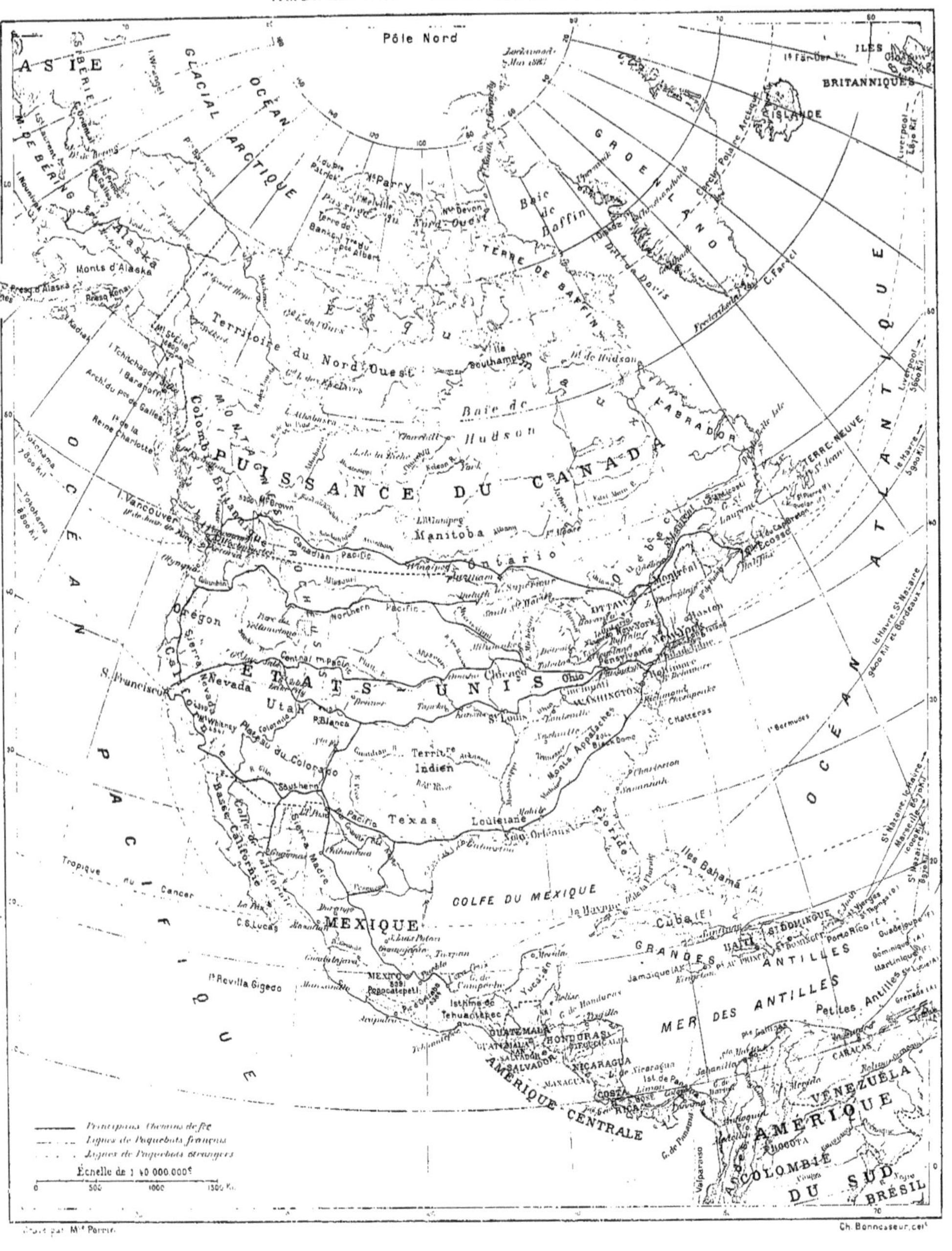
Pôle Nord
ASIE
MER DE BÉRING
OCÉAN GLACIAL ARCTIQUE
ÎLES BRITANNIQUES
ISLANDE
GROENLAND
Baie de Baffin
TERRE DE BAFFIN
LABRADOR
Territoire du Nord-Ouest
Baie de Hudson
Alaska
Monts d'Alaska
OCÉAN PACIFIQUE
PUISSANCE DU CANADA
Vancouver
Colombie Britannique
Manitoba
Ontario
Québec
TERRE-NEUVE
OCÉAN ATLANTIQUE
Canadian Pacific
L. Supérieur
Oregon
Sierra Nevada
ÉTATS-UNIS
Utah
Northern Pacific
Central Pacific
Ohio
WASHINGTON
New-York
Pensylvanie
Plateau du Colorado
Territre Indien
Texas
Louisiane
La Nlle Orléans
Monts Appalaches
C. Hatteras
Iles Bermudes
Tropique du Cancer
Basse-Californie
MEXIQUE
MEXICO
Popocatepetl
GOLFE DU MEXIQUE
Iles Bahama
Cuba
GRANDES ANTILLES
HAITI
ST DOMINGUE
Porto Rico
Petites ANTILLES
MER DES ANTILLES
GUATEMALA
HONDURAS
SALVADOR
NICARAGUA
COSTA RICA
AMÉRIQUE CENTRALE
Isthme de Panama
VENEZUELA
CARACAS
AMÉRIQUE
COLOMBIE
DU SUD
BRÉSIL
Valparaiso
Principaux Chemins de fer
Lignes de Paquebots français
Lignes de Paquebots étrangers
Échelle de 1 40 000 000e
0   500   1000   1500 K.

Ch. Bonnecaseur cerf.

Volcan Popocatepetl (Mexique).

Le pays est chaud et malsain au bord de la mer; la partie de l'intérieur, à cause de son altitude, a un climat plus frais.

Le Mexique fournit de l'*argent*, des bois de teinture, du *cacao*, de la *vanille*.

Capitale, **Mexico** (425 000 hab.), sur un des plus hauts plateaux du Centre. Principal port, la **Vera Cruz**, sur le golfe du Mexique.

Le Mexique est une république fédérative.

Il a environ 12 millions d'habitants.

La population se compose de descendants des anciens *Espagnols*, d'*Indiens indigènes* et de *métis*. Les hommes de race blanche comptent pour un cinquième de la population totale.

L'AMÉRIQUE CENTRALE ET LES ANTILLES.

436. — L'Amérique Centrale relie l'Amérique du Nord à l'Amérique du Sud.

Le point le plus étroit et le plus bas est l'isthme de Panama. On y creuse un **canal**, accessible aux plus gros navires, qui pourront ainsi passer d'un océan à l'autre.

L'Amérique Centrale contient *cinq petites républiques* : le *Guatemala*, le *Honduras*, le *Salvador*, le *Nicaragua*, le *Costa-Rica*.

Le Guatemala a pour capitale *Guatemala*; le Honduras, *Tegucigalpa*; le Salvador, *San Salvador*; le Nicaragua, *Managua*; le Costa-Rica, *San José*.

Les *bois précieux*, le *maïs*, la *canne à sucre*, le *café*, le *cacao* sont les principales productions. L'*élevage* se développe. Les progrès accomplis par ces régions sont d'ailleurs rapides.

Les *mines*, très riches, sont encore peu exploitées.

437. Les **Antilles** sont la chaîne d'îles qui s'allonge à l'Est, entre l'*Amérique du Sud* et l'*Amérique du Nord*.

On les divise en *grandes* Antilles au Nord, et *petites* Antilles au Sud.

Grandes Antilles : **Cuba** (ville principale : **La Havane**) et **Porto-Rico**, à l'*Espagne*; la **Jamaïque**, à l'*Angleterre*; **Haïti**, indépendante.

Les principales des petites Antilles sont :

La Guadeloupe et la **Martinique**, à la *France*; la **Barbade**, la **Dominique**, la **Grenade**, la **Trinité**, à l'*Angleterre*.

Les Antilles sont montagneuses, volcaniques et chaudes; on y récolte surtout du **sucre**, du **café**, du *coton*, du tabac.

Questionnaire.

Quels sont les États de l'Amérique du Nord? Quelles sont les bornes des possessions anglaises? — Capitale et villes principales? — Quelles productions vont chercher les Anglais dans les terres septentrionales?

De quels peuples se compose la population du Canada? — Où est Terre-Neuve? — Comment les possessions anglaises communiquent-elles avec l'Europe?

Bornes des États-Unis? — Chiffre de leur population? — Comparez-le avec celui de la

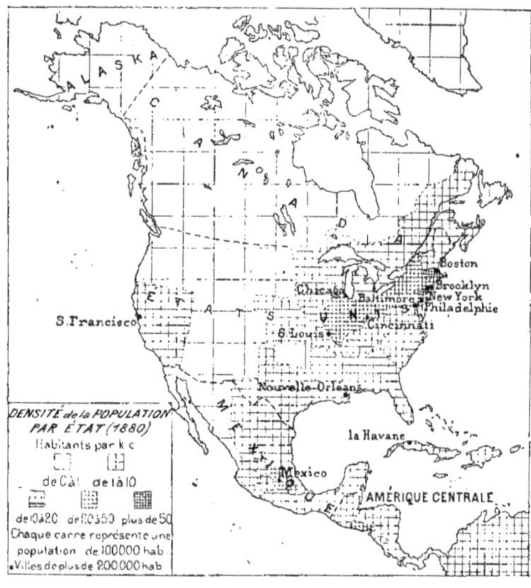

EXERCICES : Le relief de l'Amérique Centrale; montrez son influence sur le régime climatique et économique. — Les isthmes de l'Amérique Centrale. Aidez-vous d'un croquis sommaire. — État politique de l'Amérique Centrale; comparez l'Amérique Centrale et les Antilles. — Le golfe du Mexique et la mer des Antilles; comparez-les à la Méditerranée.

population totale de l'Europe. — Quelle est l'organisation des États-Unis? — Combien y a-t-il d'États? — Quels sont les plus importants? — Quelle est la capitale de la république? — Indiquez les différences de climat dans les États-Unis. — Quelles sont les productions plus particulières à chaque région? — Grandes villes du Nord? — Du Sud? — Grande ville de l'Ouest?

Comment est composée la population des États-Unis? — Quelle est la religion dominante? — Y a-t-il beaucoup de chemins de fer? — Quelle est la grande ligne de communication fluviale? — Parlez des grands progrès faits aux États-Unis. — Les États-Unis font-ils concurrence à l'Europe? — Qu'exportent-ils?

Où est le Mexique? — Quelles sont ses productions? — Quelle est la capitale? — Le port principal?

Qu'est-ce que l'Amérique Centrale? — Quel en est le point le plus étroit? — Quel travail y a-t-on entrepris?

Qu'est-ce que les Antilles? — Comment les divise-t-on? — Énumérez les grandes Antilles; dites à qui elles appartiennent. — Énumérez de la même façon les petites Antilles. — Quels sont le climat, les productions des Antilles?

Conseils aux maîtres. — Faites dessiner le croquis de l'Amérique du Nord, de l'Amérique Centrale et des Antilles, et indiquer la position des États et des villes cités dans la leçon.

SOIXANTIÈME LEÇON. — **Amérique du Sud physique.**

CÔTES ET MERS.

438. L'**Amérique du Sud** est bornée par l'océan Pacifique à l'Ouest, par l'océan Atlantique à l'Est, par la mer des Antilles au Nord. — L'équateur la traverse.

Le littoral est fort peu découpé.

439. **Côte du Pacifique.** — La plus grande partie en est aride. Les montagnes longent partout le rivage. Leurs bases ne laissent le long de la mer qu'une étroite bande de terrain.

Les golfes principaux sont ceux de Panama et de Guayaquil. Le cap le plus occidental est la pointe Parina.

Au Sud, le continent se termine au cap Froward, entouré d'îles nombreuses. La principale est la Terre de Feu, séparée de la terre ferme par le détroit de Magellan.

Le cap Horn est le point le plus méridional de l'Amérique.

440. **Côte de l'Atlantique.** — Cette côte a pour point le plus oriental le cap Saint-Augustin.

Au sud de ce cap, les points les plus remarquables sont l'estuaire de la Plata, la baie de Rio de Janeiro, le *golfe de Bahia*. Les seules îles sont l'archipel des *Malouines*, au Sud-Est.

Au Nord se trouvent l'estuaire de l'Amazone, le golfe de Maracaïbo, le golfe de *Darien*.

AMÉRIQUE MÉRIDIONALE PHYSIQUE.

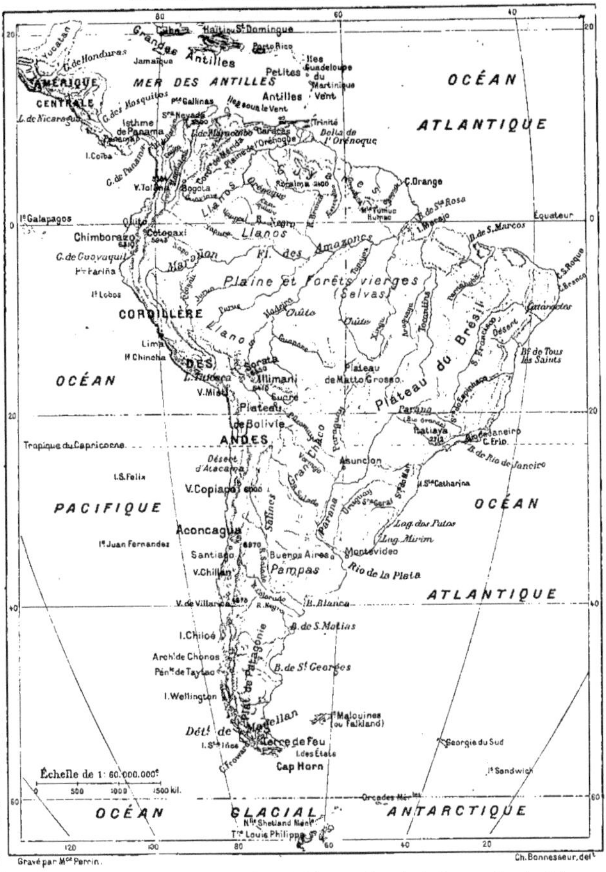

RELIEF DU SOL. — OROGRAPHIE.

441. L'Amérique Méridionale est parcourue dans toute sa longueur par la **Cordillère des Andes.**

Cette chaîne s'élève le long du Pacifique.

Les **Andes** sont une des chaînes de montagnes les plus considérables du Globe. Un grand nombre de leurs sommets sont des volcans, comme le *Chimborazo*, le *pic de Sorata*, le *pic d'Aconcagua* (6 970 mètres), point culminant de toute l'Amérique. Les cols des Andes sont presque tous à une hauteur voisine des neiges; aussi la traversée en est-elle difficile.

A l'*est* des Andes, l'Amérique du Sud se compose de deux **grandes plaines**, et d'un plateau, appelé plateau du Brésil, peu élevé, coupé de belles vallées et couvert d'admirables forêts.

Les plaines commencent au pied de la *Cordillère des Andes*; elles descen-

Exercices : Dessinez l'Amérique du Sud. Marquez-y l'équateur et les tropiques; indiquez à droite et à gauche de la feuille la place occupée en latitude par l'Afrique et l'Australie par rapport à l'Amérique du Sud. — Le relief de l'Amérique du Sud. Comparez-le à celui de l'Amérique du Nord, à celui de l'Europe, de l'Afrique.

dent peu à peu vers les **rivages du Nord-Est** et du *Sud-Est*.

HYDROGRAPHIE.

442. L'Amérique Méridionale a de nombreux cours d'eau, qui coulent tous à l'est des Andes.

Les plus grands sont : le *Magdalena*, l'Orénoque, le fleuve des Amazones, le *Rio San Francisco* et le Rio de la Plata.

Le *Rio Magdalena* se jette dans la mer des Antilles.

L'Orénoque traverse la région des **Llanos** (on prononce *Lianos*), vastes espaces marécageux et herbeux dans la saison des pluies, stériles dans la saison sèche.

Un affluent de l'Orénoque, le *Cassiquiare*, envoie aussi une partie de ses eaux au *Rio Negro*, affluent de l'*Amazone*. Ainsi les deux fleuves communiquent par une sorte de canal naturel.

443. Le fleuve des **Amazones**, appelé aussi **Marañon** (on prononce *Maragnon*), est *la masse d'eau courante* la plus considérable du Globe. Il prend sa source dans les hautes vallées des Andes. Ses deux rives sont, sur certains points, distantes de vingt-cinq kilomètres; d'un bord on ne voit pas l'autre, et le vent y soulève de véritables tempêtes.

Sa longueur est de 6 200 kilomètres.

Ses principaux affluents sont le *Rio Negro* et le Rio Madeira. Le *Tocantins* possède une embouchure séparée.

Le bassin de l'Amazone, chaud et humide comme une serre, est la région des **Selvas** ou **forêts vierges**. Les massifs d'arbres arrachés par le fleuve y forment de vraies îles flottantes.

444. Le Rio de la Plata parcourt la plaine du Sud-Est. Il se forme de trois cours d'eau : le **Paraguay**, le **Parana** et l'**Uruguay**.

Dans le bassin du Rio de la Plata la végétation consiste en hautes herbes, qui poussent au moment des pluies et meurent pendant la sécheresse. Ces herbes couvrent la région des **Pampas**.

CLIMAT. — PRODUCTIONS.

445. Le **climat** de l'Amérique Méridionale est chaud au *Nord* et au *Sud*. Entre les *deux tropiques*, les saisons des pluies alternent régulièrement.

La chaîne des Andes offre tous les climats du monde : au pied, la chaleur et les végétaux de la zone torride; à mi-hauteur, la température de l'Europe centrale; vers le sommet, le froid polaire. — Les plaines sont très fertiles.

Aucune partie du monde n'offre autant de productions variées.

446. Les principales productions sont : le **café**, le *tabac*, le cacao, le *sucre*, le *coton*, le quinquina, l'acajou, le palissandre, l'*arbre à caoutchouc*. On trouve l'*or*, l'*argent*, le cuivre, le **salpêtre** dans les Andes; les *diamants* au Brésil.

Les animaux sauvages sont les **jaguars**, les singes, les **tapirs**, le **lama** et la *vigogne*.

Questionnaire.

Quelles sont les bornes de l'Amérique Méridionale? — Comment se termine-t-elle au Sud? — Quel est le point des terres américaines le plus rapproché du pôle Sud? — Décrivez le littoral de l'Atlantique et indiquez-en les points principaux. — Donnez une idée générale du relief du sol dans l'Amérique Méridionale. — Décrivez les Andes. — Contiennent-elles beaucoup de volcans? — Quels sont les principaux sommets? — Les Andes sont-elles faciles à franchir? — Montrez la direction des deux grandes plaines. — Parlez du plateau du Brésil. — De quel côté des Andes coulent tous les cours d'eau de l'Amérique du Sud? — Énumérez les principaux. — Qu'est-ce que les Llanos? — Décrivez l'Amazone. — A-t-il beaucoup d'affluents? — Décrivez la région des forêts vierges. — Décrivez le Rio de la Plata. — Qu'est-ce que les Pampas? — Quel est le climat de l'Amérique Méridionale? — Quelles sont les productions végétales de l'Amérique du Sud? — Les productions minérales? — Les principaux animaux?

CARTE DE L'AMÉRIQUE DU SUD. — Pour faire la carte de l'Amérique du Sud, procédez de la manière suivante. Tracez une ligne horizontale AB. Le point A sera la pointe Parina et le point B le cap San Roque. Par le point C situé au quart de AB,

à partir de A, abaissez la perpendiculaire CD égale à AB et prolongez-la d'un tiers jusqu'en E. Le point D sera le cap Froward et le point E la presqu'île Paraguana sur la

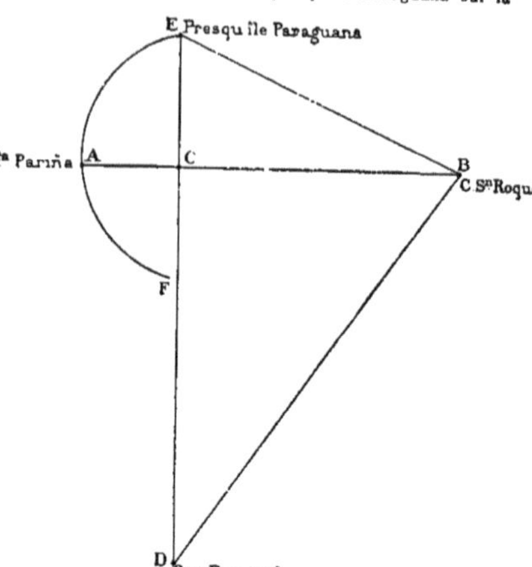

Croquis de la carte de l'Amérique du Sud.

côte de Vénézuéla.

Les lignes BE, BD donnent la direction générale des côtes Nord-Est et Sud-Est. Un arc

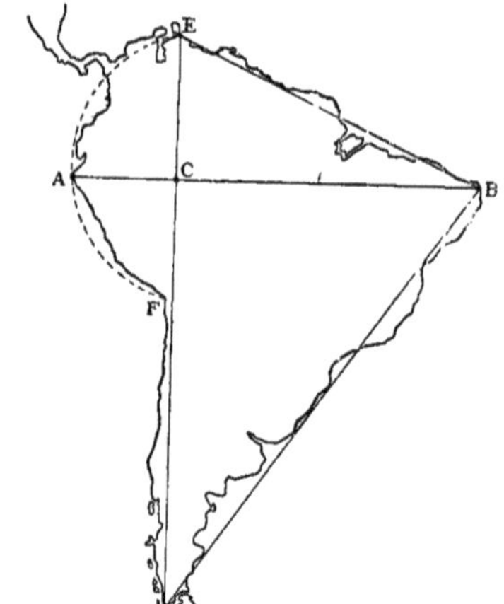

Croquis de la carte de l'Amérique du Sud.

de cercle EAF donne la direction de la côte de la Colombie et du Pérou.

EXERCICES : Tracez l'Orénoque, le fleuve des Amazones avec ses principaux affluents. Nommez-les. — Même exercice pour le Rio de la Plata. — Indiquez les régions de Llanos, de Selvas, de Pampas.

SOIXANTE ET UNIÉME LEÇON. — **Amérique du Sud politique.**

RACES, RELIGION, GÉOGRAPHIE ÉCONOMIQUE
ET POLITIQUE.

447. La population se compose d'Indiens, les uns sauvages, les autres à demi civilisés : c'est la race indigène; de **descendants d'Européens** (créoles), d'Européens immigrés, *Espagnols, Portugais, Italiens, Français*, etc., et de *métis*. — On parle surtout le portugais et l'espagnol. — Le *catholicisme* est la religion dominante.

L'Amérique du Sud est divisée en *dix* États indépendants, qui sont :

Sur le *Pacifique* et l'*Atlantique*, la **Colombie**; sur le *Pacifique*, la République de l'Équateur, le **Pérou**, le **Chili**;

Sur l'*Atlantique*, la **République Argentine**, l'Uruguay, le **Brésil**, le Vénézuéla;

Au *centre*, la Bolivie, le Paraguay.

Tous ces États ont le gouvernement républicain.

Les Européens n'ont plus que trois colonies : les Guyanes *française, hollandaise, anglaise*, sur l'Atlantique.

448. La **République de Colombie** s'étend sur le *Pacifique* et sur l'*Atlantique*, et possède l'*isthme de Panama*.

La capitale est *Santa-Fé de Bogota*.

Les villes de *Colon* (ou Aspinwall) sur l'Atlantique, et de *Panama* sur le Pacifique, situées sur les deux côtés de l'isthme, pourront devenir de grands ports. En attendant le percement du *canal*, elles sont reliées par un chemin de fer.

449. *États du Pacifique*. — La république de l'Équateur a pour capitale *Quito*, construite à la hauteur où commenceraient en Europe les neiges persistantes (2850 mètres); mais sous l'équateur cette ville jouit d'un climat très doux.

Le port principal est *Guayaquil*.

450. Le **Pérou** a pour richesses principales les champs de *salpêtre*, les *mines* et les immenses dépôts du *guano*, qui sert d'engrais pour l'agriculture. Ces dépôts, produits par des excréments d'oiseaux de mer, se trouvent surtout dans les îles voisines de la côte.

La capitale est Lima, qui a pour port la ville du *Callao*.

Ces différents pays récoltent le *café*, le *cacao*, la *canne à sucre*, le *quinquina*.

451. Le **Chili**, tout à fait au Sud, est peu étendu, mais important. C'est une étroite bande de terrain qui longe le Pacifique.

Le climat est presque semblable à celui de l'Europe, ce qui permet aux Européens de travailler dans les mêmes conditions que chez eux.

Le Chili est à la fois un pays *agricole et minier*. Il est malheureusement isolé à l'est des Andes. On y exploite l'*argent* et le **cuivre**. On y cultive avec succès les *céréales*, la *vigne* et les *arbres fruitiers* d'Europe.

L'*industrie* n'est pas encore active. Mais l'existence d'importants gisements de *houille* lui assure un bel avenir.

La capitale est *Santiago*; le port principal, très fréquenté, est Valparaiso.

Autres ports : *Valdivia, Coquimbo*.

Tout à fait au sud de l'Amérique s'étend la *Patagonie*, que se sont partagée le Chili et la République Argentine. Elle est mal connue et peu habitée.

Tous ces États du Pacifique, parcourus par les Andes, sont montagneux, riches surtout par les *mines*.

452. *États de l'Atlantique*. — La **République Argentine** ou de *la Plata*, située au Sud, comprend la région des Pampas.

Elle a d'immenses troupeaux de bœufs, de *moutons*, de *chevaux*. La laine, le cuir et même la chair de ces animaux font l'objet d'un commerce considérable avec l'Europe.

La capitale est Buenos Aires (880 000 hab.), port à l'embouchure du Rio de la Plata, où sont établis beaucoup d'*Espagnols*, de *Français* et d'*Italiens*. Mais le port nouveau de *la Plata*, établi un peu plus à l'Est, lui fait une forte concurrence.

Les chemins de fer sont nombreux dans la République Argentine, plusieurs lignes vont jusqu'au pied des Andes.

453. L'**Uruguay** a pour capitale le port de Montevideo, situé sur le Rio de la Plata, en face de Buenos Aires

454. Le **Brésil** est de beaucoup le plus important de tous les États de l'Amérique Méridionale; il comprend la plus grande partie de la *côte de l'Atlantique*, la plaine presque entière de l'*Amazone*, et une partie de la plaine du *Paraguay*.

Toutes les productions de l'Amérique Méridionale s'y trouvent réunies : l'or, l'argent, les diamants, les bois de toute espèce, le cacao, le café, le *sucre*, le *coton*, le tabac, etc. Mais ces immen-

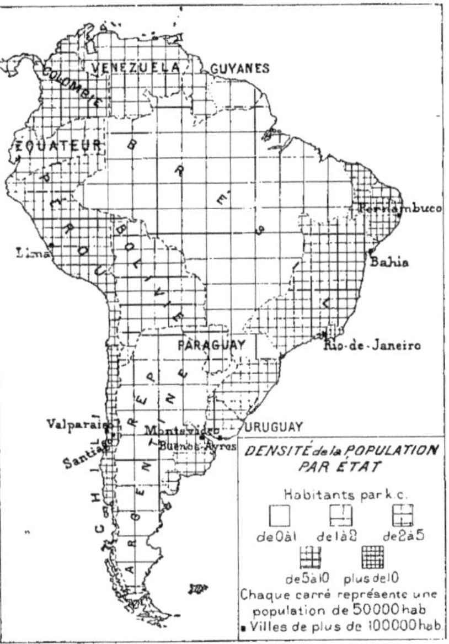

ses richesses n'ont été encore exploitées qu'en partie.

Le Brésil n'a encore que 14 millions d'habitants, quoique sa superficie soit presque égale à celle de l'Europe.

Ces habitants sont d'anciens *Portugais*, des Européens immigrés, des *Indiens sauvages*, qui errent dans les forêts vierges, et des nègres. L'esclavage a été aboli en 1889.

Le Brésil est une république depuis 1890.

La capitale est **Rio de Janeiro**

Gravé par Mme Perrin.

Ch. Bonnasseur, delt

(500 000); les villes principales, **Bahia**, *Pernambuco*.

Ces trois villes sont des ports très fréquentés. La vaste baie de Rio de Janeiro, complètement entourée de montagnes, est l'un des plus beaux points de la Terre.

Le **Vénézuéla**, au Nord, a pour capitale *Caracas*, près de laquelle se trouve le port de *la Guaira*.

455. *États du Centre.* — Le Paraguay, situé au centre de l'Amérique, loin des deux océans, a pour capitale *Asuncion*.

456. La **Bolivie**, au sud-est du Pérou, arrivait à la mer par une étroite bande

Chemin de fer dans la Pampa.

de terre, dont le Chili a pris possession. La capitale est *Chuquisaca* ou *Sucre*, située au milieu des Andes.

457. *Possessions européennes.* — Les trois **Guyanes**, *française, hollandaise, anglaise*, situées au nord-est du Brésil, sur l'Atlantique, sont un pays chaud, humide, couvert de forêts; la capitale de la Guyane française est *Cayenne*, celle de la Guyane hollandaise, *Paramaribo*, et celle de la Guyane anglaise, *Georgetown*.

RÉSUMÉ. — *Communications.*

458. L'Amérique du Sud exporte surtout des *productions naturelles*. C'est peut-être, sous ce rapport, la région la plus riche du monde entier. Mais jusqu'à présent les habitants n'ont pas su mettre en œuvre les produits du sol. Il n'y existe ni grande industrie, ni grands réseaux de voies ferrées.

Le grand obstacle aux rapports entre l'*Est* et l'*Ouest* est la Cordillère des

Andes. On a cependant construit dans le Pérou le chemin de fer le plus haut qu'il y ait sur le Globe; il monte à quatre mille mètres, mais il ne s'étend pas au delà du versant étroit du Pacifique.

L'*Amazone* et le *Rio de la Plata* sont parcourus par des bateaux à vapeur jusqu'au centre même du continent, et deviendront le siège de grandes villes et d'un commerce très considérable.

Par mer, les communications avec l'Europe sont faciles sur la côte de l'Atlantique. Les ports les plus fréquentés sont : *La Guaira, Pernambuco, Bahia, Rio de Janeiro, Montevideo, Buenos Aires*; ils sont reliés à l'Europe par un télégraphe sous-marin.

Du côté du *Pacifique*, les communications sont longues, parce que pour y arriver d'*Europe* ou d'*Afrique* il faut contourner l'extrémité du continent, jusqu'au jour où un canal traversera l'*isthme de Panama*. Cependant de nombreux navires, surtout anglais, font le commerce avec toute la côte occidentale. Ils franchissent le détroit de Magellan, ou vont, plus au Sud, doubler le cap Horn, et se rendent à **Valparaiso**, au **Callao**, à *Guayaquil*, à *Panama*.

Questionnaire.

Quelles sont les races ou familles de peuples dans l'Amérique du Sud? — Quelle est la religion dominante? — Énumérez les États indépendants; les possessions européennes. — Quel est le gouvernement de ces États? — Parlez de la Colombie. — Décrivez successivement chacun des États du Pacifique. — Indiquez leur aspect général, leurs principales sources de richesse. — Parlez de la République Argentine. — A quelle région correspond le Brésil? — Quelles sont ses productions? — Quelle en est la population? — Capitale et villes principales? — Parlez de l'Uruguay, du Vénézuéla, du Paraguay, des trois Guyanes.

Quelles sont les principales richesses de l'Amérique du Sud? — Y a-t-il de grandes industries?

Les communications sont-elles faciles dans l'Amérique du Sud? — Quel est le grand obstacle aux relations entre l'Est et l'Ouest? — Quelles sont les voies naturelles de communication à l'intérieur. — Ports principaux communiquant avec l'Europe? — Va-t-on facilement par mer à la côte du Pacifique? — Comment y va-t-on?

Résumé et revision générale. — Golfes? Caps? Principaux sommets? Grands fleuves? États principaux? — Comparez l'Amérique du Sud à l'Amérique du Nord. — La disposition du sol est-elle la même? — Le climat est-il semblable? — Les productions sont-elles les mêmes? — L'Amérique du Sud est-elle plus ou moins industrielle? — Comparez-la à l'Asie pour la disposition du sol et le climat; pour les productions. — Comparez-la à l'Afrique.

CONSEILS AUX MAÎTRES. — Faites faire le croquis de l'Amérique du Sud et indiquer la position des États et des villes énumérés dans la leçon. — Faites faire le croquis des deux Amériques réunies, et indiquer les pays où l'on parle anglais, espagnol, portugais.

Faites à vos élèves l'historique des colonies anglaises, espagnoles et portugaises de l'Amérique.

SOIXANTE-DEUXIÈME LEÇON. — **Océanie.**

GÉNÉRALITÉS. — SITUATION.

459. L'**Océanie** tire son nom de sa situation au milieu de l'océan Pacifique. Elle est formée d'un *petit continent*, l'**Australie**, et d'un nombre prodigieux d'îles disséminées sur un vaste espace de mer.

Elle n'a pas de limites précises et va de l'Asie aux environs de l'Amérique.

On la divise généralement en **Malaisie, Mélanésie** et **Polynésie** (subdivisée en *Micronésie*). Mais ces divisions sont en grande partie conventionnelles.

Les îles de la Malaisie sont plutôt asiatiques qu'océaniennes. De là le nom d'Australasie qu'on donne souvent à la partie ouest de l'Océanie.

ÎLES ENTRE L'ASIE ET L'AUSTRALIE
OU MALAISIE.

460. L'archipel de très grandes îles qui s'étend entre l'Asie et l'Australie, et auquel on donne souvent le nom de **Malaisie**, ou pays des *Malais*, est partagé en plusieurs groupes distincts.

Ses principales divisions sont : les îles de la Sonde, au Sud; île de Bornéo, l'*île de Célèbes*, au centre; les **Moluques**, à l'Est; les **Philippines**, au Nord.

La plupart de ces îles se rattachent à l'Asie mieux qu'à l'Océanie.

Il faut néanmoins établir une distinction.

Une fosse marine très profonde sépare les *Philippines, Bornéo, Sumatra, Java* du reste des îles malaises.

Tout ce qui est à l'ouest de ce fossé se rattache vraiment à l'Asie. A l'est, les îles présentent un caractère intermédiaire entre l'Asie et l'Australie.

EXERCICES : Dessinez les côtes asiatiques et les îles des mers de Chine, de la Sonde. — Comparez cette région à celle de l'Amérique Centrale et des Antilles, à celle de la Méditerranée. — Dessinez l'Australie et la Tasmanie, la Nouvelle-Zélande. — Comparez l'Australie à l'Amérique du Sud et à l'Afrique.

461. Les *îles de la Sonde*, une grande partie de *Bornéo*, *Célèbes*, les *Moluques* appartiennent à la **Hollande**; elles ont 27 millions d'habitants.

Les **îles de la Sonde** s'étendent en une longue rangée, depuis la presqu'île de *Malacca* en Asie jusqu'à l'*Australie*, entre l'océan Pacifique au Nord et l'océan Indien au Sud. Elles sont bordées au Nord par la **mer de Java**.

Les plus grandes sont **Sumatra** et **Java**; elles produisent du *riz*, du poivre, du **café**, des bois précieux, de l'**étain**.

Java est très belle, couverte de hautes montagnes, de *volcans* en activité, mais aussi de forêts et de cultures. On y trouve l'*arbre à pain*, le *sagoutier*, etc.

La mer de Java est dangereuse. Des courants violents passent à chaque

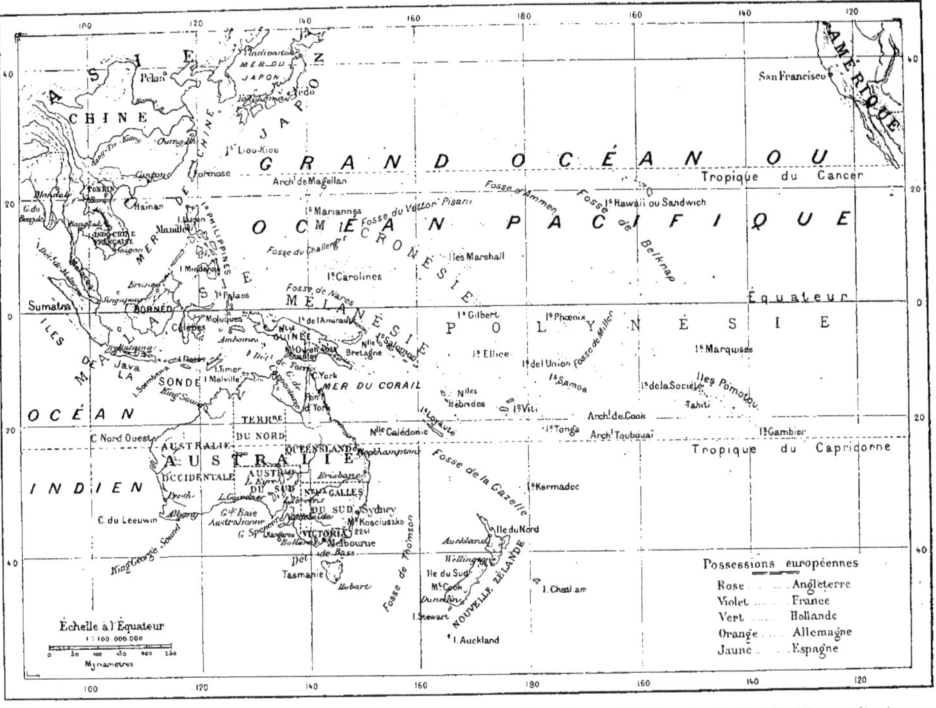

marée entre les îles, et s'écoulent d'un Océan dans l'autre.

Sumatra est plus grande, mais moins belle que Java. Ces deux îles ont les mêmes cultures, mais Sumatra est encore inculte dans de vastes régions de l'intérieur.

Les *îles de la Sonde* s'alignent à la suite les unes des autres, formant une longue rangée d'îles, dont les plus grandes sont celles de l'Ouest.

Au nord des îles de la Sonde s'étendent les archipels des *Moluques* et des *Philippines*, et la grande île de *Bornéo*. C'est comme une partie du monde intermédiaire entre l'Asie et l'Océanie. Les îles ressemblent plus ou moins à l'une ou à l'autre de ces régions, suivant qu'elles en sont plus ou moins proches.

Les **Moluques** produisent du poivre, de la *cannelle*. C'est le pays des épices. La ville principale est *Amboine*.

Bornéo est plus grande que la France, boisée, bien arrosée, fertile. On y trouve de la *houille*, des *diamants*.

Une partie de l'île est indépendante. L'extrémité septentrionale appartient aux *Anglais*; la partie centrale et méridionale aux *Hollandais*.

La capitale des possessions hollandaises de Malaisie est **Batavia** (101 000 hab.), dans l'île de Java. C'est une belle ville et un port très fréquenté, à cause de sa situation entre l'Asie et l'Australie.

462. Les îles **Philippines** appartiennent à l'**Espagne**; la plus grande est *Luçon*, qui produit du café et du *tabac*. La capitale est **Manille** (182 000 hab.). Les Philippines ont une population totale de 5 millions d'habitants.

Les habitants de ces archipels sont des *Malais* et autres indigènes, des *Hollandais*, des *Espagnols*, des *Chinois* émigrés.

AUSTRALIE.

463. *Situation. Relief du sol.* — L'Australie est située au sud-est de l'Asie, entre l'océan **Pacifique** et l'océan **Indien**, et bornée au Nord par le détroit de **Torrès**, obstrué de récifs de corail.

Elle est d'un tiers plus petite que l'Europe.

L'Australie ne ressemble à aucune autre partie du Globe, ni par ses animaux, ni par ses plantes, ni par sa configuration. On a quelquefois dit que c'est un continent qui ne semble pas encore terminé.

Elle n'a pas de hautes montagnes : les seules qui aient quelque importance forment une *cordillère* qui longe la *côte orientale*; leur point culminant n'atteint pas 2 200 mètres et ne porte des neiges que pendant l'hiver. Le reste du pays est une vaste étendue ondulée, sans grandes pentes, et formant une suite de déserts très monotones.

464. *Côtes.* — Les côtes sont peu découpées et ne présentent que peu de caps ou de golfes. La principale presqu'île est la péninsule d'**York**, au Nord. Les principaux golfes sont : le golfe

de **Carpentarie**, au Nord; le golfe **Saint-Vincent**, le golfe **Spencer** et la grande **baie Australienne**, au Sud.

Les principaux caps sont : le **cap York** au Nord-Est, le **cap Wilson** au Sud-Est, le **cap du Leeuwin** au Sud-Ouest.

465. *Hydrographie.* — L'Australie, n'ayant pas de hautes montagnes et recevant fort peu de pluie, n'a pas de grands fleuves.

Un seul cours d'eau mérite le nom de fleuve : c'est le *Murray*, qui reçoit le *Darling* et se jette au Sud.

Les autres rivières du continent sont très courtes et très pauvres. Certaines ne coulent que dans les époques pluvieuses et se dessèchent ensuite pour plusieurs années.

Leurs eaux ne vont pas toujours jusqu'à la mer : elles s'arrêtent sur le sol et y forment des lacs sans profondeur, qui grandissent ou diminuent chaque année. Les plus vastes sont les lacs **Eyre**, **Torrens** et **Gairdner**.

466. *Climat. Productions.* — L'Australie, étant située au sud de l'équateur, a un climat plus chaud au Nord, plus doux au Sud. Elle est sèche et n'a de parties vraiment fertiles qu'au pied des montagnes, au bord des rivières et le long des côtes. Le reste du pays est désert, gris, sablonneux ou pierreux. Certaines parties d'ailleurs sont encore inconnues ou mal connues.

L'Australie fournit de la *houille*, du *fer*, du *cuivre*, de l'*or*, des **moutons** à laine très fine.

Elle a un arbre au feuillage particulier, l'*eucalyptus*, qui assainit les pays marécageux ; des animaux étranges, le *kangourou*, qui bondit sur ses jambes de derrière, et l'*ornithorhynque*, qui possède quatre pieds comme les quadrupèdes et un bec comme les oiseaux.

Population. — La population indigène, qui appartenait à une race noire, a presque entièrement disparu et a été remplacée par une population européenne, composée principalement d'Anglais.

467. L'île de Tasmanie, au Sud, séparée de l'Australie par le *détroit de Bass*, est moins sèche, mais d'ailleurs lui ressemble beaucoup.

468. La **Nouvelle-Zélande**, au Sud-Est, loin de l'Australie, se compose de deux îles, hérissées de très hautes montagnes. Le mont **Cook**, le sommet le plus élevé, a 3 770 mètres au-dessus

de la mer. De ces montagnes descendent des glaciers, de beaux torrents, qui forment de grands lacs et des fleuves abondants.

Les indigènes, qu'on appelle *Maoris*, ont, comme ceux de l'Australie, presque disparu devant les Européens.

469. *Géographie politique.* — L'Australie, la Tasmanie et la Nouvelle-Zélande sont des **colonies anglaises**, mais elles ont une administration presque indépendante.

L'**Australie** est partagée en cinq provinces ; les principales sont : la **Nouvelle-Galles du Sud** et la province de **Victoria** au Sud-Est, l'**Australie du Sud** au Sud. C'est dans la province de Victoria que se trouvent les *plus grandes mines d'*or. L'Australie du Sud est surtout *agricole* et pastorale.

L'Australie a 3 500 000 habitants. Ce nombre est destiné à augmenter, car les parties cultivables peuvent suffire à un grand nombre d'hommes.

Les principales villes sont : **Melbourne** (490 000 hab.), sur la côte méridionale, capitale de la province de Victoria, et **Sydney** (383 000 hab.), sur la côte orientale, capitale de la Nouvelle-Galles du Sud.

Ce sont deux villes tout européennes et en rapports incessants avec l'Angleterre. Deux expositions universelles ont déjà eu lieu à Melbourne et à Sydney.

Les autres villes importantes sont : *Adélaïde* et *Ballarat* au Sud-Est, *Brisbane* au Nord-Est.

L'Australie possède actuellement 23 930 kilomètres de chemins de fer.

L'Australie est traversée du Sud au Nord par une *ligne télégraphique* qui, à travers les mers asiatiques, va rejoindre l'Europe. On peut recevoir en quelques instants à Paris une dépêche envoyée de Melbourne.

La **Nouvelle-Zélande** prend comme l'Australie un grand développement. Elle est habitée par beaucoup d'*Anglais* ; elle a des chemins de fer, des bateaux à vapeur sur ses lacs et ses fleuves. Son industrie prend une assez grande extension. Les principales villes sont *Auckland* et *Wellington*.

MÉLANÉSIE ET POLYNÉSIE.

470. La **Mélanésie** est située au nord-est de l'Australie.

Elle se compose d'une grande île et de beaucoup de petites.

La grande île est la **Nouvelle-Guinée**, séparée de l'Australie par le détroit de

Torrès. C'est une terre peu connue encore, avec des forêts, de beaux fleuves, des montagnes plus hautes que les Alpes. On y trouve l'*oiseau de paradis*. Les Européens s'y sont établis : les *Hollandais* à l'Ouest, les *Anglais* au Sud-Est, les *Allemands* au Nord-Est.

Les principaux archipels ou îles secondaires sont :

471. La *Nouvelle-Calédonie*, à 50 jours de Marseille par Suez, est trois fois grande comme la *Corse*. Les îles *Loyalty* ou *Loyauté* à l'Est, les îles *Chesterfield* à l'Ouest, en dépendent.

Elle compte 62 000 habitants, dont 17 000 Européens. Parmi eux, il y a 4 200 colons volontaires. Les autres sont fonctionnaires, soldats ou forçats. Le climat est chaud, mais très salubre.

L'île a d'importantes richesses minières, notamment des filons de *nickel*.

La *Nouvelle-Bretagne*, la *Nouvelle-Irlande*, appartiennent à l'*Allemagne* ;

Les îles *Viti* ou *Fidji*, à l'*Angleterre* ;

Les *Nouvelles-Hébrides* sont indépendantes, grâce à la rivalité de la France et de l'Angleterre.

472. La **Polynésie** comprend les autres archipels océaniens répandus dans le Pacifique, au sud et au nord de l'équateur.

Les plus intéressants sont :

Les îles *Marquises*, *Touamotou*, de la *Société*, *Gambier*, *Touboual*, *Wallis*, à la *France* ;

Les îles *Sandwich*, qui sont indépendantes.

Les îles **Sandwich** ou **Hawaï** sont les plus septentrionales des terres océaniennes et *les plus voisines des États-Unis*. Elles sont dominées par l'énorme volcan de Maounakéa (4 255 mètres), qui a des éruptions fréquentes et terribles. La capitale, *Honoloulou*, est le grand port entre l'Asie, l'Australie et l'Amérique.

Parmi les autres archipels, on peut citer :

Au Nord-Ouest, les *Carolines* et les *Mariannes*, colonies de l'Espagne ; au Sud-Est, l'*île de Pâques*, qui est comme perdue au milieu des eaux, et qui appartient au *Chili*.

Au nord-ouest des *îles de la Société*, les *États-Unis* possèdent l'île *Christmas*.

La plupart des îles océaniennes sont fertiles et ont un beau climat ; elles servent surtout de points de relâche aux navires qui parcourent le Pacifique.

473. *Population.* — Avant l'arrivée

des Européens, les îles de l'Océanie étaient habitées par plusieurs races d'hommes *bruns* ou *noirs*, dont le nombre diminue de jour en jour. Ces peuples vivent encore pour la plupart de la vie sauvage et sont prodigieusement habiles à manier leurs pirogues sur les vagues de la mer. Quelques-uns sont restés anthropophages, d'autres ont été à demi convertis par les missionnaires catholiques ou protestants.

Questionnaire.

Où est l'Océanie? — D'où vient son nom? — De quoi se compose-t-elle? — A-t-elle des limites précises? — Comment la divise-t-on généralement? — Ces divisions sont-elles exactes? — Quelle est la différence entre l'ouest et l'est de l'Océanie? — Expliquez comment des îles se forment dans les parties chaudes de l'Océanie. — Toutes les îles océaniennes sont-elles formées de coraux? — Où est la Malaisie? — Quelles sont ses principales divisions? — Quelles sont les possessions de l'Espagne? — de la Hollande? — Décrivez les îles de la Sonde, et en particulier Java, Sumatra. — Ces îles ont-elles des volcans? — Sont-elles cultivées? — Dites quelle est la disposition générale des îles de la Sonde. Dans quelle direction sont-elles alignées? — Appartiennent-elles complètement à l'Asie, ou complètement à l'Océanie? — Parlez des Moluques, de Bornéo. — Quelle est la capitale des possessions hollandaises? — Parlez des Philippines. — Quels sont les habitants de la Malaisie?

Où est située l'Australie? — D'où vient son nom? — Ressemble-t-elle aux autres parties du monde? — Décrivez le relief du sol. — Quels sont les points principaux sur les côtes? — L'Australie a-t-elle de grands fleuves? — Pourquoi n'en a-t-elle pas? — Quel est le seul grand cours d'eau? — Quelle particularité présentent les autres rivières? — Y a-t-il des lacs? — Citez-les. — Quel est le climat de l'Australie? — Est-ce un pays fertile? — Quels sont ses animaux ou végétaux particuliers? — Quelle est sa population? — Où est la Tasmanie? — la Nouvelle-Zélande? — Décrivez la Nouvelle-Zélande. — Y a-t-il encore beaucoup d'indigènes? — A qui appartiennent l'Australie, la Nouvelle-Zélande, la Tasmanie? — Comment est partagée l'Australie? — Quelles en sont les provinces principales? — Où se trouvent les plus grandes mines d'or? — Combien l'Australie a-t-elle d'habitants? — Quelles sont les grandes villes? — Comment l'Australie communique-t-elle avec l'Europe? — Quelles sont les villes de la Nouvelle-Zélande?

Où est située la Mélanésie? — Quelle en est la plus grande île? — Décrivez-la. — Quels sont les autres archipels?

Que comprend la Polynésie? — Quels sont les principaux archipels? — A quelles puissances appartiennent-ils? — Décrivez les îles Sandwich. — A quoi tient surtout leur importance? — Parlez des populations de la Polynésie.

CONSEILS AUX MAITRES. — Faites dessiner le croquis de l'Australie et indiquer la position des villes citées dans la leçon.

Faites dessiner la Malaisie. — Décrivez la route de Marseille à Melbourne, de San-Francisco à Melbourne, etc.

CHAPITRE X

MÉDITERRANÉE ET MER ROUGE.

SOIXANTE-TROISIÈME ET SOIXANTE-QUATRIÈME LEÇON. — **Noms et position des pays (Europe, Asie et Afrique) situés sur la Méditerranée et la mer Rouge. Ports par lesquels ces pays sont en relation avec l'Égypte. (Résumé général.)**

474. La mer Méditerranée, comme son nom l'indique, est un grand lac au milieu des terres. Elle communique avec l'Océan par un détroit de 18 kilomètres de large, le détroit de Gibraltar, et avec la mer Rouge par le canal de Suez. Ce sont les deux portes de la Méditerranée.

Elle forme plusieurs mers secondaires très importantes; les principales sont la mer Adriatique et la mer Noire.

La mer Adriatique est comme un grand golfe qui s'enfonce jusqu'au centre de l'Europe, entre l'Italie à l'Ouest, la Turquie et l'Autriche à l'Est. C'est la route naturelle du commerce

EXERCICES : Supposez un voyage en Océanie où l'on passe par les colonies anglaises; quel sera le voyage? — Indiquez les avantages pour les pays d'Europe d'avoir des colonies en Océanie.

de l'Orient avec l'Europe centrale. La mer Noire est aussi un grand golfe qui pénètre profondément entre l'Europe et l'Asie. Les Dardanelles et le Bosphore, appartenant à la Turquie, sont le seul passage qui y donne accès. C'est par cette voie que passe une grande partie du commerce de l'Asie occidentale.

475. Les pays situés sur la Méditerranée et les mers qui en dépendent sont :

1° En Europe, l'*Espagne*, la *France*, l'*Italie*, l'*Autriche*, la *Grèce*, la *Turquie*, la *Bulgarie*, la *Roumanie* et la *Russie*. (Voir géographie de l'Europe et géographie de la Turquie.)

2° En Asie, la *Transcaucasie*, appar-

en Transcaucasie; *Smyrne*, en Asie Mineure; *Beirout* et *Jaffa*, en Syrie; *Ben-Ghâzi* et *Tripoli*, en Tripolitaine; *Tunis*, en Tunisie; *Alger* et *Oran*, en Algérie; *Gibraltar*, possession anglaise au sud de l'Espagne; *La Valette*, dans l'île de Malte.

De nombreuses lignes de navigation sillonnent la Méditerranée dans tous les sens et relient directement ou indirectement tous ces ports à Alexandrie. Parmi ceux qui ont avec l'Égypte le plus de relations, il faut citer spécialement : *Marseille, Brindisi, Trieste, Le Pirée, Constantinople, Odessa, Smyrne* et *Beirout*.

477. Depuis le percement du canal de Suez, la Méditerranée est la grande

Elle forme au Nord deux golfes : le golfe de *Suez* et le golfe d'*Akabah*, entre lesquels se trouve la presqu'île du *Sinaï*.

La mer Rouge n'est séparée de la Méditerranée que par *l'isthme de Suez*, coupé aujourd'hui par le canal du même nom. C'est la mer la plus chaude du Globe.

Les îles de la mer Rouge sont en général inhabitées, à cause du manque d'eau. Les plus remarquables sont l'île *Perim* dans le détroit de Bab-el-Mandeb, appartenant aux Anglais, l'île Camaran, où est installé le lazaret pour les pèlerins venant par le Sud, et l'île Dahlak, près du Massaouah.

479. En Égypte et en Nubie, la mer Rouge est bordée par des déserts montagneux ; plus au Sud, elle est séparée du plateau de l'Abyssinie par une plaine infertile et peu peuplée, le pays des *Afar* ou *Dànakils*. En Arabie, les pays riverains offrent des ressources plus abondantes ; cependant, à cause de la sécheresse du climat, la population y est clairsemée, le commerce et l'industrie peu importants. Il n'est donc pas étonnant qu'on ne rencontre sur les bords de la mer Rouge que des ports d'importance secondaire au point de vue général, mais qui ont pour l'Égypte une importance de premier ordre, puisque c'est en Arabie que sont situés les Lieux Saints de l'Islam et que la plupart des navires qui trafiquent dans la mer Rouge appartiennent à des Égyptiens.

Marseille.

tenant à la Russie, et différentes régions de l'Empire Ottoman, qui sont l'*Asie Mineure* et la *Syrie*. (Voir Asie physique et politique et Turquie d'Asie.)

3° En Afrique, l'*Égypte*, la *Tripolitaine*, la *Tunisie*, l'*Algérie* et le *Maroc*. (Voir Afrique physique et politique.)

476. Les ports par lesquels les pays méditerranéens sont en relation avec l'Égypte sont : *Barcelone*, en Espagne; *Marseille*, en France; *Gênes, Livourne, Naples, Brindisi* et *Venise*, en Italie; *Palerme*, en Sicile; *Trieste*, en Autriche; *Athènes* (*Le Pirée*), en Grèce; *Salonique* et *Constantinople*, en Turquie; *Varna*, en Bulgarie; *Odessa*, en Russie; *Batoun*,

route commerciale de l'Ancien Continent.

4 000 navires à vapeur transitent chaque année dans le canal, mettant en communication non seulement les ports méditerranéens, mais tous les grands ports de l'Europe avec ceux de l'Afrique orientale, de l'Asie et de l'Australie. (Voir plus loin, Commerce de l'Égypte.)

478. La **mer Rouge** est quelquefois appelée golfe Arabique. C'est en effet un golfe assez étroit, formé par l'océan Indien. Elle s'allonge entre l'Arabie à l'Est, l'Égypte, la Nubie et l'Abyssinie à l'Ouest. L'entrée de la mer Rouge est formée par le détroit de *Bab-el-Mandeb*.

480. Les ports de la mer Rouge les plus importants sont : Sur la côte d'Afrique, *Suez*, à l'entrée du canal maritime; *Kosseïr* et *Souakin*, appartenant à l'Égypte; *Massaouah* et *Assab*, appartenant à l'Italie. Sur la côte d'Arabie, *Akabah*, au fond du golfe du même nom; *Yambo*, port de Médine, et *Djeddah*, port de La Mecque, dans le Hedjaz; *Konfondah*, port de l'Assir; *Hodeïdah* et *Moka*, ports du Yémen; *Tor*, dans la presqu'île du Sinaï.

Non loin du détroit de Bab-el-Mandeb sont les ports d'*Aden*, appartenant aux Anglais, sur la côte d'Arabie, et *Obok*, appartenant aux Français, sur la côte d'Afrique (V. géog. d'Arabie).

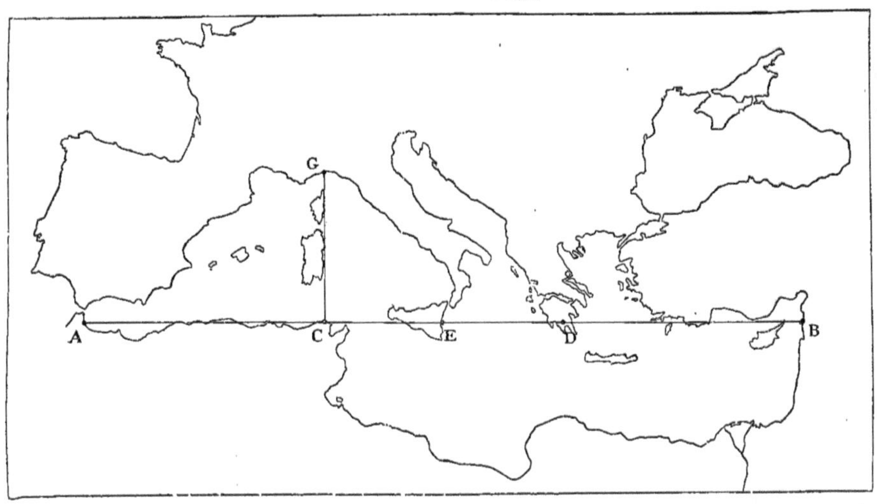

Croquis du bassin de la Méditerranée.

481. La mer Rouge est sillonnée pendant toute l'année par de nombreux navires; mais bien peu s'arrêtent dans ses ports, qui ne sont guère fréquentés que par les bateaux égyptiens. Cependant, à l'époque du pèlerinage, un grand nombre de navires, arrivant de tous les pays musulmans, abordent à Djeddah.

Les pèlerins de la Turquie, de la Tripolitaine, de la Tunisie, de l'Algérie et du Maroc traversent le canal de Suez sur des navires turcs, anglais et français; ceux des Indes et de la Malaisie arrivent par le détroit de Bab-el-Mandeb. Les pèlerins égyptiens s'embarquent à Suez et débarquent, comme les autres, à Djeddah; mais la plupart d'entre eux vont par terre de La Mecque à Médine et se réembarquent à Yambo pour revenir à Suez. Quelques-uns suivent la route de terre de Médine à Akabah, Nakhla et Suez. C'est à Tor, dans la presqu'île du Sinaï, que les pèlerins subissent la quarantaine avant de rentrer dans le pays. (Voir, pour les lignes de navigation, le chapitre sur le commerce de l'Égypte.)

Carte de la mer Rouge.

Questionnaire.

Parlez de la Méditerranée. — Quels sont les pays situés sur la Méditerranée? — Quels sont les ports par lesquels les pays méditerranéens sont en relation avec l'Égypte? — Parlez de la navigation dans la Méditerranée. — Citez les îles de la Méditerranée. — Citez les fleuves qui se jettent dans la Méditerranée et dans les mers qui en dépendent. — Parlez de la mer Rouge. — Parlez des côtes de la mer Rouge. — Citez les ports les plus importants de la mer Rouge. — Parlez de la navigation dans la mer Rouge et du pèlerinage annuel.

CARTE DE LA MÉDITERRANÉE. — Pour faire la carte de la Méditerranée, tracez une ligne horizontale AB. Divisez cette ligne en trois parties égales par les points C et D. Le point A sera la côte du Maroc près de Ceuta, le point C le cap Blanc en Tunisie, le point D le sud de la Morée, et le point B la côte de Syrie un peu au sud du golfe d'Alexandrette. Le milieu E de AB donne le sud de la Sicile. Élevez la perpendiculaire CG égale au cinquième de AB; le point G sera la côte du golfe de Gênes.

Ces points de repère sont suffisants : la ligne AB donne en effet la direction générale de la côte septentrionale du Maroc, de l'Algérie et de la Tunisie, ainsi que la côte de l'Asie Mineure de Rhodes à Alexandrette; elle détermine aussi la position de la Sicile et de la Morée. La ligne CG suit les côtes orientales de la Sardaigne et de la Corse.

CARTE DE LA MER ROUGE. — Pour faire la carte de la mer Rouge, dessinez un triangle rectangle ABC, dont la base BC soit les 3/4 de la hauteur AB. Le point A sera Suez, et le point C le détroit de Bab-el-Mandeb. L'hypoténuse AC donne la direction générale des côtes. Djeddah est à peu près au milieu de la côte d'Arabie; le cap Rouaï est situé en face, sur la côte de Nubie.

BASSE-ÉGYPTE.

M. C. del.

Paysage des bords du lac Nyanza dans l'Ouganda

TROISIÈME PARTIE

ÉGYPTE

CHAPITRE XI

COURS DU NIL. — SOUDAN.

(Voir 1re Partie, Chap. III.)

SOIXANTE-CINQUIÈME LEÇON. — Notions complémentaires sur le cours du Nil et de ses affluents.

482. Région des Grands Lacs. — Le bassin des Grands Lacs, où le Nil prend sa source, est fermé à l'Est par les massifs montagneux de **Kénia** et de **Kilima-Ndjaro**; au Nord-Est, par une chaîne peu connue, dont quelques sommets (*mont Ligoniy*) dépassent 4 000 mètres d'altitude; au Sud, par le plateau d'**Ouniamouézi**; à l'Ouest par les *Montagnes Bleues* et la chaîne des *Explorateurs*, montagnes peu élevées, très voisines du lac *Albert* et du Nil et qui séparent le bassin du *Nil* du bassin du *Congo*.

Une chaîne de montagnes très élevées est située entre le lac *Albert* et le lac *Albert-Edouard* : c'est le **Rouvenzori**, récemment exploré.

De nombreuses rivières descendent de ces montagnes et se jettent dans le **lac Victoria**; les mieux connues sont la *Katanga*, le *Tangouré* et le *Simeyou*.

Le *lac Victoria* est quatre fois plus étendu que la Basse-Égypte : c'est donc une véritable mer d'eau douce. Son altitude est de 1 200 mètres environ. Entre le lac Victoria et le lac Albert, le Nil porte le nom de *Nil Kivira* ou *Nil Somerset*. Il forme deux petits lacs marécageux, le *Gita-N'zigé* et le *Kiodja*, et plusieurs cataractes, dont les principales sont celles de *Ripon* et de *Murchison*.

La région des Grands Lacs est habitée par des nègres païens, organisés en un grand nombre de petits royaumes; le plus important est celui d'**Ouganda**, capitale *Mengo*, situé entre le lac Victoria et le lac Albert.

Depuis quelques années, l'*Angleterre* et l'*Allemagne* se sont partagé ces régions. L'Angleterre s'est emparée de la partie située au nord du lac Victoria, et l'Allemagne du pays situé au sud.

Les possessions égyptiennes du Soudan s'étendaient jusqu'au Nil Somerset et au lac Albert : *Magongo* sur le lac, et *Foveïra* sur le Somerset, avaient des garnisons égyptiennes.

483. Région du Bahr-el-Djebel (ancienne province de l'Équateur). — Du lac *Albert* au confluent du *Bahr-el-Ghazal*, le **Nil** porte le nom de *Bahr-el-Djebel*. Il passe à *Ouadelaï*, *Doufilé*, *Bedden*, *Redjaf* et à *Gondokoro-Lado*.

LÉGENDE
Empire Ottoman
France
G.de Bretagne
Allemagne
Italie
Echelle de 1 : 10.000.000.
100 50 0 100 200 300 Kil.
MER MÉDITERRANÉE
Cyrène (Cyrène)
Djebel el Akhdar
R.et Tih
G.de Bomba
R.el Milh
G.de Solloum
BARKA
(CYRÉNAÏQUE)
Plateau du Ouladne Ali
Désert Libyque
Ras Alem Roum
G.de Bou Cheih
Rosette
Damiette
ALEXANDRIE
Damanhour
Mansourah
Port-Saïd
BASSE ÉGYPTE
O.Natroun
Guiseh
LE CAIRE
Suez
Pyramides
Djaraboub
Garah
O.Djalo
Lebba
Siwa
O.de Siwa (Jupiter Ammon)
Désert
Birket el Keroun
Medinet-el-Fayoum
Beni-Souef
El Bawiti
O.Baharieh
Minia
O.Tarit
O.Ghard
PRESQU'ILE DU SINAÏ
Akaba
Dj.Katherin
Mer Morte
Jérusalem
Jaffa
St Jean d'Acre
DAMAS
Désert de Syrie
Ouadi Sirhan
El Djof
Birket el Djemcimah
GRAND NÉFOUD
Gobbah
CHAMMAR
Dj.Adja
Haïl
Dj.Selma
Dj.el Irth
WAHABITES
Dj.Tooueik
ÉGYPTE
Farafrah
O.Farafrah
Assiout
HAUTE ÉGYPTE
Guergu
Kenn
Kosseïr
Bir Zirhen
Farr
Balat
Khargah
O.Dakhlah
O.Khargah
Armant
Esna
O.de Koufra
Djof
Baris
O.Nourkour
Défilé de Selseleh
Zabarah
Tropique du Cancer
Assouan
Cataracte
Dj.Hamada Ouzki
Ras Bénas
C.Elba
Dj.Guerre
Dj.el Irba
Défilé de Kalabcheh
Amrou
Korosko
Ouadi Halfa
2e Cataracte
O.Selimeh
El Amrar
Tankour
Désert de Nubie
NUBIE
O.Legnie
Hannek
Cataracte
J.Argo
Abou Hamed
Kasr Dongola
Bandak
Cataracte
Abou-Egli
5e Cataracte
Solimanieh
Adi Ming
ENNEDI
Dongola
Ambakol
Djézireh
Berber
El Damer
Harra de Khéïber
Médine
Harra Tourra
LA MECQUE
Souakin
Ras de Souakin
R.Kasar
Méroé
Steppe
MER ROUGE
Desert de Nubie
Souaidan
Bénas

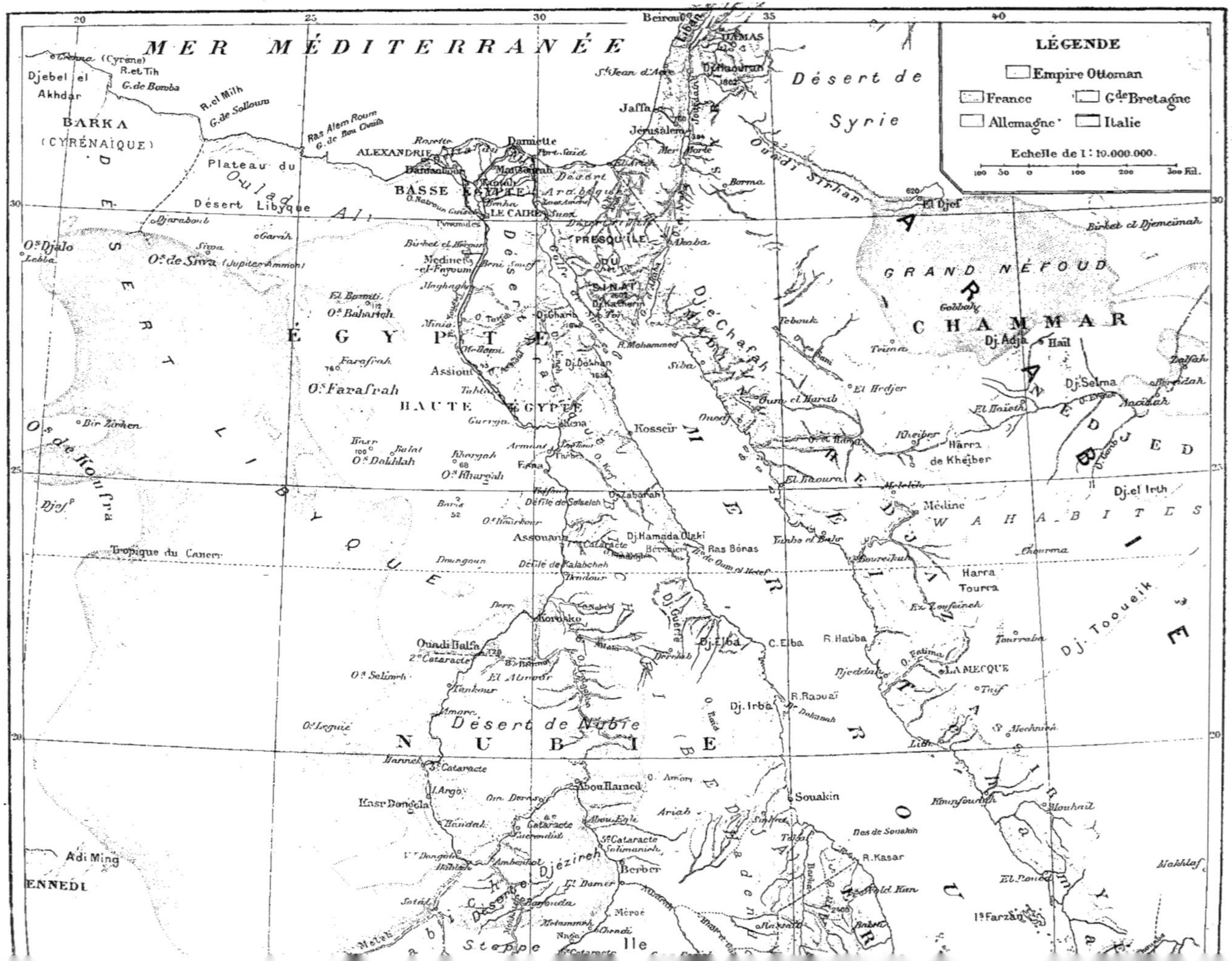

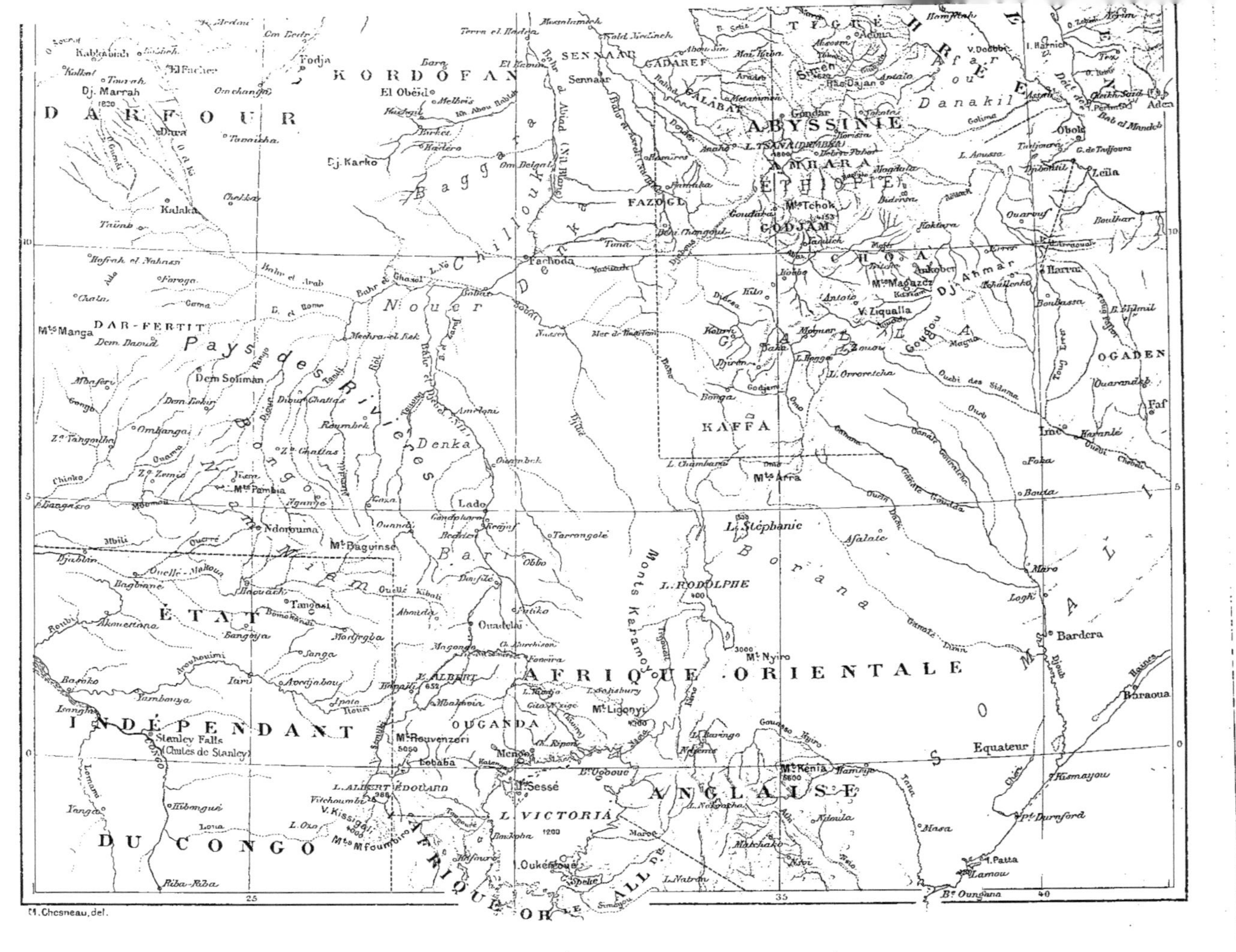

DARFOUR
KORDOFAN
SENNAAR
GADAREF
ABYSSINIE
TYGRE
DANAKIL
AMHARA
ÉTHIOPIE
GODJAM
CHOA
DJ. Ahmar
OGADEN
KAFFA
DAR-FERTIT
Pays des Rivières
Nouer
Denka
Bongo
Niam Niam
Bar
Borana
ÉTAT INDÉPENDANT DU CONGO
AFRIQUE ORIENTALE ANGLAISE
AFRIQUE OR. ALL. de
OUGANDA
Monts Karamoyo
L. RODOLPHE
L. Stéphanie
L. ALBERT
L. ALBERT ÉDOUARD
L. VICTORIA
Stanley Falls (Chutes de Stanley)
Mt Ruwenzori
Mt Kénia
Equateur
Dj. Marrah
El Obeid
Bahr el Abiad (Nil Blanc)
Gondar
L. Tsana (Dembea)
Bahr el Ghazal
Fachoda
Lado
Bardera
Baraoua
Kismayou
Lamou
M. Chesneau, del.

Jusqu'à *Doufilé*, il est navigable; mais entre *Doufilé* et *Bedden* il forme cinq cataractes. A partir de *Lado*, il coule dans une région marécageuse et malsaine et souvent son cours est barré par des herbages. Il se ramifie en de nombreuses rivières latérales, dont la principale est le *Bahr-el-Zaráf*. Il reçoit à gauche un affluent assez important, le *Weï*.

La région du Bahr-el-Djebel appartenait à l'Égypte. Elle est habitée par des peuplades nègres païennes, dont les principales sont : les *Bari*, les *Denka* et les *Nouër*.

Au sud de *Lado*, les nègres se nourrissent presque exclusivement de bananes; entre *Lado* et *Fachóda*, la chasse et la pêche fournissent abondamment à leur nourriture.

484. Région du Bahr-el-Ghazal. — Le **Bahr-el-Ghazal** est une rivière très importante; il reçoit un si grand nombre d'affluents, que la région qu'il arrose a été nommée. le *Pays des Rivières* ; les principaux sont : à droite, le *Dioúr*, le *Tondj* et le *Rôl*; à gauche, le *Bahr-el-Arab*.

La région du Bahr-el-Ghazal, comme celle du Bahr-el-Djebel, appartenait à l'Égypte. Elle est habitée aussi par des nègres païens. Les principales tribus sont les *Dioúr*, les *Bongo*, les *Morou*, les *Makraka* et les *Niam-Niam*. La partie nord-ouest du Pays des Rivières porte le nom de *Dar-Fertit*.

Toute cette partie du bassin du Nil est très fertile; des pluies abondantes y entretiennent une luxuriante végétation. On y récolte en abondance du dourah et du dokhn. Elle est riche aussi en mines de fer. Le gouvernement égyptien en tirait une grande quantité d'ivoire.

485. Région du Bahr-el-Abiad. — A partir du lac *Nô*, situé au confluent du Bahr-el-Ghazal, jusqu'à *Khartoum*, le **Nil** porte le nom de **Bahr-el-Abiad** (*Nil Blanc*). Dans toute cette partie de son cours, il est navigable. Il reçoit à droite le *Sobat*, très grande rivière, presque aussi importante que le Nil lui-même, mais dont le cours n'est pas encore complètement connu. Le *Bahr-el-Abiad* coule entre deux déserts, mais sa vallée est large et fertile. Cette vallée est peuplée au sud par des nègres païens, les *Chillouks* sur la rive gauche, et les *Danka* sur la rive droite; plus au nord commencent les musulmans, nègres et Nubiens. La seule ville importante située sur le *Bahr-el-Abiad* est *Fachóda*, sur la rive gauche.

486. Kordofan. — A l'ouest du *Bahr-el-Abiad* sont situés le *Kordofan* et le *Darfour*.

Le **Kordofan** est une grande oasis située à 200 kilomètres environ à l'occident du *Nil*. C'est un pays de vastes plaines, sillonnées de collines peu élevées. Il n'est arrosé que par quelques cours d'eau temporaires (*Khôr*, au pluriel *Kherân*), qui portent rarement jusqu'au Nil les eaux pluviales. Dans la partie septentrionale du *Kordofan*, il n'y a ni rivière, ni mare; l'eau est fournie par de nombreux puits très profonds. Dans les années de sécheresse l'eau est très rare au Kordofan. A l'époque de la saison des pluies, c'est-à-dire en été, les habitants sèment le dokhn, espèce de millet, qui donne en quelques mois d'abondantes récoltes, et qui forme la base de leur nourriture.

La population du *Kordofan* est évaluée à 300 000 habitants, tous musulmans. La capitale est **El-Obéïd** ; les villes principales, *Bara*, *Melbeïs* et *Kachgil*. C'est à *El-Obéïd* qu'a éclaté la révolte du *Mahdi* en 1882.

Au sud du Kordofan errent de nombreuses tribus nomades, les *Baggára*, qui possèdent d'immenses troupeaux de bœufs. Au nord sont les *Kababich*, riches en chèvres et en chameaux. Les *Baggára* et les *Kababich* sont des Arabes. Ils sont fervents musulmans et ont embrassé avec ardeur la cause du Mahdi.

487. Darfour. — Le **Darfour** est situé à l'ouest du *Kordofan*. Il en est séparé par un désert de quelques journées de marche. Comme le Kordofan, il est entouré de déserts : il touche à l'ouest au *Wadaï* et au sud à la région du *Bahr-el-Ghazal*.

Une chaine de montagnes, le *Djebel-Marrah*, située au centre du pays, donne naissance à de nombreux cours d'eau, la plupart temporaires, qui se perdent dans les sables. Les plus remarquables de ces Kherân sont : le *Wadi-Melek*, qui coule au nord-est du *Darfour* et se dirige vers la grande courbe du *Nil*, et le *Wadi-el-Kô*, qui porte ses eaux du côté du *Bahr-el-Arab*.

La population du *Darfour* est de 3 à 4 millions d'habitants. Comme celle du **Kordofan**, elle est composée de nègres, de Nubiens et d'Arabes. Les Darfouriens sont musulmans.

La capitale est **El-Facher**. Les villes principales sont *Kobbeh*, *Kabkabiah*, *Dara*, *Fodja*, *Omchanga*, *Kalaka*, *Chekka* et *Hofrah-el-Nahassi*. Cette dernière ville est célèbre par ses mines de cuivre. Le commerce du *Darfour* et du *Kordofan* consistait principalement en plumes d'autruche et en gomme arabique. Chaque année une caravane de plusieurs milliers de chameaux partait du *Darfour* et apportait à *Assiout* les produits de la région.

Questionnaire.

Parlez de la région des Grands Lacs. — Du Bahr-el-Djebel. — Du Bahr-el-Ghazal. — Du Bahr-el-Abiad. — Du Kordofan. — Du Darfour.

SOIXANTE-SIXIÈME LEÇON. — **Cours du Nil. Soudan**. (*Suite.*)

488. Région du Nil Bleu. — Fazogl. — Sennaar. — Khartoum. — Le **Bahr-el-Azrek** ou *Nil Bleu* prend sa source dans le lac *Tsana* ou *Dembéa* en *Abyssinie*, à une altitude de 1 800 mètres. Il se dirige d'abord au sud, tourne les montagnes du *Godjam* et prend la direction du nord-ouest. Il va se joindre au *Nil Blanc* à *Khartoum*. En Abyssinie, il porte le nom d'*Abaï*. Il reçoit à droite le *Dender* et le *Rahad* qui descendent aussi du plateau d'Abyssinie; à gauche, la *Didésa* et le *Djabous* qui descendent du plateau des *Gallas*.

Dans la partie supérieure de son cours, il coule au milieu de forêts et d'une abondante végétation, tandis que dans la partie moyenne et inférieure il est entouré de déserts; mais ses rivages et les iles qu'il forme, sont susceptibles de culture et produisent du dourah en abondance.

Au moment de la crue, le *Nil Bleu* fournit une masse d'eau plus considérable que celle du **Bahr-el-Abiad**, ce qui l'a fait considérer comme le vrai Nil par quelques géographes; mais à l'étiage les barques ne peuvent y naviguer. Ses affluents sont de véritables torrents; ils n'ont de l'eau qu'à la saison des pluies.

Les possessions égyptiennes sur le Nil Bleu comprenaient le **Fazogl** et le **Sennaar**. Les villes principales sont *Famaka*, *Rosaïrès*, *Sennaar Wold-Médineh*, *Messalâmieh* et *Khartoum* (voir 1re partie, chap. III). Les habitants sont des nègres musulmans, mêlés de Nubiens et d'Arabes. Le *Sennaar* fut dans le siècle dernier un royaume important. Au sud du *Fazogl* se trouvent des mines d'or assez importantes.

489. Nil moyen. — Nubie. — A partir de *Khartoum*, la réunion du *Bahr-el-Abiad* et du *Bahr-el-Azrek* constitue le *Nil*

EXERCICES : Dessinez le bassin du Nil. — Croquis séparés du Nil moyen, du Nil Bleu et de l'Atbarah. — Désignez les régions du Nil où se trouvent des cataractes. — Énumérez les peuplades nègres dont vous connaissez les noms, et indiquez les régions qu'elles habitent dans le bassin du Nil.

Massaouah (vue générale).

proprement dit, le *Bahr-el-Nil*. Son cours est resserré entre les déserts. Le pays qu'il arrose est la **Nubie**, souvent nommée **Soudan égyptien**, comme tout le reste du haut Nil.

Entre *Khartoum* et *Assouân*, le *Nil* décrit une courbe immense. Les deux boucles sont : au nord, le désert de l'*Atmour*; au sud, le désert de *Bayouda*.

Il forme six cataractes. La 1re est celle d'*Assouân*, à l'endroit où le Nil pénètre dans l'Égypte proprement dite; la 2e est celle de *Ouadi-Halfa*, à la frontière des possessions égyptiennes actuelles; la 3e, celle de *Hannek*; la 4e, celle de *Guérendid*; la 5e, celle de *Solimanieh*; la 6e, celle de *Sabaloka*. Ces cataractes ne forment pas de chutes verticales, et ne ressemblent nullement à la cataracte du Niagara : ce sont des suites de rapides, qui se prolongent quelquefois sur une grande étendue; la 4e cataracte, par exemple, est composée de sept rapides, et du 1er rapide, celui d'*Om-Deras*, au dernier, celui de *Guérendid*, elle a 100 kilomètres de longueur. Au moment de la crue du Nil, la plupart de ces cataractes peuvent être franchies par les bateaux.

Dans toute la *Nubie*, on ne peut cultiver que les îles disséminées dans le cours du fleuve, et par endroits une bande de terre plus ou moins large, le long de ses rivages; le plus souvent le désert atteint les deux rives du fleuve. Les habitants sont peu nombreux : ce sont des *Barabras* ou *Barbarins*, qui viennent en Égypte exercer les métiers de domestiques et de boabs (portiers).

Les principales villes sont *Omdourman*, sur la rive gauche du Nil, la nouvelle capitale du Soudan; *Chendi* et *Métemmeh*, la première sur la rive gauche, la deuxième sur la rive droite, presque en face l'une de l'autre; *El-Damer*, *Berber*, *Abou-Hamed*, sur la rive droite; *Amboukol*, *Dabbeh*, *Dongola*, *Hannek*, sur la rive gauche; *Ouadi-Halfa* et *Korosko*, sur la rive droite. Cette région formait sous la domination égyptienne les deux moudiriehs de *Berber* et de *Dongola*. On y rencontre des ruines remarquables à *Naga* et à *Méroë*, non loin de *Chendi*, qui prouvent que les anciens Égyptiens ont dominé sur ces contrées.

L'Égypte n'a conservé que la partie comprise entre *Ouadi-Halfa* et *Assouân*, c'est-à-dire entre la 2e et la 1re cataracte.

490. RÉGION DE L'ATBARAH. — GALABAT, GADAREF ET TAKA. — Le Nil ne reçoit en *Nubie* qu'un seul affluent, l'*Atbarah*, grossi du *Takazzé* ou *Bahr-Setit* et du *Mareb* ou *Khor-el-Gach*.

L'**Atbarah**, ainsi que le *Takazzé* et le *Mareb*, descend du plateau d'*Abyssinie*. Cette rivière est le collecteur des pluies qui tombent au nord, au centre et à l'ouest de l'Abyssinie; aussi pendant la saison pluvieuse, c'est-à-dire de mai à septembre, c'est un véritable fleuve de 400 mètres de largeur, qui apporte au *Nil* une masse d'eau énorme, tandis que dans la saison sèche, ses eaux n'atteignent pas leur confluent et se perdent dans les sables.

Ce sont les crues irrégulières de l'*Atbarah* qui produisent les perturbations que l'on remarque quelquefois en Égypte dans la crue du Nil.

Comme le *Bahr-el-Azrek*, l'*Atbarah* et ses affluents, en descendant des plateaux abyssins, traversent une zone de forêts, fertile et bien arrosée, tandis que dans leur cours moyen et inférieur ils coulent à travers le désert.

Un autre cours d'eau assez important, le *Barka*, prend naissance au nord du plateau d'Abyssinie et va se perdre au sud de *Souakin* dans l'oasis de *Tokar*. Il y a quelques années seulement, on croyait que le *Barka* appartenait au bassin du Nil, et se jetait dans le *Mareb*.

Cette vaste région du bassin de l'*Atbarah* constitue la **Haute-Nubie**, désignée aussi sous le nom de **Soudan oriental**.

Les possessions égyptiennes sur l'*Atbarah* et le *Khor-el-Gach* comprenaient le **Galâbat** capitale *Métammeh*, sur l'Atbarah, non loin des frontières d'Abyssinie, centre des échanges entre le Soudan et l'Abyssinie ; le **Gadâref**, capitale *Abou-Sïn*, dont le marché est très fréquenté par les nomades des alentours ; et le **Taka**, capitale *Kassala*, ville remarquable sur le *Khor-el-Gach*, aujourd'hui sous la domination des Abyssins.

Ces régions produisent du dourah et de la gomme ; les Égyptiens y ont introduit la culture du tabac et celle du coton.

Les nomades qui errent dans les déserts de la Haute-Nubie, forment une race à part, la race *Bedja* ; ils parlent un dialecte spécial et ont des mœurs différentes de celles des autres Bédouins. Ce sont les *Choukourieh* entre l'*Atbarah* et le *Nil Bleu*, les *Hadendoa* sur le *Khor-el-Gach* et les *Beni-Amer* dans le bassin du *Barka*. Ces tribus belliqueuses sont fréquemment en lutte avec les Égyptiens dans les environs de *Souakin*.

Massaouah et **Souakin** étaient les débouchés de la Haute-Nubie sur la mer Rouge. Aujourd'hui *Massaouah* est occupé par les *Italiens* et la route de *Souakin* au Nil est fermée au commerce.

491. Déserts de Nubie. — Au nord de l'*Atbarah* et du *Barka*, un désert large de plusieurs centaines de kilomètres sépare le *Nil* de la *mer Rouge*. Ce désert est montagneux, principalement dans le voisinage de la *mer Rouge* ; quelques massifs granitiques, le *Djebel-Irba* et le *Djebel-Elba*, dépassent 2 000 mètres d'altitude. Les nomades qui parcourent ce désert sont les *Bichari*, de race *Bedja* comme les tribus de la Haute-Nubie.

A l'occident du **Nil**, à l'exception du *Bayouda* et du désert situé entre le *Kordofan* et le *Nil* où errent les *Kababich*, le désert est tout à fait stérile et complètement inhabité.

Questionnaire.

Parlez de la région du Nil Bleu, du Fazogl, du Sennaar et de Khartoum. — Parlez du Nil moyen et de la Nubie. — Parlez de l'Atbarah, du Galâbat, du Gadâref et du Taka. — Que savez-vous sur les déserts de Nubie ?

SOIXANTE-SEPTIÈME LEÇON. — **Abyssinie.** — **Routes du Soudan égyptien.** — **Anciennes provinces.**

492. Abyssinie. — L'**Abyssinie**, quoique faisant partie du bassin du Nil, n'a jamais appartenu à l'Égypte, et ses habitants sont restés chrétiens.

L'*Abyssinie* est un énorme plateau granitique qui se dresse entre le cours supérieur du *Bahr-el-Azrek* et le littoral méridional de la *mer Rouge*. L'*Abyssinie* est très montagneuse : on l'a appelée la *Suisse africaine*. Une chaîne de montagnes élevées et arides limite le plateau à l'Est, et laisse en dehors de l'Abyssinie, le long de la mer Rouge, une plaine malsaine et très chaude au nord de laquelle se trouve *Massaouah* : c'est le pays des *Afars* ou *Danakils*. Cette chaîne se prolonge au sud et au sud-ouest et sépare le bassin du *Nil Bleu* de celui de l'*Aouach*, cours d'eau important qui coule du côté de la mer Rouge et va se perdre dans le lac *Aoussa*, non loin du golfe de *Tadjourah*.

Au centre du plateau est le massif du *Simén*, dont quelques monts dépassent 4 600 mètres. Enfin, au sud du *Nil Bleu* et de l'*Aouach*, le plateau se continue dans le pays des *Gallas* et le *Kaffa*.

Ce sont les montagnes de l'**Abyssinie** qui alimentent, comme nous l'avons vu, le *Bahr-el-Azrek*, le *Dender*, le *Rahad*, l'*Atbarah*, le *Takazzé*, le *Mareb* et le *Barka*.

Malgré la proximité de l'équateur, l'*Abyssinie* a un climat moins chaud que celui de la Nubie et de l'Égypte, grâce à l'altitude de son sol, à la fréquence des pluies et à l'abondance des cours d'eau.

L'*Abyssinie* a des mines de *plomb*, de *cuivre* et de *fer*, mais elles sont peu exploitées. Le sol est fertile dans les vallées et sur les pentes ; il produit des *céréales*, du *riz*, du *coton*, du *tabac* et du *café*.

La forme du gouvernement est le régime *féodal*. A la tête de chaque province est un *ras* ou gouverneur presque indépendant, qui reconnaît la suzeraineté d'un autre ras plus puissant, lui envoie des cadeaux, et lui fournit, en cas de guerre, un nombre déterminé de soldats. On compte trois divisions principales en Abyssinie : le **Tigré** au Nord, capitale *Adoua*, villes principales *Aksoum* et *Antalo* ; l'**Amhara**, au Centre, capitale *Gondar*, ville principale *Magdala* ; et le **Choa**, au Sud, capitale *Ankober*, ville principale *Litché*. Les ras de ces trois États reconnaissent

la suzeraineté de l'un d'entre eux, qui prend le titre de *négous-néguest*, « roi des rois ».

Le **Harar**, ancienne possession égyptienne au sud du golfe d'*Aden*, est aujourd'hui occupé par les Abyssins. Il en est de même, dit-on, de *Kassala*. Le ras du *Choa* a étendu aussi sa domination sur le pays des *Gallas* et le *Kaffa*, mais cette domination est précaire.

Au nord de l'Abyssinie, les **Italiens**, qui occupent *Massaouah*, se sont établis sur le plateau à *Kéren* dans le pays des *Bogos*.

On pénètre sur le plateau d'*Abyssinie* soit par *Massaouah*, soit par la vallée de l'*Aouach* qui donne accès au *Choa*, soit par le *Harar*.

L'*Abyssinie*, grâce à ses montagnes et à l'esprit belliqueux de ses habitants, a su résister jusqu'ici à toutes les invasions.

493. Routes du Soudan égyptien. — On pénétrait autrefois dans le *Soudan égyptien* par deux voies principales : 1° la *voie du Nil* ; 2° la *voie de Souakin-Berber*.

La **voie du Nil** était la plus suivie ; on remontait le fleuve jusqu'à *Korosko* et de là on suivait la route des caravanes de *Korosko* à *Abou-Hamed* à travers le désert de l'*Atmour*. La traversée de l'*Atmour* durait de 12 à 15 jours. On atteignait ensuite *Khartoum* en remontant le Nil. D'autres fois, on suivait le Nil jusqu'à *Dabbeh* et de là on gagnait directement *Khartoum* ; ou bien on allait jusqu'à *Amboukol* et on se dirigeait sur *Métammeh* à travers le *Bayouda*. C'est cette dernière route qu'ont suivie les *Anglais* dans leur expédition au *Soudan* en 1884, pour la délivrance de *Gordon-Pacha*.

D'autres routes de caravanes vont directement de *Dabbeh* à *El-Obeïd* et de *Dabbeh* au *Darfour* en suivant le *Wady-Melek*.

On pouvait aussi, en partant d'*Assouân*, gagner directement *Berber* ; mais cette route de 700 kilomètres à travers le désert était peu suivie.

La **voie de Souakin-Berber** est longue de 376 kilomètres ; elle traverse les montagnes à un col de 900 mètres d'altitude. Il existe sur cette route 14 stations munies de puits. Plus de 20 000 chameaux suivaient annuellement la route de *Souakin-Berber*.

Une autre route partant de *Souakin* permettait d'atteindre *Khartoum* en passant par *Kassala*.

Une grande *route de caravanes* met-

Exercices : Dessinez le croquis de l'Abyssinie. — Dessinez le bassin du Nil et tracez les routes du Soudan et les anciennes lignes télégraphiques. — Montrez la position des anciennes provinces.

Adoua (capitale du Tigré).

tait en communication le *Darfour* et le *Kordafan* avec *Terra-el-Hadra* sur le *Bahr-el-Abiad*, à *150 kilomètres au sud* de Khartoum. C'est cette route que suivaient les *pèlerins du Soudan central*; d'*El-Obéïd* ils gagnaient *Sennaar*, et de là *Abou-Sin*, *Kassala* et *Souakin*, où ils s'embarquaient pour *Djeddah*.

Le *Nil* était la grande voie de pénétration dans la région du *haut Nil*. Une *flottille* importante de *bateaux à vapeur*, dont l'arsenal était à *Khartoum*, remontait le *Nil* jusqu'à *Bedden*, et le *Bahr-el-Ghazal* jusqu'à *Mechra-el-Rek*. Deux vapeurs, transportés morceaux par morceaux, naviguaient sur le *Nil* en amont de *Doufilé* et sur le lac *Albert*.

Une grande ligne télégraphique mettait en communication le *Soudan* avec l'*Égypte*. Cette ligne suivait le *Nil* jusqu'au delà d'*Amboukol*, gagnait *Berber* à travers le *Bayouda* et atteignait *Khartoum*. Un embranchement allait de *Khartoum* à *El-Obéïd* et *El-Facher*, en suivant la route des caravanes. Un autre embranchement réunissait *Khartoum* à *Wold-Médineh* et *Sennaar*, puis *Wold-Médineh* à *Abou-Sin* et *Kassala*, et enfin deux lignes partaient de *Kassala*, l'une sur *Massaouah*, l'autre sur *Souakin*.

Ces télégraphes ont sans doute été détruits par les Soudanais.

494. Anciennes provinces du Soudan et de la Nubie. — Le **Soudan** était administré par un gouverneur général. Il était divisé en 16 *moudiriehs* (provinces). — 1° **El-Khat-el-Estoua** (l'Équateur), chef-lieu *Gondokoro-Lado*; 2° le **Bahr-el-Ghazal**, chef-lieu *Dem-Soliman*; 3° le **Bahr el-Abiad**, chef-lieu *Fachoda*; 4° le **Khartoum**, chef-lieu *Khartoum*; 5° le **Sennaar** et **Fazogl**, chef-lieu *Sennaar*; 6° le **Gadaref**, chef-lieu *Abou-Sin*; 7° le **Galâbat**, chef-lieu *Métemmeh*; 8° le **Taka**, chef-lieu *Kassala*; 9° le **Berber**, chef-lieu *Berber*; 10° le **Dongola**, chef-lieu *Dongola*; 11° le **Kordofan**, chef-lieu *El-Obéïd*; 12° **El Facher**, chef-lieu *Facher*; 13° **Dara**, chef-lieu *Dara*; 14° **Fodja**, chef-lieu *Fodja*; 15° **Kalaka**, chef-lieu *Kalaka*; 16° **Kabkabiah**, chef-lieu *Kabkabiah*. Ces cinq dernières dans le Darfour. *Souakin* et *Massaouah* formaient deux **Mouhafazahs** (gouvernorats).

Questionnaire.

Dites ce que vous savez sur la géographie physique de l'Abyssinie. — Parlez du gouvernement de l'Abyssinie. — Possessions italiennes en Abyssinie. — Parlez des routes de pénétration dans le Soudan. — Parlez des anciennes lignes télégraphiques. — Citez les anciennes provinces.

CHAPITRE XII

COURS DU NIL. — ÉGYPTE.
(Voir 1re Partie, Chap. III.)

SOIXANTE-HUITIÈME LEÇON. — **Vallée du Nil, d'Assouân au Caire. — Delta.**

495. C'est à *Assouân* que le *Nil* pénètre en **Égypte**. D'*Assouân* au *Caire*, la longueur du fleuve est de 940 kilomètres.

Dans toute cette partie de son cours, la vallée du **Nil** est resserrée entre deux chaînes de collines, la *chaîne Arabique* à l'Est, et la *chaîne Libyque* à l'Ouest. Au nord d'*Assouân*, la vallée n'a que trois à quatre kilomètres de largeur. A un certain point, au défilé de *Djebel-Selseleh*, elle n'est plus que de 1 200 mètres, et les deux montagnes atteignent les rives du fleuve.

Au delà, les monts s'écartent un peu, et le fleuve serpente dans une plaine large d'une quinzaine de kilomètres. C'est là que s'élevait jadis **Thèbes**. Puis la vallée s'élargit encore, et de montagne à montagne la distance varie de 20 à 25 kilomètres.

Dans la plus grande partie de la **Haute-Égypte**, le *Nil* coule le long

EXERCICES : Faites un croquis de la région comprise entre le Nil et la mer Rouge. — Indiquez les principales voies de communication anciennes ou modernes entre ces deux régions.

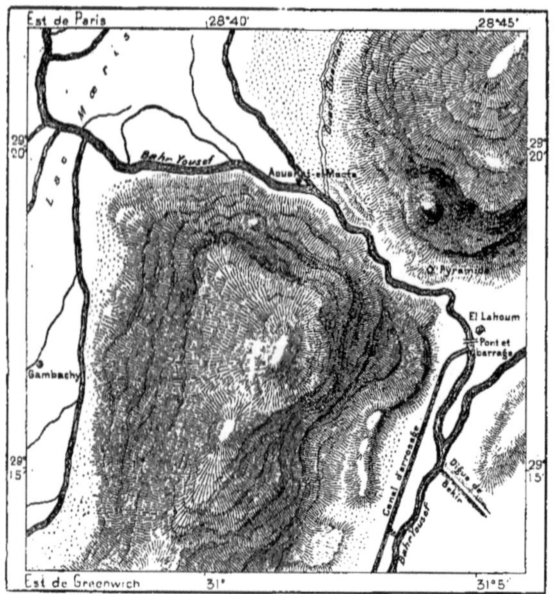

Échelle $\frac{1}{150\,000}$ Entrée du Fayoum.

de la *chaîne Arabique*, et presque toute la vallée cultivable se trouve à l'ouest du fleuve.

C'est près de *Kéna* que le *Nil* décrit la courbe qui le rapproche le plus de la **mer Rouge**. A ce point, la *chaîne Arabique* est interrompue par une gorge profonde, et une vallée longue de 170 kilomètres traverse le *désert Arabique* et forme une route naturelle entre *Kéna* et *Kosséir*.

496. BAHR-YOUSSEF ET FAYOUM. — A *Assiout*, une branche se détache du **Nil** et coule à l'ouest de la vallée, le long de la *chaîne Libyque*, parallèlement au cours principal : c'est le *Bahr-Youssef*. Arrivé un peu au nord de *Béni-Souef*, le **Bahr-Youssef** se divise en deux branches : l'une continue, sous le nom de *Bahr-Labani*, à couler parallèlement au Nil, et va se perdre vers le sud du *Delta*; l'autre traverse la *chaîne Libyque* dans une gorge rocheuse d'une dizaine de kilomètres de longueur et débouche dans une vallée en forme d'amphithéâtre de 180 kilomètres de circonférence : c'est le **Fayoum**. Un barrage est placé à l'entrée de la gorge, à *El-Lahoum*. Arrivé à *Médinet-el-Fayoum*, le *Bahr-Youssef* se ramifie en huit branches principales, qui distribuent l'eau dans toute la vallée. Un lac d'eau saumâtre, situé au nord-ouest du *Fayoum*, le *Birket-el Kéroun*, sert de déversoir aux eaux surabondantes lors de la crue du **Nil**. Une autre dépression, située au sud-ouest du *Fayoum*, le *Ouadi-Reyán*, ne reçoit jusqu'à présent que des eaux d'infiltration. Il est question d'y creuser un canal, afin de la rendre cultivable.

Selon toute probabilité, c'est dans le *Fayoum* qu'était situé le célèbre lac *Mœris*.

497. DELTA. — En aval du Caire, les deux lignes de collines qui bordent la vallée du Nil s'écartent à l'est et à l'ouest, et la vallée se développe en une large et fertile plaine triangulaire appelée **Delta**. A *Foum-el-Bahr*, à 21 kilomètres du **Caire** en suivant le fleuve, le **Nil** se divise en deux branches : la *branche de Damiette* à l'Est et la *branche de Rosette* à l'Ouest. Un grand barrage a été construit sur ces deux branches, près de leur bifurcation.

Le rivage du *Delta* avance graduellement dans la mer, principalement vers les deux bouches : l'avancement moyen annuel serait de $2^m,30$.

Les lacs qui bordent le rivage de l'**Égypte** sur la *Méditerranée* tendent aussi à se combler par suite des apports du **Nil**. Le lac **Menzaleh**, qui s'étend à l'est de la branche orientale du *Nil* entre *Damiette* et *Port-Saïd*, est le plus vaste de ces lacs; sa superficie est de 170000 feddans; sa profondeur n'est plus que de 1 mètre en moyenne. Il communique avec la mer par la bouche de *Gamileh* située à 20 kilomètres de **Port-Saïd**.

Il se rétrécit peu à peu. Toute sa partie orientale, que le *canal de Suez* a séparée du reste du lac, a été transformée en terre ferme. Il est très poissonneux.

Le lac **Borollos**, entre les deux branches du **Nil**, dans la partie septentrionale du **Delta**, est moins étendu que le **Menzaleh**. Il ne communique avec la mer que par une seule bouche. Pendant la crue du **Nil**, il est trois fois plus vaste que pendant les basses eaux. Comme pour le **Menzaleh**, sa profondeur et son étendue diminuent graduellement.

Les lacs d'*Edkou* et d'*Aboukir*, situés à l'ouest de la branche de **Rosette**, ne sont que des étangs. Leur dessèchement total paraît devoir être prochain.

Le lac **Mariout**, beaucoup plus vaste que les deux précédents, s'étend au sud d'*Alexandrie*. A la fin du siècle dernier, il était complètement à sec. Il a été remis en communication avec la mer en 1799 et s'est rempli de nouveau; mais, comme tous les autres, il diminue peu à peu.

L'exhaussement de la vallée du **Nil** par suite des alluvions apportées chaque année par la crue, est évalué généralement à $0^m,126$ par siècle.

Les autres lacs de l'**Égypte** sont le *Birket-el-Kéroun* dans le *Fayoum*; les lacs *Amers*, le lac *Timsah* et le lac *Ballah*, traversés par le **canal de Suez**.

Questionnaire.

Décrivez la vallée du Nil d'Assouân au Caire. — Parlez du Bahr-Youssef et du Fayoum. — Parlez du Delta. — Décrivez les lacs de l'Égypte.

EXERCICES : Croquis ou description du Delta, de ses branches, de ses lacs, de ses bouches, de ses ports, de ses villes principales.

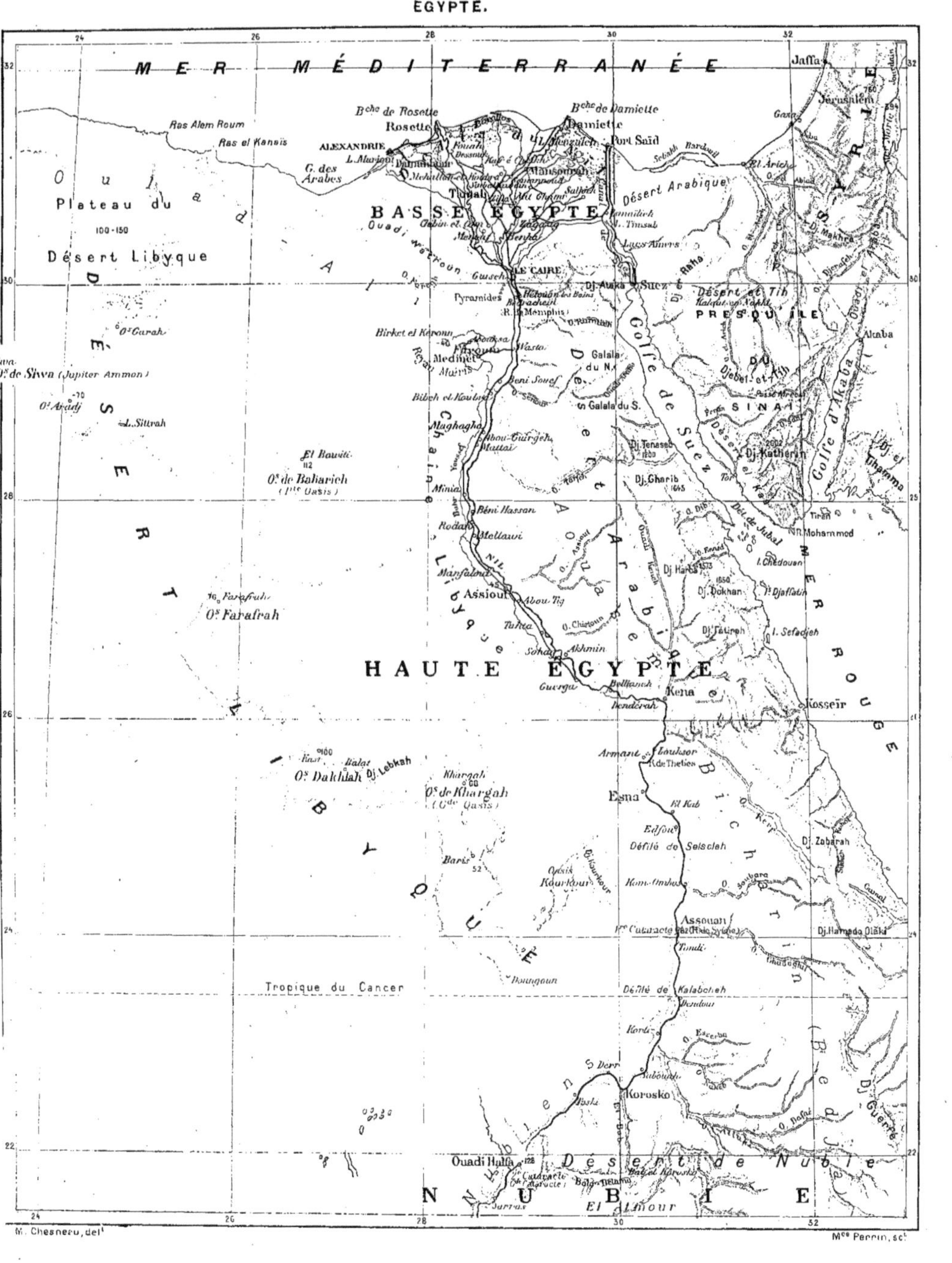

M. Chesneau, del.

Mme Perrin, sc.

SOIXANTE-NEUVIÈME LEÇON. — Monta-gnes de l'Égypte. — Déserts. — Presqu'île du Sinaï. — Géologie de l'Égypte. — Côtes de l'Égypte. — Canal de Suez.

498. Chaîne Arabique et chaîne Libyque. — Les collines et les plateaux qui composent les deux chaînes de bordure de la vallée du Nil ont une altitude qui varie entre 50 et 350 mètres. Dans la **chaîne Arabique**, ces collines prennent çà et là l'aspect de véritables montagnes. On peut citer parmi les plus remarquables, le *Djebel-Baram* près d'*Assouân*, le *Djebel-Selseleh* (entre *Assouân* et *Esna*), le *Djebel-Toukh* (province de *Kéna*), le *Djebel-*

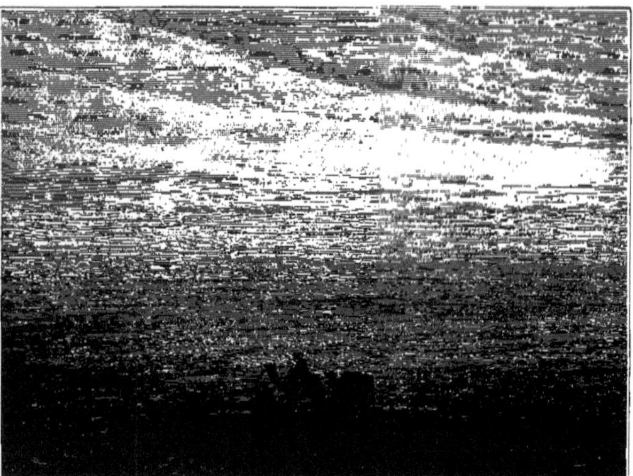

Désert de Libye.

Cheikh-el-Haridi (province de *Guerga*), le *Djebel-Abou-Fodah* (province d'*Assiout*), le *Djebel-Téïr* (province de *Minia*), le *Djebel-Hémour* (province de *Beni-Souef*) et le *Djebel-Mokattam* (près du Caire).

Les **collines Libyques** sont plus basses que celles de la *chaîne Arabique*.

499. Désert Arabique. — Le **désert Arabique**, entre le Nil et la mer Rouge, est très accidenté; il est formé de vastes plateaux séparés par de profondes vallées. Plusieurs massifs de montagnes dont quelques-unes dépassent 2 000 mètres d'altitude, sont disséminés dans la partie orientale de ce désert.

Au sud, une chaîne transversale, la chaîne des *Cataractes*, s'étend de *Ras-Bénas* à *Assouân*, et limite la Nubie proprement dite. Une autre chaîne, très rapprochée de la mer Rouge et parallèle au rivage, continue dans la direction du nord la chaîne bordière de la Nubie. Les principaux massifs de cette chaîne sont le *Djebel-Zabarah*, qui s'élève sur les côtes de la mer Rouge à la latitude d'*Edfou*; beaucoup plus au nord, à la latitude d'*Assiout*, se succèdent deux massifs, le *Djebel-Fatireh* et le *Djebel-Dokhan*; encore plus au nord, sur les côtes du golfe de Suez, on remarque le *Djebel-Ghartb* (1 900 mètres), le *Djebel-Tenaseb*, le *Djebel-Chellalla*, non loin duquel se trouvent les deux couvents coptes de Saint-Antoine et de Saint-Paul, et enfin le *Djebel-Ataka* à l'ouest de **Suez**. Vers le lac *Timsah* sont les collines calcaires du *Djebel-Généfeh*. D'autres collines de ce désert, celles du *Djebel-el-Rokham* par exemple, sont remarquables par leurs richesses minérales.

500. Presqu'île du Sinaï. — La presqu'île du **Sinaï** est aussi très montagneuse; le massif principal est le *Sinaï*, dont les monts les plus remarquables sont le *Djebel-Katherin* et le *Djebel-Thebt*. C'est sur les pentes du *Djebel-Katherin* que se trouve le célèbre couvent du *Sinaï*.

Les autres montagnes de la presqu'île sont le *Djebel-Gabalieh* au nord de *Tor*, le *Djebel-Serbal* et le *Djebel-el-Tih*.

501. Désert Libyque. — Le **désert de Libye** est un plateau recouvert de sable, élevé de 250 mètres en moyenne au-dessus du Nil, et incliné de l'est à l'ouest.

Une chaîne d'**oasis** s'y développe parallèlement au cours du fleuve. Les principales sont l'oasis de *Kourkour* à une centaine de kilomètres d'*Assouân*, aujourd'hui inhabitée. Plus au nord sont les oasis de *Béris*, *Khargah*, *Dakhlah*, *Farafrah*, *Baharieh*, et enfin au nord-ouest, vers la *Cyrénaïque*, l'oasis de *Siwa*.

Ces oasis doivent leur existence à des sources d'eau douce jaillissant naturellement du sol, et à des puits creusés par la main des hommes. Elles sont susceptibles de grandes améliorations.

A l'ouest des oasis, des *dunes* de sables mouvants, occupant une grande étendue, sont absolument infranchissables et empêchent toute communication entre les oasis égyptiennes et celles de la **Tripolitaine.**

Parallèlement au cours inférieur du Nil, une dépression du plateau *Libyque* ressemble à la vallée d'un fleuve desséché. Les Arabes l'appellent *Bahr-bela-Mâ* (le fleuve sans eau). Une autre vallée située à l'ouest du *Delta*, le *Ouadi-Natroun*, se développe du sud-est au nord-ouest; elle est occupée par sept marais peu profonds, que l'on nomme les lacs *Natroun*. Plusieurs couvents coptes sont situés dans le voisinage de ces lacs.

502. Géologie. — Les montagnes de la chaîne des Cataractes, ainsi que tous les massifs de la chaîne bordière de la mer Rouge, sont composés de roches d'origine ignée, granits, porphyres, basaltes. A la frontière nubienne, ces roches cristallines occupent toute la largeur du territoire égyptien de la mer Rouge au Nil, et s'étendent même au delà de la rive gauche du fleuve; au nord, la zone des formations granitiques se rétrécit graduellement et se termine près de Suez, au *Djebel-Ataka*. A l'est et à l'ouest des granits, le sol se compose de grès et de calcaires. Dans la partie méridionale s'élève un massif isolé de grès : c'est le *Djebel-Selseleh*, que le *Nil* traverse au défilé du même nom. Au nord de ces grès, à partir d'*Esna*, la chaîne Arabique est formée par des *calcaires* de divers âges. La plupart de ces calcaires renferment en grande quantité

des coquillages fossiles. Le *Mokattam*, près du Caire, est composé presque en entier de nummulites, et d'autres coquillages unis par un ciment calcaire. Quelques massifs isolés de grès apparaissent par endroits au milieu de ces calcaires : tel est le *Djebel-el-Ahmar* (la montagne Rouge), près du Caire.

Les montagnes de la presqu'île du *Sinaï* paraissent avoir eu la même origine que celles du désert *Arabique*. Les massifs du *Serbal* et du *Sinaï* sont composés de *granits* au milieu desquels s'élèvent les *porphyres* du *Djebel-Katherin*, analogues à ceux du *Djebel-Dokhan*. Ces montagnes granitiques sont entourées de formations gréyeuses et calcaires.

Le désert *Libyque* compris entre le Nil et les oasis est un plateau nummulitique sur lequel s'étend une couche plus ou moins épaisse de sable apporté par le vent.

A une faible distance du Caire, derrière le *Djebel-Mokattam*, on trouve quelques troncs d'arbres transformés en *silice* : c'est la *forêt pétrifiée*. En pénétrant plus avant dans le désert, on rencontre d'autres amas de bois pétrifiés beaucoup plus considérables et qui méritent véritablement le nom de forêts. Ces forêts se rencontrent aussi dans le désert *Libyque* à l'ouest des **Pyramides de Guizeh**.

503. Minéraux. — Le désert *Arabique* est riche en minéraux. On y rencontre à chaque pas des carrières ou des mines abandonnées. C'est dans les roches *granitiques* d'*Assouân* que les Pharaons faisaient tailler d'énormes monolithes pour leurs obélisques et leurs statues; c'est de *Djebel-Selseleh* qu'ils tiraient les *grès* employés à la construction de leurs temples. Au centre de la vallée qui réunit *Kéna* à *Kosséir*, on trouve de vastes carrières de *brèche verte d'Égypte*, une des plus belles pierres qui existent. Les ruines d'une ville de plus de 2 000 habitations se remarquent près de ces carrières. Plus au nord, en face de *Minia* et de *Beni-Souef* existent des carrières d'albâtre très importantes. Les albâtres de la mosquée de Mohammed-Ali à la Citadelle ont été extraits du *Djebel-el-Rokham* (la montagne du marbre), situé à huit heures de marche de *Beni-Souef*.

Dans le *Mokattam*, entre *Le Caire* et *Héloûan*, se trouvent les carrières de *calcaire* d'où ont été extraites les pierres des grandes pyramides de *Guizeh*. Dans la chaîne granitique voisine de la mer **Rouge**, des carrières de porphyre ont été exploitées au *Djebel-Dokhan* par les empereurs romains ou byzantins; c'est de là qu'ils tiraient l'admirable *porphyre rouge* employé à la construction de leurs temples et de leurs palais, et que l'on retrouve dans toutes les villes de la Méditerranée.

Toutes ces carrières sont aujourd'hui abandonnées, à l'exception de celles du *Mokattam*.

L'*or* se rencontre dans les sables du *Ouadi-Allaki*, au sud d'*Assouân*. Des documents de l'époque pharaonique prouvent que dans cette région se trouvaient des mines d'or très riches. Aujourd'hui encore, les Bédouins **Ababdehs**, qui errent dans ces contrées, recueillent une assez grande quantité de poudre d'or.

Le *Djebel-Zabarah* renferme dans ses roches des *grenats* et des *émeraudes*.

Sur plusieurs points de la côte de la mer Rouge, principalement vers le golfe de Suez, à *Djebel-Zeit*, on trouve des gisements de *soufre*, ainsi que des sources de *pétrole* et des amas de *bitume*.

La *presqu'île sinaïtique* est riche en minerais de *fer* et de *cuivre* et en gisements de *turquoises*. Mais ils sont difficiles à exploiter, à cause du manque de combustible et de moyens de transport.

504. Côtes de l'Égypte. — Le littoral de l'*Égypte* sur la **Méditerranée** a une longueur de 870 kilomètres, du golfe de *Souloun* à *El-Arich*.

La partie de ce rivage comprise entre la *Tripolitaine* et le *Delta* est aride et bordée de collines de sable. On y remarque les golfes de *Bou-Chaïfa*, de *Kanaïs* et le *golfe des Arabes*.

Du *golfe des Arabes* à *El-Arich*, le rivage forme un arc dont la convexité est tournée vers le nord; dans toute cette partie il est bas et bordé de lagunes. Il forme la baie d'*Aboukir*.

La **mer Rouge** baigne l'*Égypte* sur une longueur de 1 300 kilomètres, savoir : 500 d'*Akaba* à *Suez* (presqu'île du *Sinaï*), 500 de *Suez* à *Kosséir*, et 300 de *Kosséir* à *Ras-Benas*.

Le littoral de la *mer Rouge* est en général escarpé et aride; on y remarque le *Ras-Mohammed*, au sud de la presqu'île du *Sinaï*; le *Ras-Mallap* à l'ouest de la même presqu'île, où les pèlerins égyptiens purgent leur deuxième quarantaine avant de rentrer en **Égypte**; le *Ras-Guemsah*, à l'entrée du golfe de Suez, non loin des sources de pétrole de *Djebel-Zeit*, et enfin le *Ras-Benas*, situé à la latitude d'*Assouân* et au sud duquel est la baie de *Oum-el-Ketef*.

505. Canal de Suez (voir 1re partie, 30e leçon). — Le **canal de Suez**, qui fait communiquer les deux mers, a été commencé en 1859 et achevé dix ans après, en 1869, sous le règne d'Ismaïl-Pacha.

Les lacs qu'il traverse n'étaient auparavant que des dépressions marécageuses, qui se sont remplies lorsque le canal a été percé.

Les dimensions du canal, qui avaient paru prodigieuses au début, sont devenues insuffisantes à cause du nombre toujours croissant des navires qui profitent de cette voie maritime. Son agrandissement est devenu nécessaire. Actuellement il est impossible aux navires en marche de se croiser dans le Canal; l'un des deux doit attendre le passage de l'autre en s'arrêtant dans une des gares d'évitement qui se succèdent de dix en dix kilomètres. Il y a quelques années, la navigation était complètement interrompue la nuit, et la traversée du Canal demandait au moins deux jours.

Une première amélioration a été réalisée : le Canal est éclairé la nuit et la navigation n'est plus interrompue pour les navires pourvus eux-mêmes de l'éclairage électrique.

On projette de porter au triple la largeur actuelle du Canal.

Questionnaire.

Parlez des chaînes de collines qui bordent la vallée du Nil. — Parlez du désert Arabique. — De la presqu'île du Sinaï. — Du désert Libyque. — Parlez de la géologie de l'Égypte. — Faites connaître les richesses minérales de l'Égypte. — Décrivez les côtes de l'Égypte sur la Méditerranée, sur la mer Rouge. — Dites ce que vous savez sur le Canal de Suez.

CHAPITRE XIII

GOUVERNEMENT ET ADMINISTRATION DE L'ÉGYPTE.

SOIXANTE-DIXIÈME LEÇON.
Divisions administratives de l'Égypte.

506. Généralités. — L'Égypte a une population de 6 800 000 habitants (recensement de 1882).

Par la configuration de son territoire, l'Égypte est partagée en deux grandes régions naturelles : la première comprend la *vallée du Nil* avec le *Fayoum* depuis *Ouadi-Halfa* jusqu'au *Caire* : c'est la **Haute-Égypte** (El-Wag-el-

Exercices : Carte de l'Égypte. Indiquer par des teintes différentes la nature des roches qui composent les montagnes et les plateaux. Marquer la position des anciennes carrières. — Carte des côtes. — Carte du Canal de Suez.

Kebli ou El-Saïd); la seconde embrasse le *Delta* : c'est la **Basse-Égypte** (El-Wag-el-Bahri).

Les autres parties du territoire, indépendantes de la vallée du Nil, forment trois régions : l'**Isthme**, la **presqu'île du Sinaï**, et les Oasis (El-Ouahât).

Administrativement, l'Égypte est divisée en **gouvernorats** et en **moudiriehs.**

Le **gouvernorat** (*mouhâfazah*) est une circonscription comprenant une ville maritime et sa banlieue, administrée par un *gouverneur* (*mouhâfez*) dépendant du Ministère de l'Intérieur. La ville du *Caire*, située dans l'intérieur du pays, forme aussi un gouvernorat.

La **moudirieh** est une province administrée par un *préfet* (*moudir*) relevant du Ministère de l'Intérieur et du Ministère des Finances.

Les *moudiriehs* se divisent en **districts** (markaz). Chaque district est administré par un *mamour-markaz*, dépendant du *moudir*.

Les districts se composent d'un certain nombre de **communes** (nahiehs). La *nahieh* comprend généralement plusieurs *hameaux* (ezbeh, kafr), *bourgades* (balad) et *fermes* (abadieh) ; elle est placée, selon son importance, sous la direction d'un ou plusieurs *cheikhs-el-balad* et omdehs.

Le *cheikh-el-balad* est le représentant du Gouvernement ; il est nommé par le *moudir*, et choisi parmi les habitants de la *nahieh*. Ses fonctions sont gratuites. Le *omdeh* représente plus particulièrement les intérêts de la *nahieh*. Il est élu par les habitants, et choisi parmi les plus riches et les plus influents propriétaires. Il est responsable, avec le *cheikh-el-balad*, de la sécurité publique et de l'exécution des ordres du *moudir*. Ses fonctions sont aussi gratuites. Les *cheikhs-el-balad* et les *omdehs* sont exemptés, eux et leurs enfants, du service militaire.

507. Divisions administratives de l'Égypte [1]. — On compte en **Égypte** neuf *gouvernorats* et quatorze *moudiriehs*, qui se subdivisent en une centaine de districts. Le nombre des *nahiehs* est de 4 000 environ, et celui des *hameaux* et *fermes* dépendant de ces *nahiehs* d'à peu près 9 000.

1. Les renseignements sur les nouvelles divisions administratives de l'Égypte nous ont été fournis par le Ministère de l'Intérieur.

508. Gouvernorats. — Les neuf *gouvernorats* sont :

1° **Le Caire** (375 000 hab.) (voir 28e leçon) comprenant douze districts (Toumnes) : *Abdine, Bab-el-Charieh, Boulaq, Choubrah, Darb el Ahmar, El-Ezbékieh, El-Gamalieh, Kaïssoun, El-Khalifah, Masr-el-Kadimah, El-Saïda-Zénah, El-Waïly.*

2° **Alexandrie** (232 000 hab.) (voir 29e leçon) comprenant cinq districts (Kismes).

3° **Damiette** (voir 26e leçon). A ce gouvernorat sont rattachés *El-Matarieh* et les pêcheries du lac *Menzaleh*.

4° **Rosette** (voir 26e leçon).

5° Gouvernorat général du *Canal*. chef-lieu *Port-Saïd* et sous-gouvernorat d'*Ismaïlia*.

6° **Suez.**

7° **El-Arich.**

8° **Kosséir.**

9° Gouvernorat des **Côtes de la mer Rouge**, chef-lieu *Souakin*. Ce gouvernorat relève directement du Ministère de la Guerre.

(Voir, pour ces dernières villes, la 27e leçon.)

509. Moudiriehs de la Basse-Égypte. — La **Basse-Égypte** comprend six moudiriehs (voir pour détails sur les principales villes, les 25e, 26e et 27e leçons) :

1° La moudirieh de **Béhérah**, située à l'ouest de la branche de Rosette, chef-lieu *Damanhour*, subdivisée en sept districts : *Abou-Hommos. El-Atf, Choubra-Khit, Damanhour, El-Delingat, El-Néguilah* et *Kafr-el-Dawar*. Autres villes remarquables : *Edkou, El-Rahmanieh, Aboukir El-Mahmoudieh* et *Terraneh.*

2° La moudirieh de **Gharbieh**, située entre les deux branches du Nil dans la partie nord du Delta, a pour chef-lieu *Tantah*. Elle forme douze districts : *Fouah, Kafr-el-Cheikh, El-Mandourah, Bassioun, Zifta, Tantah, El-Santah, Bialah, Méhallet-Menouf, El-Borollos* (chef-lieu *Baltim*), *El-Méhallah-el-Koubra* et *Belkas.*

Autres villes remarquables : *Dessouk* et *Kafr-el-Zayat* sur la branche de *Rosette, Samannoud, Talkha* et *Cherbine* sur la branche de *Damiette.*

3° La moudirieh de **Menoufieh** est située au sud de **Gharbieh**, également entre les deux branches du Nil. Elle a pour chef-lieu *Chibin-el-Com* et forme cinq districts : *Achmoun, Metig, Tala, Chibin-el-Com* et *Menouf*. Les autres villes les plus remarquables : *El-Bagour* et *Sers-el-Lyanah.*

4° La moudirieh de **Galioubieh**, située au sud-est de la branche de Damiette, a pour chef-lieu *Benha*. Elle forme quatre districts : *Benha, Toukh, Galioub* et *Choubrah.*

5° La moudirieh de **Charkieh** est à l'est de la branche de **Damiette** ; c'est la plus orientale des moudiriehs de la Basse-Égypte. Le chef-lieu est *Zagazig.* Elle forme sept districts : *Belbeis, El-Sawaleh, El-Arine, El-Ibrahimieh, El-Kanayat, Mina-el-Kamh* et *Zagazig.* Autres lieux remarquables : *Abou-Kébir, El-Salhieh* et *Tell-el-Kébir.*

6° La moudirieh de **Dakahlieh**, située au nord-est de la branche de **Damiette**, a pour chef-lieu *Mansourah*. Elle forme six districts : *Dékernès, Fareskour, El-Mansourah, Mit-Ghamr-Mit-Samannoud, El-Sinbellaweïn.* Autres villes importantes : *El-Manzalah* et *Atmidah.*

510. Moudiriehs de la Haute-Égypte. La Haute-Égypte comprend huit moudiriehs. Ce sont, en remontant la vallée du Nil :

1° La moudirieh de **Guizeh**, chef-lieu *Guizeh*. Elle forme quatre districts : *Embabeh, Guizeh, El-Aïat* et *Atfih.* Les autres bourgs les plus importants sont : *Aoussim, Badrachein* et *Sakkarah.*

2° La moudirieh de **Beni-Souef**, chef-lieu *Beni-Souef*, forme trois districts : *El-Zawieh, Beni-Souef* et *Beba-el-Kobra*. Les autres bourgs remarquables sont : *Boche, Achmant* et *El-Ouasta.*

3° La moudirieh de **Fayoum**, qui est une véritable oasis, en communication avec la vallée du Nil, a pour chef-lieu *Médinet-el-Fayoum*. Elle forme trois districts : *Sanourès, Tobhar* et *Médinet-el-Fayoum*. Les bourgs remarquables sont : *Fidémine, Sanhour* et *Agamyine.*

4° La moudirieh de **Minia** a pour chef-lieu *Minia*. Elle forme cinq districts : *Fachn, Maghagha, Beni-Mazar, Kolosna* et *Minia*. Les autres bourgs remarquables sont : *Aba-el-Wakf, Mataï, Abou-Kerkas.*

5° La moudirieh d'**Assiout**, chef-lieu *Assiout*, forme sept districts : *Mellawi, Manfalout, Deirout, Abou-Tig, El-Douer, Abnoub* et *Assiout*. Les villes remarquables sont : *Rodah, El-Nakheilah, El-Ghanaïem* et *Delga.*

6° La moudirieh de **Guerga** a pour chef-lieu *Souhag*. Elle forme six districts : *Bardis, Tahta, El-Minchat, Souhag, Guerga* et *Tama*. Les autres villes importantes sont : *Akhmim* et *Guehénah.*

7° La moudirieh de **Kéna**, chef-lieu *Kéna*, forme cinq districts : *Louksor, Dechna, Kéna, Farchout* et *Esna*. Les villes remarquables sont : *Karnak, Kous, Dendérah, Nakadah, Armant* et *Motanah.*

(*Voir* le tableau, page 112.)

8° La moudirieh **El-Hodoud** (Des Frontières) a pour chef-lieu *Assouân.* Elle forme quatre districts : *Edfou, Assouân, Korosko* et *Ouadi-Halfa.* Cette moudirieh relève plus particulièrement du Ministère de la Guerre.

L'oasis de *Siwa* dépend de la moudirieh de *Béhérah* ; celles de *El-Baha-rieh* et de *El-Farafrah* sont rattachées au *Fayoum* ; enfin celles de *El-Khargah* et de *El-Dakhlah* dépendent d'*Assiout.*

La presqu'île du *Sinaï* est placée sous l'administration du gouverneur de *Suez.*

Questionnaire.

Quelle est la population de l'Égypte ? — Comment l'Égypte se divise-t-elle naturellement ? — Quelles sont les parties du territoire de l'Égypte indépendantes de la vallée du Nil ? — Qu'est-ce qu'un gouvernorat ? Une moudirieh ? Un district ? Une nahieh ? — Quelles sont les attributions des cheikhs-el-balad et omdehs ? — Combien compte-t-on de gouvernorats et moudiriehs en Égypte ? — Citez les moudiriehs de la Basse-Égypte et leurs chefs-lieux. — Énumérez les districts des moudiriehs de Béhérah, Gharbieh, Menoufieh, Galioubieh, Charkieh et Dakahlieh. — Citez les moudiriehs de la Haute-Égypte et leurs chefs-lieux. — Énumérez les districts des moudiriehs de Guizeh, Beni-Souef, Fayoum, Minia, Guerga, Kéna et El-Hodoud. — De quelles moudiriehs dépendent les oasis ?

SOIXANTE ET ONZIÈME LEÇON.
Gouvernement de l'Égypte et Administrations diverses.

511. GOUVERNEMENT DE L'ÉGYPTE. — L'Égypte est une **monarchie**. Le souverain porte le titre de **Khédive.** L'Égypte est *vassale* de la **Sublime-Porte** ; mais elle jouit, en vertu des firmans, d'une *autonomie* presque absolue, c'est-à-dire qu'elle s'administre suivant ses propres lois, sans aucune ingérence de l'État suzerain. L'Égypte paye à la Turquie un léger *tribut.*

Le pouvoir est exercé par Son Altesse le Khédive, assisté d'un certain nombre de *Ministres* responsables.

Une loi organique promulguée le 1er mai 1883 a institué en Égypte :

1° Une *Assemblée générale des notables* ;

2° Un *Conseil législatif* ;

3° Un *Conseil provincial* dans chaque moudirieh.

512. CONSEILS PROVINCIAUX. COMPOSITION. ATTRIBUTIONS. — Les **Conseils provinciaux** se composent de trois à huit membres élus, suivant l'importance de la moudirieh, de l'Ingénieur en chef de la moudirieh et de l'Inspecteur des irrigations. Ils sont présidés par le *Moudir.*

Les Conseillers provinciaux sont choisis parmi les principaux propriétaires de la province. Ils sont élus par un suffrage à deux degrés. Chaque ville ou village (*nahieh*) élit un électeur-délégué. Les électeurs-délégués de toute la province sont convoqués au chef-lieu de la moudirieh et choisissent les conseillers. Ceux-ci sont élus pour six ans, et renouvelables par moitié tous les trois ans. Leurs fonctions sont gratuites.

Le *Conseil provincial* peut voter des contributions extraordinaires en vue de dépenses d'utilité publique intéressant la moudirieh. Son avis préalable est nécessaire dans les questions suivantes :

1° Changements proposés à la circonscription territoriale de la moudirieh et des villages (nahiehs) ;

2° Direction des voies de communication par terre ou par eau et travaux d'irrigation ;

3° Établissement, changement ou suppression des foires et marchés dans la moudirieh ;

4° Les questions sur lesquelles il est consulté par l'Administration.

513. CONSEIL LÉGISLATIF. COMPOSITION ET ATTRIBUTIONS. — Le **Conseil législatif** se compose de trente membres, dont un **Président** et deux **Vice-Présidents.**

Ces membres sont permanents ou délégués. Les membres *permanents* sont au nombre de 14, savoir : le *Président*, un *Vice-Président* et 12 *Conseillers.* Les membres *délégués* sont au nombre de 16, dont un *Vice-Président.* Les membres **permanents** sont nommés par Son Altesse le Khédive sur la proposition du Conseil des Ministres. Les membres **délégués** sont répartis de la manière suivante : un pour *Le Caire*, un pour **Alexandrie, Damiette, Rosette, Suez, Pord-Saïd, Ismaïlia** et

El-Arich, et un pour chacune des 14 moudiriehs.

Le *Conseiller* représentant *Le Caire* est élu par 12 *électeurs-délégués*, nommés par chacun des 12 **Toumnes** de la ville. Celui d'*Alexandrie* est élu par 11 *électeurs-délégués*, 5 pour *Alexandrie* et un pour chacune des villes de *Rosette, Damiette, Port-Saïd, Ismaïlia, Suez* et *El-Arich*, réunis à *Alexandrie.*

Le *Conseiller* de chaque moudirieh est élu par le *Conseil Provincial.* Le *Président* et les *Vice-présidents* sont désignés par Son Altesse le Khédive. Le mandat des membres délégués a une durée de six années. Le Président, les Vice-Présidents et les membres du Conseil législatif reçoivent une indemnité.

Le *Conseil législatif* se réunit tous les deux mois. Il donne son avis sur toute loi ou décret portant règlement d'administration publique. Il peut provoquer la présentation par le gouvernement de projets de lois ou décrets. Il examine les pétitions adressées à Son Altesse le Khédive. Le **budget** annuel lui est communiqué, et il peut donner son avis et émettre des vœux sur chacun des chapitres du budget.

Le compte général de l'Administration des finances pour l'exercice écoulé lui est présenté chaque année pour avis ou observations.

514. ASSEMBLÉE GÉNÉRALE DES NOTABLES. COMPOSITION. ATTRIBUTIONS. — L'**Assemblée générale** est constituée ainsi qu'il suit : 1° les *Ministres* ; 2° les *Président, Vice-Présidents* et *membres du Conseil législatif* ; 3° 46 *notables-délégués*, élus par les moudiriehs et les gouvernorats. Ces 46 notables sont élus par les électeurs-délégués des villes et des villages.

L'Assemblée des notables est présidée par le **Président du Conseil législatif.** Les *notables-délégués* sont élus pour six ans. Ils reçoivent une indemnité de déplacement.

L'Assemblée générale est convoquée au moins une fois tous les deux ans. Nul impôt ne peut être établi sans avoir été discuté et voté par l'Assemblée générale.

L'Assemblée générale doit être consultée pour avis : 1° sur tout emprunt ; 2° sur la construction ou la suppression de tout canal et toute ligne de chemin de fer traversant plusieurs moudiriehs ; 3° sur la classification des

TABLEAU RÉCAPITULATIF

(Voir pour la position des villes les cartes de Linant-Pacha et celle des Domaines de l'État.)

GOUVERNORATS ET MOUDIRIEHS	SUPERFICIE CULTIVABLE (FEDDANS)	POPULATION (Recensement de 1882)	NOMBRE DE DISTRICTS	NOMBRE DE NAHIEHS	VILLES ET BOURGS IMPORTANTS
Le Caire..........	"	375 000	12	1	Le Caire, avec ses faubourgs Boulaq, le Vieux Caire, etc.
Alexandrie.......	"	232 000	5	2	Alexandrie. Ramleh.
Damiette..........	"	44 000	2	3	Damiette (34 000). Matarieh (10 000).
Rosette..........	"	20 000	1	2	Rosette (17 000).
Canal de Suez....	"	21 000	2	3	Port-Saïd (17 000). Ismaïlia (3 500).
Suez.............	"	11 000	1	1	Suez (11 000).
El-Arich.........	"	2 900	1	2	El-Arich (2 700).
Kosséir..........	"	2 500		1	Kosséir (2 200).
Souakin..........	"	12 500	2	2	Souakin (11 000). Tokar.
Béhérah........ .	400 000	400 000	7	320	El-Mahmoudieh (4 500). El-Rahmanieh (6 000). Damanhour (20 000).
Gharbieh...	1 343 000	930 000	12	640	Méhallah-el-Koubra (28 000). Samannoud (12 000). Zifta (11 000). Senda-bast (4 500). Talkha (5 200). Nabaroh (6 000). Bialah (5 100). Baltim (4 200). Mit-Abou-Ghaleb (4 200). Chabas-el-Malh (4 500). Dessouk (7 000). Fouah (10 000). Sanhour-el-Médinah (5 200). Horein (4 200). Kafr-Kela-el-Bab (4 900). Tantah (34 000). Bassioun (5 600). Chabas-el-Chohada (4 800). Chabas-Emeir (4 300). Kafr-el-Zaïat (5 000). Méhallet-Diaï (4 600). Sa-el-Haggar (4 500). Bermah (6 200). Chobar (4 100). Ebiar (8 500). Méhallet-Marhoum (7 200). Abou-Sir (5 400). Saft-Toráb (4 800). Choubra-Bekhoum (6 800).
Menoufieh........	372 000	646 000	5	340	Achmoun (6 800). Samadoun (5 200). Batanoun (8 600). Ganzour (6 000). Ebnahs (4 600). Mellg (7 800). Mit-Khakân (4 200). Gaza (4 600). Menouf (16 200). El-Wat (5 100). El-Bagour (7 200). Chanawân (6 500). Chanchoûr (4 800). Chibin-el-Com (16 200). Sers-el-Lyanah (11 000). Choni (4 000). Dalgamoun (5 900). Tala (9 700).
Galioubieh... ...	200 000	271 000	4	171	Kafr-Chebine (4 200). Aghou-el-Kobra (4 700). Galioub (8 600). Sendioun (4 500). Benha (8 500). El-Ramleh (4 200).
Charkieh........	520 000	465 000	7	475	Abou-Kébir (4 000). Belbéis (7 500). Machtoul-el-Souk (5 600). El-Azizieh (4 500). Zagazig (20 000). Sanafine (5 200). Zancaloun (4 400). Hehia (4 000). El-Korein (6 200).
Dakahlieh	510 000	586 000	6	443	Dékernès (4 200). El-Manzalah (8 500). Fareskour (5 100). Mansourah (27 000). Atmidah (5 000). Damas (4 800). Dandit (5 000). Kom-el-Nour (6 000). Mit-Ghamr (11 000). Ouldiah (4 200). Sahragah-el-Kobra (5 000). Mit-Samanoud (4 400). Noussa-el-Gheit (4 600). Sinbellawein (5 000).
Guizeh...........	210 000	285 000	4	185	Aoussim (7 200). Kerdassah (7 100). Warrak-el-Arab (4 600). El-Werdân (4 100). El-Chobak (4 500). Badrachein (4 200). Guizeh (11 500). Om-Khenân (4 000).
Beni-Souef.......	220 000	220 000	3	257	Beni-Souef (10 000). Boche (7 000).
Fayoum	290 000	230 000	3	140	Médinet-el-Fayoum (26 000). Fidémine (5 600). Sanhour (6 300). Sanourès (10 000). Agamyine (5 300). Gardawa (4 000). El-Minia (5 000). El-Nazleh (4 400). Tobhar (4 600).
Minia............	430 000	345 000	5	287	Aba-el-Wakf (4 500). Beni-Mazar (4 200). Fachn (6 000). Abou-Kerkas (4 100). Minia (16 000).
Assiout...........	430 000	560 000	7	305	Abnoub (4 200). Beni-Rozag (5 000). El-Wasta (4 000). Abou-Tig (11 000). El-Nakheilah (9 600). Sanbawah (5 500). El-Zarabi (6 000). Assiout (31 000). Chatb (4 000). Derenkah (4 600). El-Hawatkah (4 400). El-Matiah (6 300). Moucha (7 800). Rifah (4 100). Rouwénah (4 900). El-Walidieh (4 000). Deirout (5 000). El-Badâri (6 100). El-Douer (6 100). El-Ghanaïem (9 000). Mellawi (11 000). El-Kossich (6 500). Manfalout (13 200). Delga (8 200). Rodah (4 000).
Guerga..........	355 000	521 000	6	190	El-Arâba-el-Madfounah. Bardis. Guerga. El-Minchat. Akhmim. Gueziret-Chandawil. Souhag. Guehénah. Maraghah. Nazzah. Tahta. Tama (7 900).
Kéna *...........	350 000 *	450 000 *	5	150 *	Abou-Manna-Bahari (4 400). Bahgourah (4 700). Farchout (5 000). Denderah (4 500). Kéna (15 400). Hegâzah (4 000). Kous (10 300). Nakadah (4 500). Esna (9 500). Armant (6 900).
El-Hodoud *......	110 000 *	200 000 *	4	100 *	Assouân (6 400). Edfou (5 800).
Oasis El-Dakhlah..	"	15 000	1	10	El-Kasr (2 500). El-Guedidah (2 000). Kalmoun (1 500). Balat (1 400).
— El-Khargah.	"	6 000	1	4	El-Khargah (3 800). Baris (1 400).
— El-Baharieh.	"	5 500	1	4	El-Bawiti (1 700). Mandichah (1 500). El-Kasr (1 400).
— El-Farafrah.	"	500	1	1	
— Siwa.......	"	5 000	1	1	Siwa (3 400).

* Chiffres approximatifs.

terres en vue de la répartition de l'impôt foncier.

L'Assemblée générale peut émettre des avis et des vœux en toutes matières, économiques, administratives ou financières.

515. Administration des Wakfs. — Les biens **Wakfs** (biens de mainmorte) sont destinés à subvenir aux dépenses du culte, à l'entretien des mosquées, des hospices, des asiles et des écoles (écoles de mosquées, universités musulmanes).

Ces biens proviennent de donations pieuses.

Les biens wakfs sont très importants : 52 000 **feddans** de terres, 18 000 maisons et un capital considérable déposé à la Caisse de la Dette Publique.

Ces biens sont *inaliénables*.

L'Administration des biens **wakfs** est indépendante des autres administrations de l'État et constituait autrefois un ministère spécial. Elle est confiée actuellement à un *Directeur général des wakfs*.

516. Organisation judiciaire. — L'organisation judiciaire en Égypte est très compliquée. Il existe trois sortes de tribunaux : 1° les tribunaux *de la réforme* ou tribunaux *mixtes*; 2° les tribunaux *indigènes*; 3° les *mehkémehs*.

517. Tribunaux mixtes. — La création des **tribunaux mixtes** a été nécessitée par la présence en Égypte de nombreux étrangers, Grecs, Italiens, Français, Anglais, etc., qui, en vertu des *capitulations*, ne sont soumis qu'aux lois de leurs pays respectifs.

Ces tribunaux jugent les affaires civiles et commerciales qui intéressent des indigènes et des étrangers, ou des étrangers de nationalités différentes. Ils sont au nombre de trois et siègent au *Caire*, à *Alexandrie* et à *Mansourah-Zagazig*. Au-dessus de ces tribunaux de première instance est la *Cour d'appel mixte* d'**Alexandrie**.

Les Conseillers et les Juges sont indigènes et étrangers.

518. Tribunaux indigènes. — Le besoin de concilier chez les Égyptiens les exigences de la vie moderne avec les prescriptions de la loi religieuse a amené la création récente des **tribunaux indigènes**.

Ces tribunaux prononcent en matière *civile et commerciale* sur les affaires intéressant les **indigènes** seulement. La répression des crimes et délits commis par les indigènes leur est également confiée.

Ces tribunaux sont actuellement au nombre de sept, siégeant à *Alexandrie*, *Le Caire*, *Tantah*, *Zagazig*, *Beni-Souef*, *Assiout*, *Kéna*. Au-dessus de ces tribunaux de première instance, est la *Cour d'appel indigène* siégeant au **Caire**.

Les Conseillers et les Juges sont en grande majorité indigènes.

La **moudirieh des Frontières** (El-Hodoud) est placée provisoirement sous la juridiction d'un *tribunal spécial* et d'une Cour d'appel siégeant à *Assouân*.

519. Mehkémehs. — Les *mehkémehs charaiah* jugent d'après le droit musulman. Ils sont compétents pour tout ce qui concerne l'application du statut personnel : mariages, divorces, donations, legs, successions, etc. Ils jugent aussi les contestations relatives aux Wakfs, nomment les tuteurs et curateurs, enregistrent les ventes immobilières et délivrent les *hodjets* ou titres de propriété.

Deux grands *mehkémehs* sont institués au *Caire* et à *Alexandrie*. Ils se composent d'un *Cadi*, de son suppléant (*naïb*) et de plusieurs membres constituant le *méglis charaïah*. Ils sont assistés d'un *Moufti*, qui ne fait pas partie du tribunal, mais qui en est le conseiller.

Le Cadi et le Moufti du Caire portent le titre de Grand-Cadi et de Grand-Moufti.

Le *Grand-Cadi* est nommé directement par le Sultan; il est le chef de tous les autres Cadis d'Égypte.

Le *Grand-Moufti* est le conseiller suprême. Il prononce en dernier ressort sur les questions douteuses. Un *Moufti* spécial assiste le Ministre de la justice et donne son avis sur toutes les questions intéressant les *mehkémehs*.

Un *mehkémeh* central est institué au chef-lieu de chaque moudirieh et de chaque gouvernorat, Kosséir excepté.

Ces mehkémehs se composent d'un *Cadi* et d'un *Naïb*. Ceux qui siègent dans les moudiriehs sont assistés chacun d'un *Moufti*, ainsi que ceux de Rosette et de Damiette.

Il existe aussi dans chaque *district* un *mehkémeh* composé d'un *Cadi* seulement.

Les jugements rendus par ces mehkémehs peuvent être attaqués devant le *méglis charaïah* du Caire.

520. Autres juridictions. — Les indigènes non musulmans sont soumis pour toutes les affaires qui ressortissent des mehkémehs, à la juridiction de tribunaux créés par les chefs des différents cultes (Patriarches).

Enfin les tribunaux *consulaires*, institués dans chaque consulat, prononcent sur les affaires civiles et commerciales entre étrangers de même nationalité, et punissent les délits et les crimes de leurs nationaux.

521. Instruction publique. — *L'instruction publique* comprend l'enseignement *primaire*, l'enseignement *secondaire* ou *préparatoire* et l'enseignement *supérieur* ou *spécial*.

L'enseignement **primaire** est donné dans 42 écoles primaires de garçons et une école de filles. 18 de ces écoles se trouvent au *Caire* et les 23 autres dans les principales villes de l'Égypte. Ces écoles sont entretenues : 10 par le budget du Ministère de l'Instruction publique, 23, dites nationales, par le produit du domaine d'El-Wady, et enfin les 8 autres au moyen d'une subvention fournie par l'Administration des wakfs.

Toutes ces écoles sont placées sous la direction du Ministère de l'Instruction publique; mais plusieurs autres écoles primaires, entretenues par des wakfs particuliers, ne dépendent que de l'Administration des wakfs.

Il existe en outre dans toute l'Égypte environ 5 400 *kouttabs*, jointes le plus souvent à des *mosquées* ou à des *sébilles* (fontaines publiques) où l'on enseigne la lecture, l'écriture, et les principes de la religion à plus de 140 000 enfants.

L'enseignement **secondaire** ou préparatoire n'est donné que dans 3 écoles gouvernementales : l'école *Tewfik*[1] et l'école *Khédivieh* au Caire; l'école de *Ras-el-Tin* à Alexandrie.

Enfin les écoles **supérieures** ou spéciales sont : l'École polytechnique, l'École de droit, l'École de médecine, le Dar-el-Oloum ou école normale arabe, deux cours normaux européens, l'École des arts et métiers et l'École d'agriculture.

Le Ministère de la Guerre entretient au *Caire* une grande École *militaire* pour le recrutement des officiers.

L'enseignement supérieur musulman est donné dans plusieurs *universités*, rattachées à des mosquées célèbres; la plus importante est la grande université d'*El-Azhar*, célèbre dans le monde entier, qui compte plus de 12 000 étudiants.

L'enseignement **libre** est largement

---

1. L'école Tewfik comprend à la fois une école primaire, une école secondaire et un cours normal.

représenté en Égypte. De nombreuses écoles, primaires ou secondaires, entretenues par des congrégations religieuses ou des particuliers, donnent l'instruction à des milliers d'Égyptiens.

522. INSTITUTIONS SCIENTIFIQUES. — MUSÉES. — BIBLIOTHÈQUE KHÉDIVIALE.

1° L'*Institut égyptien*, fondé par les savants qui accompagnaient Bonaparte lors de l'expédition française, existe encore aujourd'hui. Il est composé de membres indigènes et étrangers, choisis parmi les savants les plus éminents habitant le pays. Ses publications scientifiques ont trait généralement à l'Égypte et offrent un grand intérêt.

2° La *Société khédiviale de Géographie* a été fondée en 1875 par le khédive Ismaïl-Pacha. Elle possède une bibliothèque géographique importante et de riches collections.

La Société khédiviale de Géographie a surtout pour mission de recueillir et de centraliser les documents géographiques se rapportant au bassin du Nil.

L'exploration de cette vaste région a préoccupé au plus haut degré les souverains de l'Égypte depuis Mohammed-Ali-Pacha. On peut dire que la science leur est redevable de la solution de ce grand problème géographique, car c'est sur leur initiative et à leurs frais qu'ont été organisées la plupart des explorations scientifiques du Soudan.

L'Institut égyptien et la Société khédiviale de Géographie sont subventionnés par le gouvernement.

3° Le *Musée d'antiquités égyptiennes*, installé actuellement dans le palais de *Guizeh*, a été fondé, sous le règne d'Ismaïl-Pacha, par Mariette-Pacha.

Avant la création de ce musée, les étrangers seuls s'occupaient de recueillir les antiquités égyptiennes, et on peut voir dans toutes les grandes villes d'Europe, et même d'Amérique, des musées égyptiens importants. Ismaïl-Pacha a voulu conserver au pays ses richesses scientifiques; il a interdit l'exportation des antiquités et a fondé le Musée national qui fait l'admiration du monde savant.

4° Le *Musée de l'art arabe* a été fondé par l'Administration des Wakfs. Ce musée, encore peu important, offre cependant un grand intérêt scientifique.

5° La *Bibliothèque khédiviale* a été aussi fondée par Ismaïl-Pacha, en 1870. Le revenu d'un domaine important est attribué à son entretien et elle reçoit une subvention de l'Administration des Wakfs. La bibliothèque comprend environ 30 000 ouvrages, principalement arabes ou turcs, et une précieuse collection de manuscrits arabes.

523. ARMÉE ET SÉCURITÉ PUBLIQUE. — L'armée égyptienne compte actuellement 14 650 officiers, sous-officiers et soldats, répartis en 13 bataillons d'infanterie, 7 escadrons de cavalerie, 3 batteries d'artillerie de campagne et 4 compagnies d'artillerie de forteresse.

La sécurité publique est assurée par 6 500 officiers, sous-officiers et soldats de police, répartis en de nombreux postes sur tout le territoire de l'Égypte.

L'Égypte n'a plus de marine de guerre.

524. DETTE PUBLIQUE. — L'Égypte, comme la plupart des États organisés, est grevée d'une *Dette Publique*. Cette dette a été contractée par les gouvernements des précédents khédives, afin de doter le pays de grands travaux d'utilité publique, tels que chemins de fer, canaux, ponts, etc.

Une loi promulguée le 19 juillet 1880, dite « Loi de Liquidation », a consolidé la dette égyptienne et affecté certains revenus de l'État au payement des intérêts et à l'amortissement de cette dette.

La Loi de Liquidation divisait la dette en *Privilégiée, Unifiée, Domaniale* et *Daïra-Sanieh*. Un emprunt postérieur à cette loi a été contracté en 1885, pour remédier aux désastres causés à l'Égypte par les événements de 1882 et la révolte du Soudan. Cette nouvelle dette est nommée Dette Garantie.

Les revenus affectés à la *Dette Privilégiée* sont les recettes nettes des chemins de fer de l'État, des télégraphes et du port d'Alexandrie.

Ceux qui sont attribués au service de la *Dette Unifiée* sont les produits des impôts dans quatre moudiriehs : Gharbieh, Menoufieh, Béhérah et Assiout, ainsi que les recettes nettes des douanes et des tabacs.

Le service des intérêts et de l'amortissement de la *Dette Garantie* est assuré par des prélèvements faits sur les excédents des ressources affectées à la Dette Unifiée.

Une administration spéciale, dite « Caisse de la Dette Publique », dirigée par six commissaires étrangers, reçoit les fonds destinés au service des intérêts et de l'amortissement de la Dette Privilégiée, de la Dette Unifiée et de la Dette Garantie, et en assure la répartition conformément aux lois du pays et aux conventions internationales.

La *Dette Domaniale* est garantie par les terres des *Domaines de l'État*, situées en général dans la Basse-Égypte. L'exploitation de ces terres est confiée à une *Administration* spéciale, dirigée par une Commission composée de trois membres : un Français (Président), un Égyptien et un Anglais.

Cette dette, qui s'élevait à l'origine à plus de 8 millions de Livres Égyptiennes, est réduite actuellement à peu près à la moitié, par suite de la vente aux particuliers d'une partie des terres.

Le service des intérêts et de l'amortissement de la dette de la *Daïra-Sanieh* est assuré par le revenu d'un autre domaine de l'État, situé pour la plus grande partie dans la Haute-Égypte, et par le produit de neuf sucreries importantes.

L'administration de la *Daïra-Sanieh* est confiée à un directeur général, Égyptien, assisté de deux contrôleurs, l'un Français, l'autre Anglais.

Le montant actuel de la Dette Publique de l'Égypte est en chiffres ronds de 105 800 000 Livres Égyptiennes, se décomposant ainsi : 1° Dette Privilégiée, L. E. 29 400 000; 2° Dette Unifiée, L. E. 56 000 000; 3° Dette Garantie, L. E. 8 900 000; 4° Dette Domaniale, L. E. 4 400 000; 5° Daïra-Sanieh, L. E. 7 100 000.

Questionnaire.

Parlez du gouvernement de l'Égypte. — Des Conseils provinciaux. — Du Conseil législatif. — De l'Assemblée générale des notables. — De l'organisation judiciaire en Égypte. — De l'Instruction publique. — Des institutions scientifiques. — De l'armée et de la police. — De la Dette Publique.

CHAPITRE XIV

CRUE DU NIL. — IRRIGATION. CANAUX.

Les renseignements pour la composition de ce chapitre ont été puisés dans l'excellent ouvrage de M. Chélu-Bey, *le Nil, le Soudan, l'Égypte*, ainsi que dans l'ouvrage de M. Barrois, *l'Irrigation en Égypte*, et l'ouvrage de M. Wilcocks, *Egyptian Irrigation*.

SOIXANTE-DOUZIÈME LEÇON. — Crue du Nil. Irrigation de la Haute-Égypte et du Fayoum.

525. CRUE DU NIL (voir Ire partie, 23e leçon). — La CRUE annuelle du *Nil*

était célébrée chez les anciens Égyptiens par de grandes réjouissances. Aujourd'hui encore, une grande fête a lieu au Caire le jour où les eaux ont atteint une hauteur suffisante pour qu'on puisse remplir les canaux de la Basse-Égypte. Ce jour-là, on coupe la digue qui ferme la prise d'eau du *Khalig*, canal qui traverse le Caire.

La *crue* du *Nil*, très régulière dans son apparition, offre d'assez grands écarts dans son importance. Elle est forte si les pluies tombées dans la région du Haut Nil ou sur le plateau d'Abyssinie ont été abondantes; dans le cas contraire, elle est faible.

Pour régler la répartition des eaux, il est très important de connaître jour par jour la hauteur de crue; c'est pour cela qu'on a installé sur les bords du fleuve des *nilomètres* ou *méqyas*. Actuellement les quatre principaux sont établis à *Ouadi-Halfa*, à *Assouan* dans l'île d'*Eléphantine*, au *Caire* dans l'île de *Rodah*, et au *Barrage*.

Autrefois des nilomètres étaient établis à *Khartoum* et à *Berber*. Le télégraphe faisait connaître au Caire les fluctuations du fleuve sur ces deux points, et comme les eaux mettent plusieurs semaines pour arriver de Berber en Égypte, on pouvait prévoir longtemps à l'avance quelle serait l'importance de la crue et prendre des mesures en conséquence.

Lorsque la crue n'atteint pas 18 pics au nilomètre de Rodah, elle est insuffisante et l'année est désastreuse : les terres élevées ne peuvent être irriguées et restent incultes (*chérakis*). Au-dessus de 24 pics, elle est trop forte et des inondations sont à craindre. La meilleure crue est celle qui est comprise entre 21 et 24 pics.

526. IRRIGATION DE L'ÉGYPTE. GÉNÉRALITÉS. — La plupart des régions de la terre sont arrosées par les eaux pluviales; mais en Égypte la quantité d'eau provenant des *pluies* peut être considérée comme insignifiante, c'est au Nil que

les Égyptiens doivent emprunter toute l'eau nécessaire à l'irrigation du sol et à l'alimentation des villes et des villages. Les questions d'irrigation ont donc pour l'Égypte une importance capitale. Du bon aménagement des eaux dépend la prospérité du pays.

Antérieurement à 1837, l'Égypte tout entière, la province de Fayoum comprise, était divisée en *bassins d'inondation*. Au moment de la crue, ces bassins étaient remplis et l'Égypte ressemblait à une véritable mer d'où les villages émergeaient comme des îles. Après le

Une Sakieh.

retrait des eaux, le sol était ensemencé et donnait une abondante récolte; mais une seule culture était possible chaque année sur le même sol, la culture *chétoui* ou d'hiver (céréales, bersim, fèves, dourah (maïs), lin, lentilles, oignons, lupin, légumes, etc.). Des travaux d'*endiguement* et de *canalisation* ont été alors entrepris pour modifier cet état de choses, et aujourd'hui le système des bassins a complètement disparu dans toute la Basse-Égypte, le Fayoum, et près de 180000 feddans de la Haute-Égypte, situés dans les provinces d'Assiout, de Minia et de Beni-Souef.

Dans les régions où le système des bassins a été supprimé, le sol est abrité par de puissantes digues contre l'inondation pendant la crue. De nombreux *canaux*, les uns dits *nili*, privés d'eau pendant l'étiage, les autres dits *séfi*, c'est-à-dire ayant de l'eau pendant l'été, sillonnent le pays dans tous les sens et permettent l'arrosage pendant toute l'année. Il est ainsi possible de faire sur un même sol plusieurs récoltes dans la même année. Aux cultures *chétoui* ou d'hiver, on fait succéder les cultures *séfi* ou d'été (coton, canne à sucre, sésame, riz, arachide, dourah séfi (sorgho), indigo, henné, melons, pastèques, concombres, légumes, etc.). Dans certains cas, une troisième culture est possible, la culture *nili* ou d'inondation (maïs), qui a lieu pendant la crue.

L'irrigation des terres soustraites à l'inondation du Nil se pratique de plusieurs manières. Pendant la crue, tant que le niveau de l'eau est assez élevé dans les canaux, l'arrosage se fait *bel-raha*, c'est-à-dire naturellement. Il suffit d'ouvrir une saignée dans la berge du canal, et de laisser

---

écouler dans le champ la quantité d'eau nécessaire. Lorsque les eaux ont baissé, au printemps et au commencement de l'été, le niveau de l'eau dans les canaux est plus bas que le sol à arroser; on a alors recours à divers moyens pour élever l'eau. Les grands propriétaires emploient des *machines à vapeur*, locomobiles ou machines fixes, qui font mouvoir des pompes puissantes; les autres emploient la *Sakieh*, le *Chadouf*, etc. Dans cette saison, la plupart des canaux secondaires sont desséchés, et sur tous les points éloignés des grandes artères on se sert de l'eau des puits, desservis en général par des sakiehs.

Le nombre des machines à vapeur employées à l'irrigation est de 2 700 environ : 2 250 locomobiles et 450 machines fixes. Le nombre des sakiehs est de près de 39 000.

Pour assurer l'écoulement du tropplein des eaux d'irrigation et éviter les infiltrations, on a creusé des *canaux de drainage* dits *masrâfs*, qui se jettent soit dans la mer, soit dans les lacs. Mais le système des « masrâfs » n'a pas encore atteint le développement nécessaire, et quantité d'excellentes terres, situées principalement dans les moudiriehs de Béhérah, Gharbieh, Dakahlieh, Charkieh et Fayoum, sont rendues incultes par les infiltrations.

527. Irrigation de la Haute-Égypte. — Le système d'arrosage par bassins est resté en vigueur dans la plus grande partie de la Haute-Égypte. Des *digues transversales* (salibeh), partant du Nil, aboutissent au désert des deux côtés de la vallée. L'espace compris entre ces digues est subdivisé par d'autres digues (tarad), perpendiculaires aux premières, en *bassins* (hod) d'étendue variable; enfin une digue parallèle au fleuve, suffisamment élevée au-dessus des hautes eaux, protège les bassins contre l'inondation directe.

Les terres avoisinant le Nil étant plus élevées que les autres parties de la vallée à cause des dépôts plus considérables d'alluvions qui se forment vers le fleuve, une double pente se produit dans les bassins : la pente générale de la vallée allant du sud au nord, et une pente allant de l'est à l'ouest ou de l'ouest à l'est, suivant que les bassins à inonder sont situés sur la rive gauche ou sur la rive droite du fleuve. La disposition des bassins permet de retenir le flot de crue sur les terres élevées, puis de le laisser, de proche en proche, pénétrer dans les bassins situés plus bas. L'écoulement est réglé par un système de canaux spéciaux, munis de nombreux ponts régulateurs.

528. Canaux de la Haute-Égypte. — Dans la Haute-Égypte, les *canaux* sont très nombreux, mais la plupart sont destinés au remplissage et à la vidange (*sarf*) des bassins d'inondation (*hods*). Parmi les plus importants, le *Souhaguieh*, qui va de *Souhag* à *Assiout* et qui a 100 mètres de large, est certainement un ancien bras du Nil.

Dans les moudiriehs d'Assiout, Minia, Beni-Souef et Fayoum, le *Bahr-Youssef* (voir 68e leçon, § 496), qui est, comme le Souhaguieh, un ancien bras du Nil, était le seul grand canal d'irrigation; mais sous le règne d'Ismaïl-Pacha on a creusé dans ces provinces un autre grand canal, l'*Ibrahimieh*, qui a sa prise d'eau à *Assiout*, passe à *Manfalout*, *Deirout*, *Minia*, *Mataï* et se termine entre *Beni-Souef* et *Achmant*. Grâce à ce canal, 180 000 feddans des hautes terres de la vallée, situés à l'ouest du fleuve, peuvent être irrigués pendant toute l'année, et par conséquent recevoir des cultures séfi. C'est là que se font les grandes cultures de cannes à sucre et que se trouvent les sucreries de la Daïra-Sanieh.

Le *Bahr-Youssef* a maintenant sa prise d'eau à *Deirout*, sur l'Ibrahimieh. Avant la création de ce dernier canal, le Bahr-Youssef était presque à sec à l'étiage, et les terres du Fayoum étaient divisées en bassins d'inondation, comme toutes celles du Saïd; à la suite de son raccordement avec l'Ibrahimieh, le Bahr-Youssef est devenu « séfi », les bassins d'inondation ont été supprimés sur toute l'étendue du Fayoum et les terres aménagées pour les cultures séfi. Les principaux canaux du Fayoum alimentés par le Bahr-Youssef sont : le *Bahr-el-Gharaq*, le *Bahr-el-Nezlah*, le *Bahr-Gharbieh* et le *Bahr-Tamieh*.

Le *Birket-el-Kéroun*, dont le niveau moyen est de 40 mètres au-dessous du niveau de la mer, est le grand masrâf du Fayoum (voir 68e leçon, croquis du Fayoum).

Questionnaire.

Dites ce que vous savez sur la crue du Nil, l'époque où elle se produit, son importance, ses causes, ses fluctuations, les nilomètres, les bonnes et les mauvaises crues. — Importance d'un bon système d'irrigation en Égypte. — Irrigation avant 1837. — Irrigation actuelle de la Basse-Égypte, du Fayoum et d'une partie des provinces de Kéna, d'Assiout, de Minia et de Beni-Souef. — Procédés employés pour l'arrosage des terres soustraites à l'inondation annuelle. — Nombre des machines à vapeur

et des sakiehs employées à l'irrigation. — A quoi servent les masrâfs? — Comment inonde-t-on les terres dans la Haute-Égypte? — Quels sont les principaux canaux de la Haute-Égypte et du Fayoum? — Décrivez l'Ibrahimieh; le Bahr-Youssef; le Fayoum.

SOIXANTE-TREIZIÈME LEÇON. — Irrigation de la Basse-Égypte. — Principaux canaux séfi.

529. Barrage. — L'irrigation de toute la *Basse-Égypte* se fait par des canaux séfi.

Pour élever le niveau des eaux dans ces canaux pendant l'étiage, on a construit à *Foum-el-Bahr*, à la bifurcation des deux branches du Nil, un immense barrage. Ce barrage se compose de deux grands ponts, l'un de 545 mètres sur la branche de *Damiette*, et l'autre de 465 mètres sur la branche de *Rosette*. Les arches peuvent être fermées au moyen de portes en fer. On espère donner assez de résistance au Barrage pour obtenir une retenue de 4 mètres, c'est-à-dire pour relever le niveau du fleuve en amont de l'ouvrage de 4 mètres au-dessus de l'étiage.

Trois grands canaux ont leur prise d'eau immédiatement en amont du Barrage; ils sont destinés à alimenter presque tous les canaux de la Basse-Égypte. Ce sont : 1° le *Rayah Tewfikieh* ou *Charki* (de l'est), qui a son point de départ sur la rive droite du fleuve et est destiné à fournir l'eau aux provinces de *Charkieh* et *Dakahlieh*; 2° le *Rayah* de *Menoufieh* ou *Rayah-el-Ouasti* (central), dont la prise est placée au sommet du Delta, entre les deux Barrages, et qui fournit l'eau aux provinces de *Menoufieh* et de *Gharbieh*; 3° le *Rayah de Béhérah* ou *Gharbi* (de l'ouest) dont la prise est sur la rive gauche et qui alimente les canaux de la province de *Béhérah*.

530. Irrigation des moudiriehs de Galioubieh, Charkieh et Dakahlieh [1]. — Dans les moudiriehs de *Galioubieh*, *Charkieh* et *Dakahlieh*, situées toutes les trois à l'est de la branche de Damiette, les principaux canaux séfi sont : le *Rayah-Tewfikieh*, qui est l'artère maîtresse de tout le système d'irrigation de *Charkieh* et *Dakahlieh*. Ce Rayah a sa prise en amont du Barrage; il court parallèlement au fleuve jusqu'au-dessous de *Benha*; puis il continue à longer le fleuve jusqu'à *Mit-Ghamr* sous le nom de *Sahel*, et

---

1. Les noms des canaux changent très fréquemment d'un canton à un autre. Nous avons adopté le nom le plus connu.

enfin de Mit-Ghamr à *Mansourah* sous le nom de *Mansourieh*. Les grands canaux qui ont leur prise sur le Rayah Tewfikieh et ses prolongements, sont le *Bahr-Moez* qui passe à *Zagazig*, le *Bahr-Saft* ou *Hétusi*, le *Bouhieh*, le *Bahr-Om-Salâma* qui se continue sous le nom de *Bahr-Tanah* et le *Bahr-Saghir* qu'on peut considérer comme le prolongement du Rayah. Tous ces canaux vont déverser leur trop-plein dans le lac *Menzaleh* et la plupart servent de masrâfs dans leur cours inférieur.

Trois autres grands canaux ont leur prise sur le Nil en amont du Barrage dans les environs du Caire. Ce sont : l'*Ismaïlieh*, le *Cherkaouieh* et le *Bassoussieh*.

L'*Ismaïlieh* a été creusé pour alimenter d'eau douce la région du Canal de Suez. Il a sa prise à *Choubrah*, passe à *Belbéis*, *Tell-el-Kébir* et *Ismaïlia* et débouche dans le lac *Timsah*. Une dérivation part d'Ismaïlia et se dirige vers *Suez* en longeant le canal maritime. Une autre dérivation moins importante porte l'eau douce à *Port-Saïd* en traversant une partie du lac *Menzaleh* au moyen de deux gros tubes en fer.

Le *Cherkaouieh* a sa prise à deux kilomètres au-dessous de celle de l'Ismaïlieh. C'est l'ancienne branche Pélusiaque du Nil. Il va se perdre dans le *Menzaleh*, après avoir arrosé sous différents noms, *Chibini*, *Abou-el-Akhdar*, etc., les provinces de *Galioubieh* et de *Charkieh*.

Le *Bassoussieh*, qui arrose le sud-est de *Galioubieh*, a sa prise voisine de celle du Cherkaouieh. Ses dérivations, le *Kortamieh*, le *Combatein* et le *Filfileh*, se réunissent et forment le *Masrâf-el-Omoum*, qui traverse les mêmes provinces que le Cherkaouieh et va, sous le nom de *Bahr-Faccous*, rejoindre le *Bahr-Moez*.

Il faut encore citer comme canaux importants le *Kalile*, qui est une dérivation du Cherkaouieh et va se joindre au Masrâf-el-Omoum près de *Mina-el-Kamh*; enfin le *Cherkaouieh de Damiette*

qui a sa prise en aval de Mansourah, fait suite au Mansourieh et va rejoindre le Nil près de *Damiette*.

531. IRRIGATION DES MOUDIRIEHS DE MENOUFIEH ET DE GHARBIEH. — Les moudiriehs de *Menoufieh* et de *Gharbieh* sont situées entre les deux branches du Nil. Le *Rayah de Menoufieh* est l'artère maîtresse du système d'irrigation de ces deux provinces. Ce Rayah, comme nous l'avons dit, a sa prise au sommet du Delta, au point de bifurcation du Nil, et par conséquent en amont du Barrage. Il alimente deux grands canaux, le *Bagourieh* et le *Bahr-Chibin*.

Le *Bagourieh* est le prolongement du Rayah. Près de *Kafr-Zaïat* il prend le nom de *Bahr-el-Nachart* et alimente le *Bahr-el-Cotni* et le *Bahr-Qoddabah*.

Le *Bahr-Chibin* est une ancienne branche du Nil. Sa prise était à *Karinein*, à 20 kilomètres en aval du Barrage. Aujourd'hui il est alimenté par le Rayah de Menoufieh. Il traverse les deux moudiriehs de *Menoufieh* et de *Gharbieh*, passe à *Chibin-el-Com* et à *Méhallah-el-Koubra*, et va se jeter dans la mer entre le lac *Borollos* et *Damiette*.

Les principaux canaux dérivés du Bahr-Chibin sont le *Bahr-Séf*, autrefois très important, aujourd'hui secondaire ; le *Gafarich-Kassed*, qui commence près de *Chibin-el-Com* et passe à *Tantah* et à *Méhallet-Menouf*; le *Gafarich-Sebtas*, qui passe à *Méhallet-Roh*; le *Bahr-el-Méhalla*, qui commence à *Méhallah-el-Koubra*; le *Bahr-Tirah*, qui passe près de *Bialah*, et le *Bahr-Belkas*, qui passe à *Belkas*. Tous ces canaux se subdivisent en de nombreuses ramifications secondaires, et la plupart servent de masrâfs dans leur cours inférieur.

Les autres canaux alimentés directement par le Rayah de Menoufieh sont : le *Naggar*, le *Nanaïeh* et le *Sersaouieh*, qui traversent le sud de la province de Menoufieh.

Dans l'est de Gharbieh, deux canaux

séfi dérivent directement du Nil pendant la crue, mais sont alimentés en été par une dérivation du Bahr-Chibin : ce sont le *Sahel* et le *Kadraouïeh*. Ils ont tous deux leur prise un peu en amont de Benha. Le Sahel court parallèlement au fleuve, qu'il rejoint en face de Damiette. Le Kadraouïeh se réunit au Sahel, près de *Zifta*.

Une ancienne dérivation du Nil, le *Bahr-Saïdi*, a sa prise près de *Dessouk* sur la branche de Rosette, et déverse dans le lac *Borollos* une masse d'eau énorme pendant la crue.

Le *Pharaonieh*, qui mettait en communication les deux branches du Nil, est aujourd'hui oblitéré dans une partie de son parcours.

532. IRRIGATION DE LA PROVINCE DE BÉHÉRAH. — La province de *Béhérah*, située à l'ouest de la branche de Rosette, est irriguée par trois grands canaux : le *Rayah de Béhérah* ou *Rayah-el-Gharbi*, le *Katatbeh* et le *Mahmoudieh*.

Le *Rayah de Béhérah* a sa prise à l'ouest du Nil en amont du Barrage. Il suit l'étroite bande de terre resserrée entre la branche de Rosette et le désert Libyque et va se déverser dans le Katatbeh.

Le *Katatbeh* a sa prise sur la branche de Rosette, à 50 kilomètres en aval du Barrage. Il longe d'abord le fleuve jusqu'à *Choubrakhit*, puis il passe à *Damanhour* et va se joindre à peu de distance de cette ville au canal Mahmoudieh. Le *Katatbeh* est alimenté à sa prise par de puissantes machines élévatoires, qui ne fonctionnent que lorsque l'apport du Rayah de Béhérah est insuffisant.

Le *Mahmoudieh* a été creusé pour approvisionner d'eau douce la ville d'*Alexandrie*. Il a sa prise à *El-Atf*, à 35 kilomètres en amont de Rosette. Sa direction est perpendiculaire à celle du Nil. Il se joint au Katatbeh au nord de *Damanhour* et va se jeter dans la mer Méditerranée à *Alexandrie*. Comme le Katatbeh, il est alimenté par des ma-

DÉSIGNATION	HAUTE-ÉGYPTE		BASSE-ÉGYPTE			LONGUEUR TOTALE
	HAUTE-ÉGYPTE	FAYOUM	PROVINCES SITUÉES A L'EST	PROVINCES CENTRALES	BÉHÉRAH	
	Kilom.	Kilom.	Kilom.	Kilom.	Kilom.	Kilom.
Canaux Séfi	789	812	3 427	2 290	1 254	8 572
Canaux Nili	1 821	31	1 284	1 197	135	4 468
Masrâfs		100	389	469	100	1 058

EXERCICES : Dessinez le croquis du Delta et la carte des canaux de la Basse-Égypte. — Dites pourquoi certains pays n'ont pas besoin d'irrigation artificielle. — Où sont situés ces pays ? — Pourquoi n'ont-ils pas besoin d'être irrigués ?

chines élévatoires qui peuvent fournir 2 500 000 mètres cubes d'eau par vingt-quatre heures.

Les principaux canaux secondaires de la province de Béhérah sont le canal *El-Hagar*, l'*Abou-Diab* et le *Nubarieh*.

533. RÉCAPITULATION. — La longueur totale en kilomètres des canaux séfi ou nili et des masrâfs est donnée par le tableau ci-dessus.

Plus de 2 000 autres canaux d'arrosage, moins importants, servent à la distribution de l'eau sur toute la surface du pays.

Questionnaire.

Quel est le système d'irrigation suivi dans la Basse-Égypte ? Parlez du Barrage : Description. But. Importance. — Décrivez les principaux canaux qui servent à l'irrigation des moudiriehs de Galioubieh, Charkieh et Dakahlieh. — Canaux de Menoufieh et de Gharbieh. — Canaux de Béhérah.

CHAPITRE XV

VOIES DE COMMUNICATION INTÉRIEURES.

(Toutes les données statistiques sont extraites des rapports officiels des différentes administrations.)

SOIXANTE-QUATORZIÈME LEÇON. — Chemins de fer. — Télégraphes. — Postes. — Navigation sur le Nil et sur les canaux. — Routes agricoles.

534. CHEMINS DE FER. — L'Égypte est dotée d'un réseau de **chemins de fer** dont l'importance s'accroît chaque année.

La longueur des voies ferrées exploitées en 1892 était de 1750 kilomètres.

Les chemins de fer sont la propriété de l'État. L'*Administration* des chemins de fer est dirigée par un *Conseil* composé de 3 membres : un Anglais, président, un Français et un Égyptien.

Les recettes nettes des chemins de fer sont versées à la caisse de la Dette publique.

Les recettes brutes ont atteint, en 1892, 1 680 000 livres égyptiennes et les dépenses d'exploitation et d'amélioration, 730 000 livres. Le produit net a donc été de 950 000 livres.

Pendant cette même année, les chemins de fer ont transporté plus de 7 000 000 de voyageurs, 150 000 animaux et 2 235 000 tonnes de marchandises, dont 280 000 tonnes de coton,

390 000 tonnes de graines de coton, 340 000 tonnes de céréales, 100 000 tonnes de sucres et mélasses, 345 000 tonnes de charbon et 800 000 tonnes de marchandises diverses.

Le *matériel roulant* se compose d'environ 300 locomotives, 500 wagons à voyageurs et 6 000 wagons à marchandises et divers. (Voir, à la fin de la leçon, le tableau des lignes de chemins de fer et des stations.)

En dehors des chemins de fer de l'État, il existe deux petites lignes, l'une d'*Alexandrie à Ramleh*, l'autre du *Caire à Hélouan*, concédées à des compagnies privées.

La Daïra-Sanieh possède dans la Haute-Égypte plus de 500 kilomètres de voies agricoles.

La compagnie du Canal de Suez vient d'achever une ligne à voie étroite entre Ismaïlia et Port-Saïd.

Enfin le gouvernement égyptien a décidé de construire 307 kilomètres de nouvelles voies, et deux nouveaux ponts sur le Nil, l'un à *Dessouk*, l'autre à *Nag-Abou-Hamadi* dans la moudirieh de Kéna.

535. TÉLÉGRAPHES. — Les **télégraphes** égyptiens sont rattachés à l'Administration des Chemins de fer.

La longueur totale des lignes télégraphiques est de 3 100 kilomètres, et celle des fils d'environ 11 000 mètres. Le nombre des télégrammes transmis en 1892 a été d'environ 1 500 000.

Les lignes télégraphiques suivent en général les voies ferrées ; quelques-unes pénètrent dans les parties de l'Égypte où il n'existe pas encore de chemins de fer ; les principales sont : la ligne de *Guerga-Assouân à Ouadi-Halfa*, la ligne de *Kéna à Kosséir*, la ligne d'*Ismaïlia à Port-Saïd* et la ligne de *Salhieh à Kantara*, *El-Arich* et *Rafaa* (frontière de Syrie). Cette dernière ligne relie le réseau télégraphique de l'Égypte avec le réseau de la Turquie d'Asie et par conséquent de l'Europe.

Deux *câbles sous-marins* relient *Alexandrie* à l'Europe : l'un entre *Alexandrie* et *Brindisi*, en passant par l'île de Candie et les îles Ioniennes, l'autre entre *Alexandrie* et *Malte* ; un 3e réunit *Alexandrie* à *Chypre* ; enfin un 4e câble est immergé dans la mer Rouge entre *Suez* et *Aden*. Ces quatre câbles appartiennent à la « Eastern Telegraph Company ».

Le nombre des bureaux télégraphiques de l'Égypte est de 200 environ ; plus de la moitié d'entre eux

acceptent les télégrammes en langues européennes. (Voir, à la fin de la leçon, la liste des bureaux télégraphiques.)

536. POSTES. — Le service **postal** est très bien organisé en Égypte. Ce n'est cependant qu'en 1865 que la poste égyptienne a été constituée. Avant cette date, le transport des correspondances était effectué par une Compagnie particulière, et il n'existait que 19 bureaux de poste. Aujourd'hui le nombre des bureaux et des stations postales est de 600 environ et l'Égypte fait partie de l'Union postale universelle.

La poste a transporté en 1892 plus de 18 millions d'objets de correspondance, lettres, journaux échantillons, etc. Service intérieur, 12 millions. Service international, 6 millions.

Les envois de numéraire, mandats postaux et groups ont dépassé 14 millions de livres égyptiennes pour l'intérieur. Le mouvement des fonds avec l'étranger a été de 520 000 livres environ. Expédition, 380 000 L. E. Réception, 140 000 L. E.

Le nombre des colis postaux transportés a été de 210 000 environ : 120 000 pour l'intérieur et 90 000 échangés dans le service international.

Dans les localités importantes privées de chemins de fer, l'administration a créé un service de *bateaux-poste*. Les lignes existant actuellement sont :

1° La ligne de *Kafr-Zaïat* à *El-Atf* et *Edfina* sur la branche de Rosette.

2° La ligne de *Mansourah* à *El-Manzalah* sur le Bahr-Saghir.

3° La ligne du *Barrage* à *Chibin-el-Com* sur le Rayah de Menoufieh et le Bahr-Chibin.

4° La ligne de *Guerga* à *Assouân* et *Ouadi-Halfa*. Le service de cette dernière ligne est fait concurremment par MM. T. Cook and Son et la Compagnie égyptienne Tewfikieh.

Les lignes appartenant à la Poste ont transporté en 1892 plus de 40 000 passagers.

Les recettes de l'Administration des Postes se sont élevées en 1892 à 120 000 L. E. et les dépenses à 93 000 L. E. Le bénéfice net a donc été de 27 000 L. E. Il faut remarquer en outre que les transports effectués pour le service du gouvernement se font gratuitement. (Voir, à la fin de la leçon, la liste des principaux bureaux de poste.)

537. NAVIGATION SUR LE NIL ET LES CANAUX. — La **navigation** était autrefois très active sur le Nil et les principaux canaux. Mais la création du

---

EXERCICES : Tracez sommairement le trajet des principales lignes télégraphiques aériennes ou maritimes de l'Égypte. — Rédigez une note résumée sur la navigation en Égypte.

Au pont de Kasr-el-Nil.

réseau de voies ferrées, la construction de nombreux travaux d'art, ponts, barrages, écluses, etc., qui sont autant d'obstacles à la navigation, l'imposition de taxes sur les barques et de droits de péage pour le passage sous les ponts ou aux écluses, ont beaucoup réduit l'importance de la batellerie en Égypte.

Une autre cause a porté un grand coup à la navigation à voile sur le Nil : c'est l'organisation de services réguliers de navigation à vapeur du Caire à Assouân par la maison T. Cook and Son de Londres et par la Compagnie égyptienne Tewfikieh.

Autrefois le nombre des *bateaux à voile* naviguant sur le Nil et les canaux était de plus de 30 000 ; aujourd'hui il n'est que de 12 000 environ, comprenant 8 500 bateaux de transport, 2 000 bacs, 1 200 barques de pêcheurs et 400 dahabiehs.

La *navigation à vapeur* est représentée actuellement par une flotte de 45 steamers.

La Compagnie Tewfikieh possède 10 de ces steamers, la maison Cook and Son 16 ; les autres appartiennent à des particuliers et à diverses administrations gouvernementales.

Le Nil est navigable depuis *Assouân* jusqu'à la mer ; mais pendant l'étiage la navigation est très difficile sur les branches de Rosette et de Damiette. Le Bahr-Youssef et l'Ibrahimieh, ainsi que la plupart des canaux séfi de la Basse-Égypte, sont aussi navigables. Les seules artères importantes sont, en dehors du Nil, les canaux *Ismaïlieh, Bahr-Moez, Bahr-Chibin, Bagourieh, Mahmoudieh* et les trois *Rayahs.*

Le Bagourieh étant réuni au Nil par une écluse à *Qoddabah*, la ligne principale de navigation entre Le Caire et Alexandrie emprunte pendant les basses eaux le cours du Nil jusqu'au Barrage, puis le Rayah de Menoufieh, le Bagourieh jusqu'à Qoddabah, la branche de Rosette de Qoddabah à El-Atf, enfin le Mahmoudieh.

La navigation du Caire à Damiette emprunte pendant l'étiage le Rayah Tewfikieh et les canaux qui forment son prolongement.

Ces mêmes canaux, le Bahr-Saghir et le lac Menzaleh forment aussi une ligne de navigation entre Le Caire et Port-Saïd.

538. ROUTES AGRICOLES. — Les **routes** carrossables sont encore peu nombreuses en Égypte. Jusqu'à ces dernières années, il n'en existait que quelques-unes dans les banlieues du Caire et d'Alexandrie.

Les digues des canaux servent ordinairement de chemins, et les transports se font à dos de chameau ou de baudet.

Le Gouvernement a entrepris récemment la création d'un réseau important de routes agricoles carrossables dans toutes les provinces de la Haute et de la Basse-Égypte.

L'Administration des Domaines de l'État a aussi créé dans ses Teftiches un assez grand nombre de routes.

Questionnaire.

Parlez de l'administration des chemins de fer. — Importance des transports. — Longueur des lignes ferrées. — Matériel roulant. — Chemins de fer concédés à des compagnies. — Voies agricoles de la Daïra-Sanieh. — Voies projetées. — Principales lignes et leurs stations (voir carte). — Parlez de l'Administration des Télégraphes. — Longueur des lignes. — Câbles reliant l'Égypte à l'étranger. — Bureaux télégraphiques. — Administration des Postes. — Importance. — Bateaux-poste. Navigation sur le Nil et les canaux. — Causes de sa décadence. — Son importance actuelle. — Principales lignes de navigation.

EXERCICES : Faites décrire de nombreux voyages d'une ville à une autre en chemin de fer ou en bateau. — Parlez des routes de l'Égypte. — Faites dessiner de nombreux croquis d'itinéraires.

TABLEAU DES LIGNES DE CHEMINS DE FER (*voir la carte*).

LIGNES	STATIONS
1° Du Caire à Alexandrie.............	Le Caire, Choubrah, Galioub, Kaha, Toukh, *Benha*, Kouesna, Birket-el-Sab, Defrah, *Tantah*, Kafr-Zaïat, Tewfikich, Teh-el-Baroud, Saft-el-Melouk, Denchal, *Damanhour*, Abou-Hommos, Dessounès, Mahmal-el-Ghezaz, Kafr-el-Dawar, Ezbet-Kourchid, Mallaha, Sidi-Gaber, Hadra, Alexandrie.
2° Du Caire à Suez.................	(Caire à Benha), Cheblanga, Mit-Yazid, Mina-el-Kamh, Zancaloun, *Zagazig*, Abou-el-Akhdar, Abou-Hammad, Tell-el-Kébir, Mahsama, Néfiché (Ismaïlia) Fayed, Généfah, *Suez*.
3° Du Caire à Mansourah......... ...	(Caire-Galioub), Naoua, Chibin-el-Kanater, Machtoul, Inchas, Belbéis, Bordein, *Zagazig*, Hehia, Abou-Kébir, Bouha, Kafr-Sakr, Abou-Chekouk, Barkein, Sinbellawein, Bakileh, Choua, Mansourah.
4° Du Caire à Guerga.....	Caire (Sabtieh), Ramleh-Embabeh, Boulac-Dacrour, *Guizeh*, Hawandieh, Badrechein, Mazghouna, El-Aïat, Matanieh, Kafr-Ammar, Rekkah, Wasta, Beni-Hodeir, Achemant, Boche, *Beni-Souef*, Tansa, Beba-el-Kobra, Fachn, Fante, Maghagha, Aba-el-Wakf, Beni-Mazar, Mataï, Kolosna, Samalout, Etsa, *Minia*, Mansafis, Abou-Kerkas, Etlidem, Rodah, Mellawi, Deir-Moès, Deirout, Nazali-Ganoub, Beni-Korrah, Manfalout, Beni-Hussein, *Assiout*, Motiâa, Abou-Tig, Sedfa, Tama, Mecheta, Tahta, Maragha, Chandaouil, Souhag, El-Minchat, El-Assirat, *Guerga*.
5° De Tantah à Damiette.............	Tantah, *Méhallet-Rôh*, Méhallah-el-Koubra, Rahbein, Samannoud, Mit-Assas, Talkha, *Mansourah* (pont), Batrah, Cherbine, Ras-el-Khalig, Kafr-Soliman, (Fareskour), Kafr-el-Battikh, *Damiette*.
6° Du Caire à Teh-el-Baroud...	(Caire Sabtieh-Embabeh), Bachetil, Manachi, Werdan, Kutatbeh, Kafr-Daoud, Teirich, Waked, Kom-Hamadah, Teh-el-Baroud.
7° De Tantah à Menouf.............	Tantah, Tala, Batanoun, *Chibin-el-Com*, Chanawan, Hamoul, Menouf.
8° De Tantah à Dessoûk............ ..	(Tantah-Méhallet-Rôh), Konaysseh, Koutour, El-Chine, *Kalline*, Chabas, Dessoûk.
9° De Tantah à Zifta........	(Tantah-Méhallet-Rôh), Korachich, Guemmezeh, Santah, Zifta.
10° De Kalline à Kafr-el-Cheikh	Kalline, Nachart, Méhallet-Moussa, Sakha, Kafr-el-Cheikh.
11° De Cherbine à Belkas.........	Cherbine, Bessandileh, Belkas.
12° De Benha à Zagazig................	(Voir ligne du Caire à Suez.)
13° Du Caire au Barrage................	(Caire-Galioub), Barrage.
14° D'Abou-Kébir à Salhieh.	Abou-Kébir, El-Ghabeh, Faccous, Ekiad, Salhieh.
15° De Damahhour à Rahmanieh.......	Damanhour, Sanhour, Rahmanieh.
16° D'Alexandrie à Rosette.............	(Alexandrie-Sidi-Gaber), Zahrieh, Souk, Ghabrial, Ramleh, Mandarah, Montazah, Kharaba, Maadieh, Edkou, Rosette.
17° D'Alexandrie au Mex (ligne de banlieue).................	Alexandrie, Hadra, Nouzha, Ghet-el-Enab, Forn-el-Gheraïa, Jardin Gabbari, Abou-Hanak, Chafakhana, Mex, Nouveau-Port, Manazel.
18° De Benha à Mit-Bérah....	Benha, Mit-Bérah.
19° De Wasta à Abouxah..........	Wasta, Edoua, *Fayoum*, Abchaouai, Abouxah.
20° De Fayoum à Sanourès.............	Fayoum, Biahmo, Sanourès.
21° Du Caire au Marg (ligne de banlieue).	Caire (Pont-Limoun), Demerdache, Pont de Koubbeh, Koubbeh-Les-Bains, Palais de Koubbeh, Ezbet-el-Zeitoun, Matarieh, Ein-el-Chams, Ezbet-el-Nakhle, Marg.

Lignes concédées.

1° D'Alexandrie à Ramleh-San-Stéfano.
2° Du Caire à Hélouan.

Lignes projetées.

1° De Guerga à Kéna.
2° De Kéna à Louksor et Kosseïr.
3° De Menouf à Achmoun.
4° De Kafr-el-Cheikh à Belkas.
5° De Zagazig à Mit-Ghamr.
6° De Damanhour à Hoche-Issa.

BUREAUX TÉLÉGRAPHIQUES

BUREAUX DE LA BASSE-ÉGYPTE		BUREAUX DE LA HAUTE-ÉGYPTE
NOMS DES BUREAUX	NOMS DES BUREAUX	NOMS DES BUREAUX
Abou-el-Akhdar.	Kaha.	Aba-el-Wakf.
Abou-el-Chekouk.	Kalline.	Abchaouaï.
*Abou-Hammad.	*Karinein.	*Abou-Kerkas.
*Abou-Hommos.	*Katatbeh.	*Abou-Tig.
Abou-Kébir.	Kharaba.	Abouxali.
Abou-Kir.	Kom-Hamada.	*Achemant.
*Abou-Sir.	Korachieh.	*Armant.
*Alexandrie (place des Consuls).	Kotour.	*Assiout.
* » (gare des voyageurs).	Kowesna.	*Assouán.
» (Mex).	Konayesseh.	Bachtil.
* » (Gabbari).	Maadieh.	*Badrechein.
* » (palais Ras-el-Tin).	Machtoul.	*Baliana.
*Bacos (Ramleh).	Mahmal-el-Ghezaz.	*Beba-el-Kobra.
Baklieh.	*Mahsama.	*Beni-Hodeir.
Barkein.	Mallaha.	Beni-Hussein.
*Barrage (Kanatir-Khaïria).	Manachi.	*Beni-Korrah.
Batanoun.	Mansafis.	*Beni-Mazar.
Belbéis.	*Mansourah.	*Beni-Souef.
Belkas.	*Marg.	Biahmo.
*Benha.	*Matarieh.	Bouche.
Bessandileh.	*Méhallah-el-Koubra.	*Boulac-Dacrour.
*Birket-el-Sab.	Méhallet-Moussa.	Chandaouil.
Bordein.	Méhallet-Roh.	*Dechna.
Bouha.	*Menouf.	Deir-Moés.
*Caire (Ezbékieh).	*Mina-el-Kamh.	*Deirout.
* » (Gare).	Mit-Berah.	*Edfou.
* » (Mousky).	*Mit-Yazid.	Edoua.
* » (palais d'Abdin).	Mowasla (poudrière).	*El-Aïat.
* » (Ministère des Finances).	Nashart.	El-Assirat.
* » (Boulac).	Nawa.	El-Fante.
* » (Abbassieh).	*Néfiche.	*Esna.
Chabas.	Nouzha.	*Etsa.
Cheblanga.	Pont de Koubbeh.	*Fachn.
*Cherbine.	Pont Limoun.	*Fayoum (Gare).
*Chibin-el-Com.	*Port-Saïd.	* » (Ville).
*Chibin-el-Kanatir.	Rahbein.	*Guerga.
Choubrah.	Rahmanich.	*Guizeh.
*Damanhour.	Ras-el-Khalig.	*Halfa.
Damiette (Gare).	*Rosette.	*Hawandieh.
* » (Ville).	Saft-el-Molouk.	*Kafr-Ammar.
Defrah.	Sakha.	*Kéna.
Dessouk.	Salhieh.	*Kolosna.
Edkou.	*Samannoud.	*Korosko.
*El-Arich.	Sanhour.	*Kous.
*El-Atf.	*Santah.	*Louksor.
Embabeh.	*Sidi-Gaber.	*Maghagha.
Ezbet-Kourchid.	Sinbellawein.	*Mellawi.
*Faccous.	*Suez (Ville).	*Manfalout.
Fareskour.	* » (Docks).	Maragha.
*Fayed.	* » (gares du Canal).	Mataï.
*Galioub.	Tala.	Matania.
Généfah.	*Tulkha.	*Mazghouna.
Ghabeh.	*Tantah.	Mecheta.
Guemmezeh.	*Teh-el-Baroud.	*Minchat.
Hadra.	Teirich.	*Minia.
Hamoul.	*Tell-el-Kébir.	*Motaana.
Hehia.	Tewfikieh.	Motiaa.
*Hélouan.	*Toukh.	*Nag-Hamadi.
Inchas.	*Tourah.	*Nazali-Ganoub.
*Ismaïlia.	Waked.	*Rekka.
*Kafr-Daoud.	Werdan.	*Rodah.
*Kafr-Dawar.	*Zagazig.	Sabtieh.
Kafr-el-Cheikh.	Zancaloun.	*Samalout.
*Kafr-el-Zaïat.	Zifta (Gare).	Sanourès.
Kafr-Sakr.	* » (Ville).	*Sedfa.
Kafr-Soliman.		*Souhag.
		Tahta (Gare).
		* » (Ville).
		*Tama.
		*Wasta.

N. B. — Les Bureaux portant un astérisque sont ouverts à la correspondance internationale

PRINCIPAUX BUREAUX DE POSTE

BUREAUX	BUREAUX	BUREAUX	BUREAUX
Aba-el-Wakf.	Chabas.	Kafr-Daoud.	Naoua.
Abchaouay.	Chandaouil.	Kafr-el-Cheikh.	Nazali-Ganoub.
Abou-el-Chekouk.	Cherbine.	Kafr-el-Dawar.	Neguilah.
Abou-Hammad.	Chibin-el-Kanater.	Kafr-el-Zayat.	Port-Saïd.
Abou-Hommos.	Chibin-el-Com.	Galioub.	Qoddabah.
Abou-Kébir.	Choubrakhit.	Kantara.	Ras-el-Khalig.
Abou-Kerkas.	Dakka.	Katatbeh.	Rodah.
Abou-Tig.	Damanhour.	Kéna.	Rosette.
Achemant.	Damiette.	Kolosna.	Sakha.
Achmoun.	Daraou.	Kom-Hamada.	Salhieh.
Akhmim.	Dechna.	Korachieh.	Samalout.
Alexandrie.	Deïrout.	Korosko.	Samannoud.
Id. Minet-el-Bassal.	Dekernès.	Kotour.	Sanourès.
Id. Ras-el-Tin.	Dessouk.	Kous.	Santah.
Id. Bacos (Ramleh).	Edfina.	Louksor.	Sawakin.
Armant.	Edfou.	Maghagha.	Sedfa.
Assiout.	Edkou.	Méhallah-el-Koubra.	Sinbellawein.
Assouân.	Edoua.	Méhallet-Abou-Ali.	Sohag.
Badrechein.	El-Arich.	Méhallet-Moussa.	Soubk.
Baliana.	El-Atf.	Méhallet-Roh.	Suez.
Barrage.	El-Aïat.	Mellaoui.	Id. Port-Tewfik.
Beba-el-Kobra.	El-Bagour.	Manfalout.	Tahta.
Belbéis.	El-Delingat.	Mansourah.	Tala.
Belkas.	Esna.	Manzalah.	Tama.
Benha.	Fachn.	Maragha.	Tantah.
Beni-Korrah.	Faccous.	Mataï.	Teh-el-Baroud.
Beni-Mazar.	Fareskour.	Menouf.	Teirieh.
Beni-Souef.	Fayoum.	Mina-el-Kamh.	Tell-el-Kébir.
Birchams.	Fouah.	Minchat.	Tochka.
Birket-el-Sab.	Guerga.	Minia.	Toukh.
Bordein.	Guizeh.	Mit-Berah.	Wadi-Halfa.
Boche.	Hawandieh.	Mit-Ghamr.	Werdan.
Bouha.	Hehia.	Motaana.	Wasta.
Boulac-Dacrour.	Hélouan.	Nachart-el-Guedida.	Zagazig.
Caire.	Inchas.	Nag-Hamadi.	Zifta.
Id. Boulac.	Ismaïlia.	Nakadah.	
Id. Ghouria.	Kafr-Ammar.	Na khlah.	

CHAPITRE XVI

PRODUCTIONS. — COMMERCE. VOIES DE COMMUNICATION EXTÉRIEURES.

SOIXANTE-QUINZIÈME LEÇON. — Productions minérales et agricoles. — Pêcheries. — Chasse.

539. Productions minérales. — Les productions **minérales** de l'Égypte sont très peu importantes. Il existe cependant dans les collines qui bordent la vallée du Nil, ainsi que dans le désert Arabique et la presqu'île du Sinaï, des carrières de *granit*, de *syénite rouge*, de *porphyre*, de *grès* fin, d'*albâtre* translucide, de *marbre* veiné de *mica*, de *brèche verte* d'Égypte, d'une très grande richesse; on trouve aussi des gisements d'*émeraudes*, d'*onyx* et de *grenats* et des mines d'*or* et de *cuivre*; mais ces richesses minérales ne sont pas exploitées. L'extraction du *pétrole* à Djebel-Zeit a été abandonnée. La seule production importante est celle du *sel*, du *natron* et du *salpêtre*.

Les *salines* sont situées principalement dans les environs de Rosette et de Damiette.

La valeur du sel recueilli est d'environ 180 000 livres égyptiennes. Ce sel suffit pour la consommation du pays. Le *natron* provient des lacs de la vallée de Ouadi-Natroun et des côtes égyptiennes de la mer Rouge; sa valeur est de 4 500 L. É. environ.

L'exploitation du sel et du natron est un monopole du gouvernement.

540. Productions agricoles. — L'**agriculture** est en Égypte la principale occupation des habitants et le fondement le plus solide de leur richesse et de leur prospérité.

La superficie cultivée de l'Égypte est d'environ 5 millions de *feddans* (un feddan = 42 ares). Les terres qui pourraient être rendues cultivables par des améliorations dans l'aménagement des eaux, ont une superficie de 1 400 000 feddans; enfin les eaux des lacs recouvrent environ 900 000 feddans. Les cultures en Égypte se divisent en trois catégories : *séfi*, *nili*, *chétoui*.

541. Cultures séfi. — Les régions préservées de l'inondation à l'époque de la crue sont seules susceptibles de cultures *séfi* ou d'été.

Ces régions sont la Basse-Égypte, le Fayoum et la partie des moudiriehs d'Assiout, Minia et Beni-Souef irriguée par l'Ibrahimieh.

Les principales cultures **séfi** sont le *coton* dans la Basse-Égypte et le Fayoum, la *canne à sucre* dans la Haute-Égypte, le *riz soultani* dans le voisinage des lacs; le *sésame*, les *arachides*, le *dourah séfi* (sorgho), les *concombres* et les *melons*.

Les cultures d'été de sorgho, de concombres et de melons dans la Haute-Égypte se pratiquent dans les dépressions des bassins d'inondation; ces cultures, appelées **nabâri**, sont arrosées au moyen de puits temporaires ou avec l'eau des mares qui se forment lors de la vidange des bassins. La récolte doit être enlevée avant l'inondation annuelle.

Tableau des cultures séfi pendant une année moyenne.

CULTURES	BASSE-ÉGYPTE		HAUTE-ÉGYPTE ET FAYOUM		TOTAL GÉNÉRAL DE LA SUPERFICIE CULTIVÉE	TOTAL GÉNÉRAL DE LA VALEUR APPROXIMATIVE DES PRODUITS	QUANTITÉ APPROXIMATIVE
	SUPERFICIE CULTIVÉE	VALEUR APPROXIMATIVE DES PRODUITS	SUPERFICIE CULTIVÉE	VALEUR APPROXIMATIVE DES PRODUITS			
	Feddans.	L. E.	Feddans.	L. E.	Feddans.	L. E.	
Coton....	830 000	8 750 000	50 000	500 000	880 000	9 250 000	Coton égrené, 4 500 000 cantars. Graine de coton, 3 000 000 ardebs.
Canne à sucre...	5 000	50 000	65 000	970 000	70 000	1 020 000	Sucre, 70 000 tonnes. Mélasse, 15 000 tonnes. Alcool, 500 tonnes.
Riz soultani et Aïn-el-Binte.	70 000	350 000	8 000	40 000	78 000	390 000	Riz décortiqué, 180 000 ardebs.
Sorgho	10 000	70 000	132 000	800 000	142 000	870 000	Sorgho 900 000 ardebs.
Sésame, arachides, légumes jardins, melons, etc.....	35 000	350 000	25 000	250 000	60 000	600 000	
Totaux	950 000	9 570 000	280 000	2 560 000	1 230 000	12 130 000	

542. Cultures nili. — Les cultures **nili** ont lieu pendant la crue, principalement dans la Basse-Égypte, et sur les terres élevées de la Haute-Égypte, dites *Sahel*, situées dans le voisinage du fleuve.

Les seules cultures *nili* sont le *maïs*, qui forme la base de la nourriture de la population agricole, et le *riz sabaïni* (de 70 jours) qui se cultive dans le voisinage des lacs.

Pendant la crue, le *coton*, le *riz* et la *canne à sucre* continuent à être irrigués, la récolte de ces produits n'ayant lieu qu'en octobre et novembre.

Tableau des cultures nili pendant une année moyenne.

CULTURES	BASSE-ÉGYPTE		HAUTE-ÉGYPTE ET FAYOUM		TOTAL GÉNÉRAL DE LA SUPERFICIE CULTIVÉE	TOTAL GÉNÉRAL DE LA VALEUR APPROXIMATIVE DES PRODUITS	QUANTITÉ APPROXIMATIVE
	SUPERFICIE CULTIVÉE	VALEUR APPROXIMATIVE DES PRODUITS	SUPERFICIE CULTIVÉE	VALEUR APPROXIMATIVE DES PRODUITS			
	Feddans.	L. E.	Feddans.	L. E.	Feddans.	L. E.	
Maïs...................	1 200 000	4 200 000	530 000	2 120 000	1 730 000	6 320 000	8 000 000 d'ardebs.
Riz sabaïni......	80 000	120 000	»	»	80 000	120 000	60 000 d'ardebs.
Totaux	1 280 000	4 320 000	530 000	2 120 000	1 810 000	6 440 000	

543. Cultures chétoui — Les cultures **chétoui** ou d'hiver se pratiquent à peu près également dans la Haute et dans la Basse-Égypte. Les principales sont le *blé*, l'*orge*, les *fèves*, les *lentilles*, le *helbé*, le *lin*, les *oignons* et les *légumes*.

Les *légumes* croissent en Égypte pendant toute l'année, mais principalement en hiver.

Tableau des cultures chétoui pendant une année moyenne.

CULTURES	BASSE-ÉGYPTE		HAUTE-ÉGYPTE ET FAYOUM		TOTAL GÉNÉRAL DE LA SUPERFICIE CULTIVÉE	TOTAL GÉNÉRAL DE LA VALEUR APPROXIMATIVE DES PRODUITS	QUANTITÉ APPROXIMATIVE
	SUPERFICIE CULTIVÉE	VALEUR APPROXIMATIVE DES PRODUITS	SUPERFICIE CULTIVÉE	VALEUR APPROXIMATIVE DES PRODUITS			
	Feddans.	L. E.	Feddans.	L. E.	Feddans.	L. E.	
Blé	670 000	3 680 000	675 000	3 100 000	1 345 000	6 780 000	6 000 000 d'ardebs.
Orge	330 000	660 000	205 000	820 000	535 000	1 480 000	2 000 000 d'ardebs.
Fèves.................	330 000	1 320 000	450 000	2 030 000	780 000	3 350 000	4 000 000 d'ardebs.
Bersim	735 000	2 940 000	350 000	1 750 000	1 085 000	4 690 000	
Lentilles...	»	»	140 000	700 000	140 000	700 000	800 000 ardebs.
Helbé...	»	»	100 000	300 000	100 000	300 000	
Lin....	5 000	50 000	»	»	5 000	50 000	
Henné, oignons, légumes jardins et divers	35 000	350 000	80 000	300 000	115 000	650 000	
Totaux.......... ...	2 105 000	9 000 000	2 000 000	9 000 000	4 105 000	18 000 000	

544. Fruits. — De nombreux *jardins* entourent les habitations et produisent en abondance des *oranges*, des *mandarines*, des *citrons*, des *grenades*, des *raisins*, des *figues*, des *abricots* et des *pêches*.

Les arbres fruitiers d'Europe, pommiers, poiriers, pruniers, etc., ne donnent que des produits de très médiocre qualité.

Les *dattiers* sont cultivés en grande quantité dans toute l'Égypte. On compte environ 1 100 000 dattiers dans la Basse-Égypte et 2 600 000 dans la Haute-Égypte et les oasis. La valeur de leur production est de 1 500 000 livres égyptiennes.

545. Principaux produits. — En résumé, les 5 millions de feddans cultivés en Égypte donnent une production annuelle d'une valeur d'environ 38 millions de livres égyptiennes.

Les principaux produits agricoles sont :

1° Le *coton*, 4 500 000 cantars, valant à peu près à 8 millions de L. E.

2° Les *graines de coton*, 3 000 000 d'ardebs, valant 1 500 000 L. E.

3° Le *blé*, 6 000 000 d'ardebs, valant avec la paille près de 7 millions de L. E.

4° Le *maïs*, 8 000 000 d'ardebs, d'une valeur de 6 500 000 L. E.

5° La *canne à sucre*, environ 21 millions de cantars de cannes. Sur ce chiffre, 15 000 000 de cantars sont convertis en sucre dans les usines de la Daïra-Sanieh ; le reste est consommé par les habitants.

La production du sucre est de 1 500 000 cantars, d'une valeur de 800 000 L. E.

6° Le *bersim*, qui sert à la nourriture des bestiaux, et dont la récolte annuelle vaut 4 700 000 L. E.

Tableau résumé des productions agricoles de l'Égypte pendant une année moyenne.

CULTURES	BASSE-ÉGYPTE		HAUTE-ÉGYPTE ET FAYOUM		VALEUR TOTALE DES PRODUITS DE LA HAUTE ET DE LA BASSE-ÉGYPTE
	SUPERFICIE CULTIVÉE	VALEUR DES PRODUITS	SUPERFICIE CULTIVÉE	VALEUR DES PRODUITS	
	Feddans.	L. E.	Feddans.	L. E.	L. E.
Cultures séfi.......	950 000	9 570 000	280 000	2 560 000	12 130 000
Cultures nili.......	1 280 000	4 320 000	530 000	2 120 000	6 440 000
Cultures chétoui......	2 105 000	9 000 000	2 000 000	9 000 000	18 000 000
Dattiers...........	1 100 000 pieds.	450 000	2 600 000 pieds.	1 050 000	1 500 000
Totaux............... .		23 340 000		14 730 000	38 070 000

546. Division de l'Égypte au point de vue agricole. — Nous remarquons que l'Égypte peut se diviser, au point de vue agricole, en trois régions : le *Saïd*, qui produit des céréales et du sucre ; la *Basse-Égypte* et le *Fayoum*, qui produisent des céréales et du coton ; enfin les régions avoisinant les bords de la Méditerranée, qui produisent le riz.

Il n'existe pas de *forêts* en Égypte.

547. Animaux domestiques. — Les *animaux domestiques* de l'Égypte sont le *cheval*, le *mulet*, l'*âne*, le *chameau*, le *bœuf*, le *buffle*, les *moutons* et les *chèvres*.

L'élevage du *bétail* est peu important, à cause du manque de prairies, et chaque année l'Égypte est obligée d'importer de Syrie et de Perse un grand nombre de *chevaux*, de *bœufs* et de *moutons*.

On évalue généralement le nombre des animaux domestiques de l'Égypte à 150 000 bœufs, 180 000 buffles, 30 000 chevaux, 120 000 baudets, 50 000 chameaux, 300 000 moutons et 50 000 chèvres.

La production de la *laine* est d'environ 800 000 kilogrammes, valant 40 000 L. E.

La *volaille* est très abondante. L'incubation artificielle des œufs de poule se pratique en grand dans tout le pays.

548. Pêcheries. Chasse. — La *pêche* en Égypte est très productive. Les pêcheries les plus importantes sont celles du lac Menzaleh. Ce lac est excessivement poissonneux. Une administration spéciale, dite « Administration de Matarieh », surveille l'exploitation de ces pêcheries, qui sont affermées à des particuliers.

Les poissons sont salés et séchés et livrés au commerce sous le nom de *fessikh* ; les œufs de ces poissons se vendent à part sous le nom de *boutargue*.

Les droits prélevés par le gouvernement sur les produits de la pêche s'élèvent à 85 000 L. E. dont plus de 52 000 L. E. pour le lac Menzaleh seulement.

La chasse des *cailles*, au mois de septembre, sur le rivage de la Méditerranée, a acquis dans ces dernières années une certaine importance. 1 200 000 cailles, d'une valeur de 15 000 L. E., ont été expédiées en France en 1892.

La valeur des produits de la chasse sur les lacs (canards, oies, etc.), peut être évaluée à 6 000 L. E.

SOIXANTE-SEIZIÈME LEÇON.
**Productions industrielles
de l'Égypte.**

549. Productions industrielles. — L'Egypte, privée de chutes d'eau, de combustibles et de métaux, n'est pas un pays d'industrie.

Les efforts des souverains, principalement de Mohammed-Ali-Pacha, pour développer l'industrie en Égypte, sont restés infructueux.

Les seules **industries** importantes sont celles qui mettent en œuvre certains produits de l'agriculture, afin de leur donner une plus-value pour la vente.

550. Industrie sucrière. — En première ligne, vient l'**industrie du sucre.**

La Daïra-Sanieh possède 9 grandes usines à sucre. Trois sont situées dans la province de Kéna, à *Armant, Motaana* et *Dabayeh*; six, dans les provinces d'Assiout, Minia et Beni-Souef, à *Rodah, Abou-Kerkas, Minia, Mataï, Maghagha* et *Beba-el-Kobra.*

Ces usines ont traité, en 1892, 680 000 tonnes de canne à sucre, et ont produit 70 000 tonnes de sucre, 15 000 tonnes de mélasse et 500 tonnes d'alcool.

Il existe quelques autres usines à sucre appartenant à des particuliers, mais elles sont beaucoup moins importantes que celles de la Daïra-Sanieh. Deux grandes *raffineries* sont établies à *Hawandieh* près de Guizeh, et à *Cheikh-Fadl*, dans la province de Minia.

551. Égrenage du coton. — L'*égrenage* du coton a pris en Égypte un grand développement depuis que cette plante est devenue une des principales cultures du pays.

L'opération de l'égrenage a pour but, comme son nom l'indique, de séparer la graine de la fibre soyeuse qui l'enveloppe et y adhère.

Cette opération se fait dans de grandes usines, mues par la vapeur. Ces usines sont au nombre de plus de 200. Elles traitent, année moyenne, environ 14 millions de cantars de coton brut, produisant à peu près 4 500 000 cantars de coton égrené et 3 millions d'ardebs de graines de coton (3,1 de coton brut donnent 1 de coton égrené).

Ces usines sont disséminées dans les régions de production du coton, c'est-à-dire dans la Basse-Égypte et le Fayoum. Elles sont groupées principalement à Alexandrie, Damanhour,

Kafr-Zayat, Tantah, Mehallah-el-Koubra, Zifta, Samannoud, Talkha, Chibin-el-Com, Birket-el-Sab, Mansourah, Mit-Ghamr, Zagazig, Mina-el-Camh, Benha, Chibin-el-Kanater et Médinet-el-Fayoum.

552. Décortication du riz. — La *décortication* du riz est une opération compliquée, qui ne peut se faire que par des procédés mécaniques.

Les usines à décortiquer le riz sont situées dans les régions de production, principalement à Rosette et à Damiette et dans leurs environs.

Ces usines traitent chaque année environ 120 000 déribas de riz brut (une dériba = 20 cantars; cette mesure est spéciale au riz), produisant 240 000 ardebs ou 67 000 tonnes de riz décortiqué.

Dans la Haute-Égypte. — Usine à sucre.

Les plus importantes parmi ces usines sont mues par la vapeur; d'autres sont mises en mouvement par des manèges à bœufs.

553. Meunerie. — Les *moulins* mus par des *chutes d'eau* sont très peu nombreux : on n'en rencontre que dans le Fayoum. Les *moulins à vent*, autrefois en très grand nombre à Alexandrie sur le bord de la mer, et sur les collines des environs du Caire, sont presque tous abandonnés et remplacés par des *moulins à vapeur*, disséminés dans toute l'Égypte. Les plus remarquables sont les moulins français d'Alexandrie, du Caire, de Tantah et d'Akhmim. Ces moulins ne peuvent suffire à la consommation du pays, et l'Égypte importe chaque année pour près de 100 000 L. E. de farine.

554. Huileries. — Les *fabriques d'huile de sésame* sont au Caire, à Alexandrie, Rosette, Damiette et Esna. Celles qui fabriquent l'*huile de graines de coton* sont répandues dans les centres cotonniers.

Comme la meunerie, l'industrie des huiles ne suffit pas à la consommation nationale, et l'Egypte importe chaque année pour 100 000 L. E. d'huile d'olives, 30 000 L. E. d'huile de graines de coton et 28 000 L. E. d'autres huiles fixes.

555. Industries diverses. — Presque toutes les usines, filatures et fabriques établies par Mohammed-Ali-Pacha ont dû être abandonnées, à cause du prix trop élevé du charbon en Égypte.

Quelques industries ont conservé cependant une certaine importance, mais elles sont pratiquées sans le secours des machines qui ont donné à l'industrie européenne une si grande extension.

Il est difficile d'apprécier la valeur des produits de l'industrie égyptienne, parce que ces produits sont consommés dans le pays. Ils sont loin d'ailleurs de suffire à la consommation nationale et les produits manufacturés de l'Europe forment la presque totalité des importations de l'Égypte.

Parmi les industries les plus importantes de l'Égypte, il faut citer :

4° *Les fabriques d'essences diverses.* — Les fabriques d'*essences de fleurs* (roses, fleurs d'oranger, menthe, géraniums, etc.) se trouvent au Caire, à Alexandrie et au Fayoum.

2° *Le tissage du coton et du lin.* — On fabrique à Akhmim, à Assiout et dans ses environs, une quantité considérable de *toile de lin.*

On travaille le *coton* à Kéna, Farchout, Guerga, le Caire, Galioub, Alexandrie et dans beaucoup d'autres villes. On fabrique des toiles de coton, des châles, des couvertures, des indiennes et des mousselines.

3° *Le tissage de la laine.* — Le Caire, le Fayoum et Akhmim ont des fabriques de *lainages.* On y tisse des couvertures en laine, des tapis, des tentures et des draps. Fouah a des fabriques de tarbouches. Le *drap* rude et épais (*zabout*) dont se couvrent les fellahs est tissé un peu partout dans les villages.

4° *Les soieries.* — La fabrication des *soieries* est très active au Caire, à Méhallah-el-Koubra, à Damiette et dans quelques autres villes. La production est assez importante. Certains châles, tissés de soie et de fils d'or (*couflehs*), sont d'un très joli effet, et sont très appréciés par les étrangers.

5° *L'industrie du cuir.* — Il existe à Alexandrie quelques *tanneries* importantes. La fabrication des chaussures et d'objets divers en cuir est très active au Caire et dans les principales villes.

6° *La métallurgie. Chaudronnerie. Orfèvrerie.* — On trouve au Caire et à Alexandrie des *fonderies* de métaux et des *ateliers* considérables pour la réparation des machines.

La *chaudronnerie* a son siège au Caire. On y fabrique une grande variété d'ustensiles en cuivre (*tichtes, hallâhs, abriks,* etc.) qui sont d'un grand usage chez les Égyptiens.

L'*orfèvrerie* et la *bijouterie* se fabriquent au Caire et à Alexandrie.

7° *Les poteries.* — La *poterie* égyptienne, et surtout la fabrication des filtres (*zirrs*), des jarres (*ballasses*) et des gargoulettes ou vases à rafraîchir l'eau, est digne d'être mentionnée.

C'est dans la Haute-Égypte, autour de Kéna, de Guerga et d'Assiout, que se fabriquent ces poteries grossières qui sont répandues en Syrie et dans l'Archipel, et dont on fait une si grande consommation en Égypte.

La poterie fine est fabriquée à Assiout.

Village de Kench. — Fabrique de poteries.

Les *briqueteries* sont nombreuses dans le voisinage des villes.

8° *Les autres industries.* — La fabrication des nattes et des couffins est assez importante. Les Nubiens des environs d'Assouân tissent des paniers et divers objets en alfa d'une grande élégance.

On peut citer aussi une fabrique d'allumettes, quelques savonneries et une fabrique de pâtes alimentaires à Alexandrie, une fabrique de bière au Caire, et quelques fabriques de glace au Caire, à Alexandrie et à Port-Saïd.

SOIXANTE-DIX-SEPTIÈME LEÇON. — Commerce de l'Égypte.

556. Commerce intérieur. — Le **Commerce intérieur** de l'Égypte consiste principalement dans la vente des produits du sol.

Ce commerce, rendu facile par l'établissement de voies de communication rapides, est très actif au moment des principales récoltes. Les agents des négociants exportateurs parcourent alors les campagnes et achètent aux cultivateurs les produits de leurs récoltes. Ils centralisent ces produits dans les principales villes, pour les expédier ensuite, par la voie d'Alexandrie, sur les marchés européens.

Les *fellahs* consomment peu de produits manufacturés. Ils s'approvisionnent dans les villes, principalement au Caire et à Alexandrie, des étoffes, du café, du tabac et des objets divers dont ils ont besoin.

Exercices : Rédigez un résumé du commerce général de l'Égypte. Cherchez à discerner quels rapports existent entre les articles de ce commerce et les particularités du climat, de la géologie, de la culture.

Alexandrie et *le Caire* ont des bazars importants, et possèdent un approvisionnement considérable de produits de l'industrie européenne et de denrées coloniales. C'est de ces villes que ces produits se répandent dans tout le pays.

Des *foires* et *marchés* se tenant à époque fixe sont établis dans toutes les provinces.

Les **foires** les plus remarquables, au point de vue du mouvement commercial auquel elles donnent lieu, sont les trois foires de *Tantah*, principalement la grande foire du « Mouled de Saïd-el-Badawi » qui dure une semaine au commencement du mois d'août, et qui attire une affluence de plus d'un million d'individus.

Les trois foires de *Dessoûk* sont aussi très importantes.

Outre ces foires qui ont à la fois un caractère religieux et commercial, les principaux marchés sont ceux qui se tiennent périodiquement à Benha, El-Atf, Zagazig, Fouah, Damanhour, Guizeh et le Caire (Sabtieh).

Il est difficile d'apprécier la valeur du commerce local; le montant des importations et des exportations permet cependant de se faire une idée de sa grande importance.

557. Commerce extérieur de l'Égypte. — Le **Commerce extérieur** de l'Egypte s'est élevé en 1892 (année moyenne) à 22 500 000 L. E., dont 9 100 000 L. E. pour les importations et 13 400 000 L. E. pour les exportations.

La valeur des marchandises en transit a atteint 900 000 L. E. Sur ce chiffre, les *charbons* en dépôt à Port-Saïd pour l'approvisionnement des bateaux qui transitent dans le Canal, représentent une valeur de 850 000 L. E.

558. Commerce d'importation. — L'**importation** s'élève à 9 100 000 L. E. Les principaux *articles importés* en Égypte sont :

1° Les produits de l'industrie textile pour une somme de 2 850 000 L. E.

Principaux articles :

a. Tissus de coton (1 400 000 L. E.), provenant d'Angleterre.

b. Tissus de laine, de, soie et tissus mêlés (400 000 L. E.), provenant de Turquie, de France, d'Autriche-Hongrie et d'Angleterre.

c. Lingerie confectionnée (200 000 L. E.), provenant d'Angleterre, de France, de Turquie, d'Autriche-Hongrie.

d. Habillements confectionnés (170 000 L. E.), provenant d'Autriche-Hongrie.

e. Soie grège et fils de soie (150 000 L. E.), provenant de Chine, de Turquie et d'Italie.

f. Fils de coton (150 000 L. E.), provenant d'Angleterre.

g. Tapis et couvertures de laine (100 000 L. E.), provenant d'Angleterre, de France, de Turquie, de Perse.

h. Sacs, tissus de lin et de chanvre, velours, mousselines, cordages et articles divers (280 000 L. E.), provenant de l'Inde, de France, d'Angleterre et d'Autriche-Hongrie.

2° Les bois et charbons pour une somme de 1 300 000 L. E.

Principaux articles :

a. Charbon de terre (620 000 L. E.), provenant d'Angleterre et de Belgique.

b. Bois de construction et de menuiserie (440 000 L. E.), provenant de Suède, d'Autriche-Hongrie, de Russie, de Turquie et de Roumanie.

c. Meubles (120 000 L. E.), provenant de Belgique, d'Autriche-Hongrie et de France.

d. Charbon de bois, bois de chauffage et divers (120 000 L. E.), provenant de Turquie et de Malte.

3° Les métaux et ouvrages en métal pour une somme de 910 000 L. E.

Principaux articles :

a. Fer et acier travaillé (440 000 L. E.), provenant d'Angleterre, de France et de Belgique.

b. Machines et parties de machines (270 000 L. E.), provenant d'Angleterre, de Belgique et de France.

c. Cuivre (110 000 L. E.), provenant d'Angleterre et de France.

d. Or, argent, plomb, étain, horlogerie, ouvrages en métal et divers (90 000 L. E.) provenant de France, d'Angleterre et de Turquie.

4° Les céréales, légumes, farines, fruits, etc., pour une somme de 760 000 L. E.

Principaux articles :

a. Fruits frais et secs (230 000 L. E.), provenant de Turquie.

b. Riz (150 000 L. E.), provenant de l'Inde anglaise.

c. Blé et maïs (110 000 L. E.), provenant de Turquie et de Russie.

d. Farines de blé et de maïs (90 000 L. E.), provenant de Russie et de France.

e. Orge, sésame, pommes de terre, pâtes, conserves et légumes divers (180 000 L. E.), provenant de Turquie, de France et d'Italie.

5° Les spiritueux, boissons et huiles pour une somme de 620 000 L. E.

Principaux articles :

a. Pétrole (160 000 L. E.), provenant les 9/10e de Russie et 1/10e d'Amérique.

b. Huile d'olives et autres huiles de graines (150 000 L. E.), provenant de Turquie, d'Angleterre, d'Italie et de France.

c. Bière, alcool et liqueurs (150 000 L. E.), provenant d'Autriche-Hongrie, de France et d'Angleterre.

d. Vins (135 000 L. E.), provenant de France, d'Italie et de Turquie.

6° Les animaux et produits alimentaires d'animaux pour une somme de 420 000 L. E.

Principaux articles :

a. Animaux vivants (240 000 L. E.), provenant de Turquie (24 000 chevaux, mulets, baudets ou chameaux, 13 000 bœufs ou vaches, 130 000 moutons).

b. Beurres et fromages (125 000 L. E.), provenant de Turquie et d'Italie.

c. Viandes et poissons conservés (55 000 L. E.), provenant de France, d'Italie et d'Angleterre.

7° Les denrées coloniales et drogues pour une somme de 400 000 L. E.

Principaux articles :

a. Café (285 000 L. E.), provenant du Yémen.

b. Sucre raffiné, épices et divers (115 000 L. E.), provenant d'Autriche-Hongrie, de l'Inde anglaise et de Turquie.

8° Les tabacs, tombacs, cigares pour une somme de 350 000 L. E.

Principaux articles :

a. Tabac (328 000 L. E.), provenant de Turquie.

b. Tombac (13 000 L. E.), provenant de Turquie et de Perse.

c. Cigares (9 000 L. E.), provenant de Malte.

9° Merceries, quincailleries, coiffures et divers pour une somme de 370 000 L. E.

Principaux articles :

a. Merceries et quincailleries (130 000 L. E.), provenant de France, d'Autriche-Hongrie, d'Angleterre et d'Allemagne.

b. Tarbouches, chapeaux et divers (240 000 L. E.), provenant de France, d'Autriche-Hongrie, d'Angleterre et d'Allemagne.

10° Les matières tinctoriales et couleurs pour une somme de 310 000 L. E.

Principaux articles :

a. Indigo (250 000 L. E.), provenant de l'Inde.

Exercices : Même travail qu'à la page précédente pour les matières contenues au chapitre : Commerce d'importation.

b. Autres matières colorantes (60 000 L. E.), provenant de Turquie et de France.

11° Produits chimiques, médicinaux et parfumerie pour une somme de 240 000 L. E.

Principaux articles :

a. Savon commun (125 000 L. E.), provenant de Turquie (Candie et Syrie).

b. Produits chimiques, médicaments, articles de parfumerie (115 000 L. E.), provenant d'Angleterre, de France et d'Autriche-Hongrie.

12° Pierres, terres, vaisselles, verreries pour une somme de 180 000 L. E.

Principaux articles :

a. Porcelaines, faïences, verrerie (105 000 L. E.), provenant de Belgique, France et Autriche-Hongrie.

b. Chaux, plâtres, ciments, briques (37 000 L. E.), provenant de France.

c. Marbres (20 000 L. E.), provenant d'Italie.

13° Papiers et livres, provenant d'Autriche-Hongrie, de France et d'Italie, pour une somme de 125 000 L. E.

14° Cuirs, chaussures et autres ouvrages en peau provenant d'Angleterre, d'Autriche-Hongrie, de France, de Turquie et du Maroc, pour une somme de 180 000 L. E.

15° Bougies et graisses de toutes sortes provenant de France, d'Angleterre et de Belgique, pour une somme de 75 000 L. E.

559. Résumé des importations. — En résumé, les principaux *articles importés* en Égypte sont les tissus et fils de coton, les tissus et fils de laine et de soie, la lingerie et les vêtements confectionnés; le charbon, les bois de construction, le fer et l'acier, les machines; les fruits, le riz, l'indigo, le pétrole; les animaux vivants; le café, le tabac, le savon, les huiles, les farines.

Les pays qui importent le plus de marchandises en Égypte sont :

1° L'*Angleterre* (3 000 000 L. E.) : Tissus et fils de coton. — Charbon de terre. — Fer et acier. — Machines. — Tissus et fils de laine. — Lingerie confectionnée.

2° La *Turquie* (Syrie, Anatolie, Turquie d'Europe, Arabie) (1 900 000 L. E.) : Tabacs. — Café. — Animaux vivants. — Fruits. — Savon commun. — Tissus de laine et de soie. — Huile d'olives. — Bois de construction. — Beurre et fromage.

3° La *France* (900 000 L. E.) : Fer et acier. — Tissus de laine. — Merceries et quincailleries. — Machines. — Vins et liqueurs. — Lingerie confectionnée.

— Chaux, plâtres et ciments. — Bougies. — Chapeaux. — Porcelaine et verrerie.

4° L'*Autriche-Hongrie* (800 000 L. E.): Habillements confectionnés. — Bois de construction et de menuiserie. — Tissus de laine et mêlés. — Bière. — Lingerie confectionnée. — Sucre raffiné. — Chaussures. Chapeaux et tarbouches.

5° Les *Indes anglaises* (600 000 L. E.) : Indigo. — Riz. — Sacs.

6° La *Belgique* (360 000 L. E.) : Machines. — Fer et acier. — Meubles. — Verre à vitres.

7° La *Russie* (350 000 L.E.) : Pétrole. — Bois de construction. — Farines de blé et de maïs.

8° L'*Italie* (280 000 L. E.) : Vins. — Soie grège et fils de soie. — Marbres. — Huile d'olives.

560. Commerce d'exportation. — L'**exportation** en 1892 a atteint 13 400 000 L. E. Les principaux *articles exportés* sont :

1° **Le coton** (8 840 000 L. E.), exporté en Angleterre (4 800 000 L. E.), en Russie (1 800 000 L. E.), en France (550 000 L. E.), en Autriche-Hongrie (520 000 L. E), en Italie (500 000 L. E.) et en Allemagne (310 000 L. E.).

2° **Les graines de coton** (1 920 000 L. E.), exportées en Angleterre (1 760 000 L.E.) : et en France (160 000 L. E.).

3° **Les fèves** (700 000 L. E.), exportées en Angleterre (550 000 L. E.) et en France (160 000 L. E.).

4° **Le sucre** (700 000 L. E.), exporté en Angleterre (280 000 L. E.), en France (180 000 L. E.), en Italie (63 000 L. E.), en Portugal (63 000 L. E.), en Belgique (62 000 L. E.) et en Turquie (51 000 L. E.).

5° **Le blé** (240 000 L. E.), exporté en Angleterre (160 000 L. E.) et en Belgique.

6° **Le riz** (140 000 L. E.), exporté en Turquie.

7° **Le maïs** (120 000 L. E.), exporté en Angleterre, en Turquie et en France.

8° **Les oignons** (115 000 L. E.), exportés en Angleterre et en Autriche-Hongrie.

9° **Les lentilles, l'orge, les tomates, les dattes**, etc. (180 000 L.E.), exportés en Angleterre, en France et en Turquie.

(Les exportations en fèves, blé et maïs en 1892 sont au-dessous de la moyenne, la récolte ayant été mauvaise. En 1891, elles avaient atteint : fèves, 910 000 L. E.; blé, 510 000 L. E.; et maïs, 430 000 L. E.)

10° **Les peaux d'animaux** (90 000 L. E.), exportées en Turquie.

561. Résumé des exportations. — En résumé, les principaux *produits exportés* par l'Égypte sont : le coton, les graines de coton, le sucre, les fèves, le blé, le riz, le maïs et les oignons.

Les pays qui achètent ces produits à l'Égypte sont :

1° L'*Angleterre* (7 850 000 L.E.) : Coton. — Graines de coton. — Fèves. — Sucre — Blé. — Oignons.

2° La *Russie* (1 800 000 L. E.) : Coton.

3° La *France* (1 100 000 L. E.) : Coton. — Graines de coton. — Fèves. — Sucre. — Maïs.

4° L'*Italie* (610 000 L. E.) : Coton. — Sucre.

5° L'*Autriche-Hongrie* (560 000 L. E.): Coton. — Oignons.

6° La *Turquie* (440 000 L. E.) : Riz. — Peaux. — Sucre.

7° L'*Allemagne* (310 000 L. E.) : Coton.

Questionnaire.

SOIXANTE-DIX-HUITIÈME LEÇON. — **Ports de l'Égypte. — Voies de communication extérieures.**

562. Ports de l'Égypte. — Le commerce extérieur de l'Égypte se fait par les **ports** d'Alexandrie, de Port-Saïd, de Suez et de Damiette.

Alexandrie est le grand port de l'Égypte.

Le mouvement de la navigation dans le port d'Alexandrie a été en 1892 :

Entrées, 1 370 bateaux à vapeur et 940 voiliers.

Sorties, 1 355 vapeurs et 935 voiliers.

Ensemble 4 600 navires, jaugeant 4 200 000 tonnes.

La *valeur* des produits embarqués et débarqués a atteint 21 760 000 L. E. — *Exportations*, 13 160 000 L. E., presque la totalité des exportations de l'Égypte : *Importations* 7 600 000 L. E.

Le *second* port de l'Égypte est **Port-Saïd**. C'est un port d'importation et de transit. La valeur totale des affaires à Port-Saïd s'est élevée en 1892 à 1 500 000 L. E. : Importations, 620 000 L. E.; transit (charbons); 870 000 L.E.; exportations, 10 000 L. E. seulement.

Le *troisième* port, **Suez**, est aussi un port d'importation. C'est par cette ville que les produits de l'Arabie, de l'Inde et de l'Extrême-Orient pénètrent en Égypte. Le mouvement commercial est d'environ 900 000 L. E. : Importations, 750 000 L. E. ; exportations, 150 000 L. E.

Le port de **Damiette** est tombé à un rang très secondaire. Le chiffre total des affaires n'est pas même de 200 000 L. E.

563. Voies de communication extérieures. — Les **communications** entre l'Egypte et les pays étrangers se font principalement par mer.

La seule route de terre est celle de Syrie, par Kantara, El-Arich, Gaza.

Les *lignes de navigation maritime* peuvent se diviser en deux catégories : 1° les lignes de *paquebots réguliers* ou postaux, qui font le service de la poste et transportent des voyageurs et des marchandises ; 2° les lignes de *paquebots irréguliers*, affectées au transport des marchandises seulement.

Lignes de paquebots réguliers. — De nombreuses lignes de paquebots desservent spécialement les ports de la Méditerranée ; d'autres transitent par le Canal de Suez, et font le voyage de l'Extrême-Orient, de l'Australie et de la côte orientale d'Afrique. A l'aller, elles relient Suez avec les ports de l'océan Indien et du Pacifique ; et au retour, Port-Saïd avec les ports de l'Europe.

564. Paquebots égyptiens. — **Paquebots Khédiviehs.**

Le gouvernement égyptien possède une flotte de paquebots, les *Khédiviehs*, qui desservent la Syrie et Constantinople, ainsi que les ports de la mer Rouge.

Le service de navigation des paquebots Khédiviehs comprend trois lignes :

a. La ligne Grèce-Turquie. Hebdomadaire.

Aller. — Départs d'Alexandrie chaque mercredi pour Le Pirée, Smyrne, Métélin, Dardanelles, Constantinople.

Retour. — Quittent Constantinople chaque mercredi pour les Dardanelles, Smyrne, Le Pirée, Alexandrie.

b. La ligne de Syrie. Hebdomadaire.

Aller. — Départs d'Alexandrie chaque jeudi pour Port-Saïd, Jaffa, Beïrout, Tripoli et Mersina.

Retour. — Quittent Mersina chaque dimanche pour Alexandrette, Tripoli, Beïrout, Jaffa, Port-Saïd, Alexandrie.

c. La ligne de la mer Rouge. Chaque deux semaines.

Aller. — Départs de Suez chaque deux vendredis pour Djeddah, Souakin, Trinkitat, Massaouah, Hodéïdah et Aden.

Retour. — Quittent Aden chaque deux lundis pour Hodéïdah, Massaouah, Trinkitat, Souakin, Djeddah et Suez.

565. Paquebots étrangers. — Les autres lignes de paquebots appartiennent à des compagnies maritimes étrangères. Les principales sont :

1° **La Compagnie française des Messageries Maritimes.**

a. Services réguliers entre Alexandrie et Marseille ;

b. Entre Alexandrie et les Échelles du Levant : Jaffa, Beïrout, Tripoli, Lattaquié, Alexandrette, Mersina, Larnaca (Chypre), Vathy (Samos), Smyrne, Salonique, Le Pirée ; avec correspondance à Smyrne pour Constantinople, Odessa, Batoum, Trébizonde, Kérassunde et Samsoun ;

c. Entre Alexandrie, Port-Saïd, Suez, Aden, Colombo, Singapour, Saïgon, Hong-Kong, Shangaï, Kobé (Hiogo), Yokohama ; avec correspondances à Colombo pour Pondichéry, Madras et Calcutta ; à Singapour pour Batavia ; à Saïgon pour les ports du Tonkin ;

d. Entre Port-Saïd et Marseille ;

e. Entre Port-Saïd, Suez, Aden, Mahé (Seychelles), King George's Sound, Adélaïde, Melbourne, Sidney, Nouméa ; avec correspondance à Mahé pour La Réunion et Maurice ;

f. Entre Port-Saïd, Suez, Obok, Aden, Zanzibar, Mayotte, Nossi-Bé, Diégo-Suarez, Sainte-Marie, Tamatave, La Réunion, Maurice.

2° **La Compagnie anglaise Peninsular and Oriental Steam navigation Company.**

a. Services réguliers entre Alexandrie et Brindisi ;

b. Entre Alexandrie, Naples et Gênes ;

c. Entre Port-Saïd et Brindisi ;

d. Entre Port-Saïd et Marseille ;

e. Entre Port-Saïd, Malte, Gibraltar, Plymouth et Londres ;

f. Entre Port-Saïd, Aden et Bombay ;

g. Entre Port-Saïd, Aden, Colombo, Madras, Calcutta ;

h. Entre Port-Saïd, Aden, Colombo, Pinang, Singapour, Hong-Kong et le Japon ;

i. Entre Port-Saïd, Aden, Colombo, King George's Sound, Adélaïde, Melbourne et Sidney.

3° **La Compagnie italienne Florio-Rubattino.**

a. Services réguliers entre Alexandrie, Messine, Naples, Livourne, Gênes ;

b. Entre Alexandrie, Brindisi, Bari, Ancône et Venise ;

c. Entre Alexandrie, Port-Saïd, Suez, Aden, Bombay ;

d. Entre Alexandrie, Port-Saïd, Suez, Massaouah, Assab ;

e. Entre Alexandrie, Port-Saïd, Suez, Aden, Colombo, Singapour, Hong-Kong.

4° **La Compagnie autrichienne Lloyd austro-hongrois.**

a. Services réguliers entre Alexandrie, Brindisi et Trieste ;

b. Entre Alexandrie, Corfou, Fiume, Trieste ;

c. Entre Alexandrie, Port-Saïd, Jaffa, Khaïfa, Beïrout, Alexandrette, Mersina, Rhodes, Chio, Smyrne, Mitylène, Dardanelles, Constantinople ;

d. Entre Alexandrie, Port-Saïd, Jaffa, Beïrout, Larnaca, Limasol, Chio, Smyrne, Constantinople ;

e. Entre Port-Saïd, Brindisi, Trieste ;

f. Entre Port-Saïd, Aden, Bombay, Colombo, Singapour, Hong-Kong, Shangaï.

5° **La Compagnie Russe de navigation à vapeur.**

a. Services réguliers entre Alexandrie, Le Pirée, Smyrne, Constantinople et les ports de la mer Noire.

b. Entre Alexandrie, Port-Saïd, Jaffa, Beïrout, Tripoli, Smyrne, Le Pirée, Salonique, Constantinople et Odessa.

6° **Les Compagnies Moss et Papayanni.** Services directs entre Alexandrie, Malte, Gibraltar et Liverpool.

7° **Compagnies diverses.**

D'autres Compagnies dont les paquebots transitent par le Canal de Suez, font aussi le service de la poste, et prennent des voyageurs à Port-Saïd et à Suez. Les principales sont :

a. Les Compagnies anglaises : 1° *Orient-line.* Service entre Port-Saïd, Naples, Gibraltar et Londres. — Entre Suez, Aden, Colombo, l'Australie et la Nouvelle-Zélande ;

2° La *British India Company.* Service entre Port-Saïd, Malte, Gibraltar et Londres. — Entre Port-Saïd, Aden, Kurrachée, Bombay. — Entre Port-Saïd, Aden, Zanzibar.

b. La Compagnie allemande *Norddeutscher Lloyd.* — Service entre Port-Saïd et Brindisi, Naples, Gênes, Southampton, Anvers et Brême. — Entre Suez, Aden, Dar-el-Salam, Zanzibar. — Entre Suez, Aden, Colombo, Singapour et Chine. — Entre Suez, Aden, Colombo et Australie.

c. Les Compagnies hollandaises *Maatschapy-Nederland* et *Rotterdamsh-Lloyd.* Service entre Port-Saïd, Gênes et Marseille. — Entre Suez et les îles de la Sonde.

d. La Compagnie espagnole *Transatlantica Compania*. — Service entre Port-Saïd et Barcelone. — Entre Suez et les îles Philippines.

566. COMPAGNIES DE NAVIGATION COMMERCIALE — Les compagnies de *navigation commerciale* qui desservent l'Égypte sont très nombreuses. Les principales sont : les Compagnies *françaises* Fabre et Fraissinet ; les Compagnies *anglaises* Moss, Papayanni, Fréd. Leyland, Cunard, Levant Steamer navigation Company, Liverpool India Steamers, etc. ; la Compagnie *Ottomane* Mahsoussé et la Bell's Asia Minor Company d'*Alexandrie*, qui emploie surtout des voiliers.

Assouân.

TABLE DES MATIÈRES

PREMIÈRE PARTIE

Programmes de 2ᵉ et 3ᵉ années primaires.

DEUXIÈME PARTIE

Programme de 4ᵉ année primaire.

TROISIÈME PARTIE

Égypte.

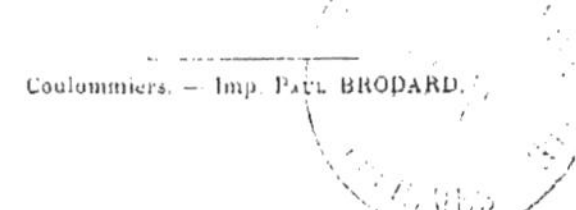